ベーシック経済法

第5版

独占禁止法入門

川濵 昇・瀬領真悟・泉水文雄・和久井理子［著］

ARMA
Basic

有斐閣アルマ

第5版　はしがき

　第4版から6年を経て，第5版を刊行する運びとなった。

　この間に，平成28年と令和元年の2度にわたる独占禁止法の改正があり，確約制度の新設，課徴金制度の見直しがなされた。今回の改訂はこれらの改正及びこの間に出された重要な判例・審決・命令を反映させたものである。

　20世紀の終わりから競争法（わが国の独占禁止法に相当する法律）を新たに制定する国が増え，その執行が強化されてきたが，特にここ数年，世界的に競争政策が注目されている。これは，デジタル市場の発達やデータ経済の進展等に伴って経済が大きく変化し，従来見られなかった競争政策上の課題が生じているからである。わが国も例外ではない。しかしながら，このような中にあって重要なのは，新奇さに惑わされることなく，市場への影響を合理的な経験則に基づいて判断することである。

　本書は，市場における競争への影響をどのように評価するかという基本的な問題を初学者にも分かりやすく説明することを目指した経済法の入門書である。この方針は，初版から一貫して変わっていない。このようなことを理解することこそが，独占禁止法を学び，さらには上記の最新の問題に対応する近道だからである。経済の変容が激しい時代において，これまでと同様に，本書が独占禁止法の基本的な理解を広めることに貢献できれば幸いである。

　今回の改訂にあたっては，有斐閣の大原正樹氏に改訂のプラン作りから行き届いたサポートと激励を受けた。心から御礼申し上げる。

　2020年3月

著 者 一 同

i

初版　はしがき

　独占禁止法（独禁法）は，経済活動を規律する経済法の核をなす基本法である。競争を維持・促進し，それによって消費者の利益を保護し，経済の民主的な発展を促すことを，主たる目的としている。わが国の経済のあり方を決める法として，しばしば「経済憲法」とも称される。本書は，この独禁法の基礎を説き明かす入門書──筆者らの見たところでは，これまでに書かれた独禁法の教科書の中で最も基礎的な入門書である。

　制定から半世紀を経て，独禁法の重要性は広く認識されるようになった。ことに，競争原理を活用しようという規制改革の流れの中で，独禁法の及ぶ範囲は広がり，その遵守は以前にも増して強く求められるようになった。消費者の権利意識が高まるにつれて，独禁法を通じて消費者の権利実現を図るべきことも，強く意識されだした。諸外国でも，独禁法あるいはそれに相当する法が，経済運営の中核としての役割を果たしており，独禁法の基本を理解することは，国際的な事業活動を行う上でも有益である。こうして法学や経済学の学習上はもとより，ビジネスを行う上でも，消費生活の中でも，独禁法を学ぶ意義は高まっている。

　しかし，独禁法は難しい法律と考えられており，「入門書を読んだものの，いま 1 つ，分かった気がしない」といった感想もよく耳にする。実際のところ，独禁法，あるいはそれが推進しようとしている競争政策が，一体どのようなものであるかについて，確かな理解をしている者は，少ないように思われる。独禁法を学ぶ上では，一方では，市場の機能のしかたや，企業がライバルと競い合う際の様々な戦略について，ある程度の理解をしている必要がある。これは，法を学ぶ者にとっては，なじみの薄い事柄だろう。他方，「経済学を勉強すれば，独禁法が分かる」というものでもない。独禁法が行おうとしていることと，経済学のテキストに書かれた完全競争などを追求することは別であって，これらを混同して，自前の独禁法像を作りあげないよう注意しなければならない。経済学の用語を用いた説明と，独禁法上の様々な概念とを，きちんと対応づける必要がある。

本書は，以上のような認識に立って，競争を促進するとは一体いかなることなのか，競争を促進することによってどのような価値が実現されるのか，そのためにどのような介入方法がとられ，それが具体的にどのような効果をもつのかを，法的にも，経済的にも，満足のいく形で示すことを目指した。独禁法違反行為がなぜ規制されるのかについての根拠を明らかにし，具体的な行為が規制されるべき実質的な違法基準である各種反競争効果（競争への悪影響の程度）をどのように判断するのかを明示的に示すこと，そして，そのために必要な経済的議論をきちんと示すようにした。経済学の世界では自明すぎて説明もされないことを，あえて説明し，同時に，経済学の知識に基づく過剰な読み込みをただすように心がけた。こうした意味で基礎的でありながら，水準の保たれた入門書をなすことを目指した。

　紙幅の制約に従いつつ，この目的を達成するため，本書は，かなり独自の構成をとった。まず，序章で独禁法の役割や競争政策の効用について説明し，全体の見取り図を示した後に，第1章で企業結合規制を取り上げた。独禁法の条文構成とは異なるが，競争への悪影響をどのように判定するのかについて明確な議論をするには企業結合規制から入るのが分かりやすいと判断してのことである。その上で，第2章，第3章で競争回避行動が問題となるカルテル規制と競争排除行動が問題となる私的独占規制を説明するという構成をとった。法文の抽象度が高い私的独占規制と，身近な経験の分析が理解を助けるであろう不公正な取引方法の規制では，具体例を多く示すといった工夫も凝らした。

　本書の執筆にあたり，筆者らは，全体の構成から事例の解釈のような細部，学生が誤解しやすい点などにいたるまで，論議を重ね，意見を交換しあった。独禁法とその解釈・教育方法をあらためて通観する作業は，大変ながらも，楽しく，有意義なものであった。このための場を設け，執筆と相互連絡が円滑に運ぶよう，行き届いたサポートをしてくださった有斐閣京都支店の一村大輔氏には，大変に感謝している。氏は，長時間にわたる議論にもよくお付き合い下さり，読者の視点に立った有益な指摘をしてくださった。心から御礼を申し上げる。

　2003年2月

著 者 一 同

も く じ

Column も　く　じ

Case　も　く　じ

第5章

第6章

略 語 一 覧

1 法 令

独禁　　私的独占の禁止及び公正取引の確保に関する法律（独占禁止法）

　　　　※（　）内では表記を省略，また本文中では独禁法と記す。

行手　　行政手続法

景表　　不当景品類及び不当表示防止法

憲　　　憲法

下請　　下請代金支払遅延等防止法

商　　　商法

著　　　著作権法

特　　　特許法

不競　　不正競争防止法

民　　　民法

民訴　　民事訴訟法

2 指針・通達等

一般指定　　不公正な取引方法（昭和57年 6 月18日公取委告示15号）

企業結合ガイドライン　　企業結合審査に関する独占禁止法の運用指針
　　（平成16年 5 月31日公取委）

事業支配力集中ガイドライン　　事業支配力が過度に集中することとな
　　る会社の考え方（平成14年11月12日公取委）

事業者団体ガイドライン　　事業者団体の活動に関する独占禁止法上の
　　指針（平成 7 年10月30日公取委）

排除ガイドライン　　排除型私的独占に係る独占禁止法上の指針（平成
　　21年10月28日公取委）

不当廉売ガイドライン　　不当廉売に関する独占禁止法の考え方（昭和
　　59年11月20日公取委事務局）

優越ガイドライン　　優越的地位の濫用に関する独占禁止法上の考え方
　　（平成22年11月30日公取委）

流通・取引慣行ガイドライン　　流通・取引慣行に関する独占禁止法上

の指針（平成 3 年 7 月11日公取委事務局）

3　判決・審決・命令

最判　　　最高裁判所判決

高判(決)　高等裁判所判決（決定）

地判　　　地方裁判所判決

公取委　　公正取引委員会

4　判　例　集

民集　　　最高裁判所民事判例集

刑集　　　最高裁判所刑事判例集

行集　　　行政事件裁判例集

高民集　　高等裁判所民事判例集

審決集　　公正取引委員会審決集

判時　　　判例時報

判タ　　　判例タイムズ

百選　　　金井貴嗣＝泉水文雄＝武田邦宣編『経済法判例・審決百選
　　　　　〔第 2 版〕（有斐閣別冊ジュリスト234号）』（2017年）

著者紹介

川濱　昇（かわはま　のぼる）**序章，第3章**担当
　　京都大学大学院法学研究科教授

瀬領　真悟（せりょう　しんご）**第2章，第5章**担当
　　同志社大学法学部教授

泉水　文雄（せんすい　ふみお）**第4章，第6章**担当
　　神戸大学大学院法学研究科教授

和久井　理子（わくい　まさこ）**第1章，第7章**担当
　　京都大学大学院法学研究科教授

ようこそ経済法の世界へ

市場における競争の重要性は規制緩和・改革以降一層高まっている。本章では，競争がなぜ望ましいかを説明し，そのような競争が行われるための基礎的条件が何であるかを明らかにする。その上で，市場経済において公正かつ自由な競争を維持するための基本的な法律である独禁法がいかなる手法でそれを実現しているかを概観する。

1 はじめに

① 「市場の時代」と独占禁止法

　従来様々な「市場の失敗」（⇒第7章冒頭箇所）に対処するために色々な規制があった。しかし，技術進歩等の事情によりそれらが不要になったり，本来の意味を失うことが多く見られた。さらには，既存業者に利益を与えるだけのものにすぎないという場合さえ見られるようになってきた。そのような事態に対応して，市場に任せることが可能な領域は市場に委ね，過剰な政府規制はやめようという規制緩和の動きが1970年代後半から世界的に見られるようになった。わが国でも1980年代中頃から規制緩和が重要な政治的課題となり，いまでもその潮流は続いている。

　市場に任せることが好ましいのは，市場で活発な競争が行われて

いることを前提としてのことである。それゆえ，規制緩和後の経済では競争政策あるいはそれを実現する基本的な法律である独占禁止法（独禁法）が厳正に執行されていなければならない。このような競争政策の重要性は広く知られているが，独禁法がいかなる形で競争を守ろうとしているのか，そもそも競争を守ることがなぜ好ましいのかといったことは十分に理解されているとはいいがたい。この本では，独禁法がどのような規制手法で競争を守ろうとしているのか分かりやすく説明する。その前に，競争が好ましいのはなぜか，それを守るにはどのような手法があるのかについて直感的な説明を行い，全体の見取り図を示しておくことにする。

② 競争政策の見取り図

競争はなぜ望ましいのか　競争とは，複数の企業が顧客にとって望ましい財・サービスをより望ましい取引条件でもって提供しようと競い合っていることだとひとまずいえるだろう。このように各企業が他の企業を排してよりよい取引提示を競い合う過程（プロセス）が活発なものであれば，多くの企業の努力が市場で積み重なり，消費者にとって最も望ましい財・サービスが適切な取引条件で提供されるようになる（消費者の利益）。競争が十分に活発に行われているなら，生産・販売にかかる費用より消費者の評価（支払ってもよいと思う金額）の方が高い限り，生産・販売活動が行われる。後述するように，これは企業活動によって社会の資源が無駄なく利用されているということである（資源配分の効率性）。また，このようなプロセスから脱落しないようにするために，いっそう効率的な製造・販売方法を試みたり，顧客にとって魅力のある製品開発を行うようになることも期待される。

競争を歪める行動①
——競争の回避

しかし，このように望ましい形で競争が行われるとは限らない。企業はこのような競争を続ける代わりに，お互いに競争を回避して自己に有利な取引条件を顧客に押しつけることによって利益を得ることができる。たとえば，価格をぎりぎりまで競い合って顧客の争奪を行うより，協調して高価格を維持した方が得策であることは少なくない。費用が十分に低いからといってフルに生産能力を活用する代わりに，競争相手と生産する量を制限することによって価格を安定させて利益を得ることもできる。

競争を歪める行動②
——競争の排除

また，顧客に望ましい取引を競い合って提示する代わりに，競争者の費用を人為的に増大させるなどして，競争者にハンディキャップを負わせるような手段を用いるかもしれない。競争に勝つには相手の足を引っ張るというやり方もあるのだ。

たとえば，競争に必要な原材料を他の企業の手に入りにくくして生産コストを引き上げたり，流通業者に他の企業の製品を取り扱うことを制限して流通コストを引き上げたりすることが考えられる。このような方法が用いられると，ライバル企業が仕掛ける競争の圧力は低下する。競争相手の費用が引き上げられた分だけ，自己に有利な取引条件を押しつけることが可能になる。はなはだしい場合には，競争相手は市場から追い出されてしまうこともある。

あるいは，効率性において劣っているわけではない企業を，人為的に市場から追い出すこともある。それによって競争圧力が低下する危険性もある。自己の能率（能力）を反映しているわけではない低価格販売を行い，効率性の上では遜色のない企業を市場から排除し，市場を独占することなどがこの一例である。

さらには，顧客の意思決定を歪めることにより，競争相手の呈示する取引の魅力を減少させた上で，企業にとってより有利な取引条件を押しつけることもありうる。

**市場構造レベル
での競争問題**

　これまで述べたように，不当な手段によって競争を回避したり，競争を抑圧，歪曲することによって，市場において競争が発揮する機能が損なわれることがある。これは，行動のレベルでの競争問題と呼ぶことができる。これに対して，構造レベルでの問題と呼ばれるものもある。

　市場に存在する企業の数が少なくて，しかも新規企業が市場へ参入するのが容易でない場合には，そもそも競争が行われがたくなる可能性がある。たとえば，企業がお互いに激しく競争を仕掛けてもしっぺ返しを喰らって結局のところ利益を得ることができないと知っているならば，上に述べたように人為的に競争を回避する活動を行わなくとも，自然と競争が回避されることもしばしば見られる。また，そもそも新規参入が困難な市場に１社しか企業が存在しないと競争が行われることはない。

　市場でどれだけの数の企業が存在するのか，上位企業にどれだけシェアが集中しているのか（集中度），市場に参入しやすいか否か（参入障壁），さらに製品差別化がどの程度されているのか，需要の成長が見込まれているか否か等の，市場の客観的条件のことを市場構造と呼ぶ。この市場構造のあり方が，その市場で企業が活発に競争を行うインセンティブをもつかどうかを左右する。また，競争を抑圧する不適切な行動を容易に行えるか否かも市場の客観的条件（構造）によって決まる。

　したがって，合併などによって市場の構造が変化して，活発な競

争が行われがたくなることのないようにする必要がある。これを,市場構造のレベルでの競争問題と呼ぶことができる。

Column ① 独禁法と経済学

独禁法ではその性格からして経済学が重要な意味をもつ。独禁法で規制される行為は通常それが競争へ悪影響をもつ場合に規制される。ある行為が法の要求する反競争効果(競争への悪影響)をもつか否かを判断するには,経験則に依拠せざるを得ない。かような経験則は経済学に裏打ちされたものである必要がある。また,そもそも規制対象となっている行為がどのような経済的機能を果たすかを知ることは法の運用や解釈の前提でもある。

必要とされる経済学の知識として,特に高度なものが必要なときもあれば,ごく常識的な知識で足りる場合もある。ごく常識的な知識とはたとえば企業は利潤を最大化するとか,市場シェアがごく小さい企業は特段の事情がない限り価格を自由に引き上げることができないといったものである。企業が利潤を追求するという経験則から,ある事件での特定の行為がこのような効果をもつはずだとか,あるいは他の企業の反応はこうなるはずだから競争への影響はこうなるといった推測がなされるのである。

このように企業や消費者の行動や市場環境をモデル化して首尾一貫した説明を行うのが経済理論の役割である。経済理論を用いることにより,一定の前提条件の下でどのような効果が発生しそうか推測するのである。特に最近では複数の企業が相互に影響しあいながら意思決定を行っていくという現実を解明する道具であるゲーム理論を利用した理論分析が著しく進歩している。それらの理論を利用するには現実が理論の前提条件をみたしているか否かに注意が必要である。

また,経済学の研究として,ある一定の市場の状況で一定の行動を行えばどのような結果が生じそうかということを,統計的・計量的に解明していく経験的アプローチもある。このような経験的研究の成果も経験則として有益な手がかりを与えてくれる。また,統計的・計量的手法を具体的事件で利用することは独禁法に限らず金商法・会社法などでも増

えている。

　欧米では，行政決定の現場や法廷においてかなり高度で専門的な経済学の理論的・経験的研究が利用されている。わが国では高度に専門的な経済学の知識が法運用で明示的に利用されることはあまりなかったが，企業結合の領域では経済分析が多用されるようになってきた。企業結合に限らず，他の領域においても，一定の経済学的理解が背景にあって法運用がなされていることを忘れてはならない。この本では，平易な形でそういった背景事情を説明して，独禁法の実態を読者が理解できるように伝える。

Column ② 　SCP パラダイム

　市場で競争が活発かどうかは，市場構造（market structure）と市場行動（market conduct），市場成果（market performance）の３つの観点から説明されることが多い。市場構造とは市場における企業の数や上位企業へのシェアの集中の程度，新規に市場に参入するための参入コストの程度や製品差別化といった市場の客観的条件のことであり，市場行動とは企業の市場での価格決定，研究開発，広告その他の活動のことである。市場成果とはその市場で効率性が達成されているか，消費者が望む適切な品質の商品が供給されているか，研究開発の進歩が実現されているかといったいわば市場の性能のことである。ある市場（産業）について，これらの関係を実証的，理論的に解明していく経済学研究は産業組織論と呼ばれている。

　産業組織論ではかつては，市場構造が市場行動を決定し，それが市場成果を決定するという一方向的な因果関係を想定する研究が主流であった。これは，構造・行動・成果の頭文字をとって SCP パラダイムと呼ばれてきた。今日では，このような単純な因果関係は理論的にも実証的にも想定できないと考えられている。単純な因果関係は想定できなくとも，構造・行動・成果の分類は議論の整理に有益なので今日も用いられている。

③ 競争への悪影響のはかり方

② で説明した問題に対応すること，すなわち競争を歪める行動を規制し，競争が活発に行われるように市場構造を保つことが，競争政策の主要な課題である。それでは競争への悪影響（反競争効果）は，どのようにして判定すればいいのだろうか。「競争を歪める」とか「競争が活発」とかいった表現はあいまいなものである。反競争効果はどのように捉えればいいのだろうか。

反競争効果を判定する上で，何を考慮し，どのように効果を測定するかについては，色々な仕方が考えられる。国によっても異なっているし，複数の基準が使われていることもしばしばある。しかし，いずれにしてもポイントとなるのは，市場で競争が発揮すべき機能が阻害されるかどうかである。そしてこの観点から見て，その基準をみたせば反競争的と表現するのに異論がなく，いずれの国でも共通して用いられている基準がある。これが「市場支配力基準」と呼ばれるものである。

より活発な競争があれば実現され得た価格等の取引条件よりも自己に有利な取引条件を設定できる地位のことを市場支配力と呼ぶ。競争を回避する行為や，合併などによって競争が減少して市場支配力が形成，維持，強化されることが市場における競争の機能が害された典型的な場合であると考えられる。これが市場支配力基準である。わが国の独禁法ではこれを「一定の取引分野〔市場〕における競争を実質的に制限する」ものと表現している（NTT東日本事件・最判平成22年12月17日・百選7・133）。

Column ③　有 効 競 争 ==

　「一定の取引分野における競争を実質的に制限する」とは市場支配力
を形成，維持，強化することだというのは通説・判例であるが，これを
有効競争という言葉で表現する判例もある。たとえば，「『競争の実質的
制限』とは，一定の取引分野における競争を全体としてみて，その取引
分野における有効な競争を期待することがほとんど不可能な状態をもた
らすことをいう」（東京高判昭和55年９月26日）ものである。ここで，有効
競争とは，市場支配力を行使しようとする者がいたとしても，その行使
を抑制できるのに十分な競争が存在することを意味する。要するに，有
効競争の分析は市場支配力に関する分析と同じことなのである。

　経済学でかつて有効競争（workable competition）論という理論が流行
したことがあった。同じ有効競争という言葉を使っているから，有効競
争論を使えば「競争の実質的制限」の有無を判断できると期待する人も
いるかもしれない。しかし，有効競争論はそのような目的のために作り
出されたものではない。有効競争論の内容は論者によって異なるが，要
するに市場の構造や行動，それに成果の３つの観点からいかなる場合に
国家が介入すべきかという，競争政策の基礎づけを意図したものである。
独禁法の要件の立証において経験則として利用できる実証的経済学では
そもそもないのである。なお，この有効競争論は今日の経済学の教科書
ではほとんど眼にすることがなくなったが，その意義は大きなものがあ
った。たとえば，昭和52年改正による独占状態規制の導入はその当時，
有効競争論で有力であった見解に依拠して立法されたものである。

==

| 市場支配力それ自体が 問題なのか |

　注意しなければならないのは，市場支配力
が存在するということは，それ自体として
は原則として問題とならないことである。
ある程度の市場支配力は社会に蔓延している。しかし，問題となる
のは何らかの行為でそれが形成，維持，強化されることである。ま
た，単に高価格設定のために市場支配力を用いただけの場合には原

則として問題とされることはない。

市場支配力の存否は，市場の境界を見定め，

市場画定の意味

そこでの競争の実態を評価することによっ
て判断するのが通例である。要するに，市場支配力の行使を妨げる
ような代替的な商品・役務の供給先の範囲を見定めることにより，
市場の境界が決まってくる。このように，市場の境界を決定する作
業を市場画定という。これらの問題は，第1章で詳しく検討する
（⇒第1章 *3*）。

独禁法は，上述したような，市場支配力を

反競争効果の他の基準

形成，維持，強化する不適切な市場行動を
禁止するとともに，市場構造を競争的に維持するための規制を行っ
ているが，さらに，市場支配力を形成，維持，強化するとまではい
えないが市場秩序に悪影響を及ぼす危険性があったり，経済的力の
濫用とみなされる行動も禁止する。たとえば，競争の実質的制限を
もたらすわけではないが，その危険性があったり，顧客にとって望
ましい品質・価格での商品・役務の提供という公正な形での競争に
よる秩序づけに対する悪影響（公正競争阻害性と呼ばれる）をもつ一
定の行為を禁止しているのである（⇒第4章）。

2 競争の目的——競争政策の目的と効能

*1*で直感的に説明した競争の効能，逆にいえば競争制限の弊害を
もう少し詳しく説明しておこう。

① 経済的目的——消費者の利益と効率性

消費者の利益(1)
——価格品質の改善

競争のもたらす利益として，直感的に明らかなのは，それによって消費者向けの価格や品質が改善されることである。逆にいえば市場支配力の形成等は消費者にとって不利益をもたらすのである。

効率性①
——資源配分上の効率性

競争のもたらす効能として，経済的に重視されているのは効率性の達成，特に資源配分上の効率性の達成である。資源配分上の効率性とは，資源を無駄なく利用していることを意味する。大雑把にいうと，生産に要する費用より消費者が評価する価値が大きい限りは生産を行うということである。よく知られているように，完全競争状態であれば価格は限界費用に一致する（⇒ *Column④*）。限界費用とはその商品をもう1つ作り出すのに追加的にかかる費用のことである。追加的に購入を予定する消費者がそれに支払ってもよい価格よりも費用がかさむのに生産を行うと社会的に無駄（費用をかけてそれより価値の少ない物を市場に投入することになる）を生じるし，もし限界費用が市場価格より低いのであれば，生産によって社会的に富を生み出すことができるので生産量を増やした方がよい。このように，限界費用と価格が一致している状態では原則として資源配分の効率性が達成されている。市場支配力が存在すると競争状態より価格が高く設定され，競争状態でなら行われたはずの価値ある商品の供給が行われなくなるのである。このように資源配分の不効率が発生することが競争制限のもたらす経済的弊害として第一に指摘されるものである（⇒ *Column⑤*）。

Column ④　競争と資源配分の効率性 ━━━━━━━━━━━━━━

　経済学（ミクロ経済学）では，競争市場と独占市場（および寡占市場）とを比較して，独占（寡占）がなぜ望ましくないかを説明している。競争市場の生産者は市場の価格を所与とし，市場が決めた価格（競争価格）に従って自己の利益を最大にするように供給量を決定する。独占市場の生産者は供給量や価格をある程度自由に決定できることから（この地位を市場支配力という），自己の利益を最大化するような供給量・価格を決定する（石油価格協定事件東京高裁判決〔昭和31年11月9日〕のいう「競争の実質的制限」，「市場支配」の定義と一致している）。

　完全競争の場合，企業はプライステーカー（市場価格を決まったものと受け入れそれに合わせて生産量を決定する者のこと。すなわち，自身の生産量が市場価格に影響しないという前提で生産量の決定を行う者）となる。すなわち，自己の生産が価格に影響を与えないため，価格を前提条件として儲かる限り生産を続けることになる。この結果，これ以上に追加的な生産を行えば，追加的にかかる費用が市場価格以上になってしまうぎりぎりまで生産を増やすことによって利益を得ることができる。すなわち，追加的に1単位生産するのにかかる費用（＝限界費用）が市場価格と一致するまで生産がなされることになる。

　市場価格が限界費用に一致するというのは，消費者にとっても価値が費用を上回る限り生産が行われるという意味で社会の資源を無駄なく使っていることになる。

━━━━━━━━━━━━━━━━━━━━━━━━━━━━━━━━━

Column ⑤　市場支配力の社会的費用 ━━━━━━━━━━━━━━

　独占企業の供給量の決定は市場価格に影響を与える。供給量を増やせば売上げは上昇するだろうが，供給量の増加は通常，市場価格の下落を意味する。1単位追加的に販売を増やしたことに伴う収入はどうなるだろうか。1単位追加的な販売を行うと，1単位の販売増分は売上げが増えるが，当該販売が価格に対して与える影響（微少な価格低下）に総販売量を乗じただけの売上げの減少を被る。この2つの効果が合わさって，

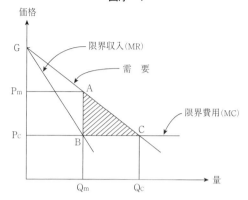

図序 - 1

1 単位追加的な販売を行うことに伴う収入が決定される。この収入のことを限界収入と呼ぶ。限界収入は販売量に応じて変化する。**図序 - 1** のMR は各販売量ごとの限界収入を表す限界収入曲線である。限界収入が限界費用を上回る限り利潤は増加する。したがって，市場支配力をもつ企業が利潤を最大化するとするなら，限界収入が限界費用（MC）に一致するまで（B），販売を行うはずである。独占的市場での産出量はその水準で決定される。

MR 部分は限界収入である。**図序 - 1** は，簡単化のため需要曲線は線形（直線）であり，限界費用は一定という仮定がおかれている（この場合，限界収入は需要曲線と切片が同じで傾きが倍になることは簡単に証明できる）。

競争市場では供給量，価格は Qc，Pc で，需要者の利益（消費者余剰といわれる）は三角形 GCPc，社会全体の利益（社会的余剰という）も同じく GCPc である。独占市場では，供給量，価格は Qm，Pm となり，生産者の利益（生産者余剰）は四角形 ABPcPm になり，消費者余剰は三角形 GAPm に減少し，社会的余剰は競争状態から比べて三角形 ABC 分（図の斜線部）だけ減少している。これは，競争状態であれば社会の資源を利用して，相対的に低い費用で消費者がより高く評価する財・サービスを市場に供給できたはずなのに，独占発生のせいでそのような利益が失われたということを意味する。これは，独占による資源配分の不効率の

発生ないし厚生上の損失（死重損失 dead-weight loss）と呼ばれるものである。

　一般消費者が被る損失はこの厚生上の損失だけではない。四角形ABPcPm は，従来消費者に帰属していた利益が企業に移転したものである。ただ，この部分は企業に移転しただけであり，社会全体から利益が失われたわけではないから，それ自体としては資源配分上の効率性に影響するものではないと考えられている。

　もっとも，この四角形 ABPcPm も効率性に関係するという見方も有力である。利潤最大化を目指す企業はこの利潤を求めて活動するはずである。この利潤獲得にかかる費用が利潤よりも低い限りそのような費用をかけるはずである。このようにかような利潤獲得のための活動が誘発されることになる。市場支配を目指す活動はそれに費用がかかったとして，それ自体が無駄になるわけではもちろんない。しかし，独禁法はすでに述べたように競争を回避したり，競争を排除したりすることを通じて市場支配力を形成，維持，強化することを禁止している。かような行為が容認されたとしたらどうなるだろうか。かような行為を実現するには当然費用がかかる。他方，競争を回避したり，ライバルの競争を排除することをもっぱらとする活動は社会的な価値を生むことは少なかろう。すなわち，独禁法がかような行為によって市場支配力を形成，維持，強化することを規制しないと四角形 ABPcPm 分だけの社会的な無駄（不効率性）も発生するかもしれないのである。

効率性②──X不効率　競争が活発であれば，企業は無駄な出費をなくし，費用を最小化しようという圧力を受ける。これに対し，競争が活発でなくなると費用を最小化する努力が低下するかもしれない。特に所有と経営が分離した法人企業ではその可能性は高くなるであろう。競争が制限されるとこのような不効率も発生するはずである。このように競争圧力が低下することで企業が効率的な生産・供給を行わなくなることはX不効率の問題

と呼ばれる。名前は難しそうだが，競争圧力が強ければ企業は熱心に努力するという直観を現したものである。

効率性③──「技術革新」 さらに，競争圧力の低下は技術革新へのインセンティブを低下させるともいわれている。ただしこの場合の競争の役割は単純ではない。市場支配力をもっている企業が技術革新によって獲得する利益は，通常，競争的な企業が技術革新を行って得る利益より小さいといわれている。これは，独占的企業にとっては現在自分が販売している売上げから技術革新後の製品の売上げへの転換があるため新たな利潤は相対的に少なくなるからである。このため，競争的な市場での企業の方が技術革新の見返りが大きくイノベーションを行うインセンティブが高いことになるはずである。また，多くの企業が競い合い多様なルートで技術革新を追求するのが技術革新の促進に役立つのだという見方もできる。しかし，ある程度費用負担能力のある企業でないと技術革新を行えないという主張や，技術革新後に果実を得るには市場支配力が必要だという主張もある。

　このように，競争が技術革新をもたらすか否かについては今なお争われている。ただし，知的財産法が整備され技術革新の努力がただで利用されたりすることがないなら，活発な競争が技術革新を促すという見解は広く承認されている。また，技術革新面における競争活動を回避したり抑圧したりするような活動や，それが活発でなくなるような市場構造をもたらす企業結合が，技術革新を阻害することについては大方の一致を見ている。そのような行為の規制は欧米において最近重視されている。わが国でも，技術開発するインセンティブを低下させる形で市場に悪影響をもたらす行為は規制されている（例：公取委審判審決平成20年9月16日・百選93）。

その他の不効率性の防止 ｜ ライバル企業を排除する行為は，それがラ
イバルの競争圧力から離れた価格設定を可
能にするという点で資源配分上の効率性を害するのみならず，それ
によってライバルがより低い費用で生産するのを妨げるという意味
で，生産上の効率性も損なう。

　また，消費者の利益(1)として言及した利益は競争が害された結果
として，企業に帰属することになるが，企業はその利潤を費用をか
けて追求しようとする。優れた能力で勝ち残った企業が市場支配力
を獲得してかような利益を得るのであれば問題はないが，独禁法が
禁じる競争回避や競争排除の行為が野放しになると，社会的に価値
を生まないかような無駄な行為に費用をかけることになる。さらに
不効率性が増大することになるのである。

消費者の利益(2)
──消費者の厚生 ｜ 言葉の問題だが，競争によって効率性が増
大することそれ自体を消費者の厚生の増大
と呼ぶ論者がいる。これには，消費者の利
益(1)で言及した利益は含まれていない。この点は誤解されがちなの
で詳しく説明しておく。

　競争水準を超えた価格設定によって害される消費者には2つのタ
イプがある。まず，より高い価格で購入を余儀なくされた消費者が
いる。通常これが典型的な害と考えられている。これに加えて，価
格が高騰したために，競争水準なら購入し得たかもしれない消費者
が購入を断念せざるを得なくなる。競争があればかかる消費者の欲
求も実現されたはずである。米国などでは，後者の消費者が購入を
断念した結果生じる被害のみを「消費者の厚生」への侵害であると
考える立場も有力である。この場合，競争状態で消費者が表明した
貨幣的評価から供給に要した費用を控除した分の価値が市場から消

失したことになるが，この効率性①にあたる分だけが「消費者の厚生」として独禁法が憂慮すべき弊害と考えるべきだとするのである。なお，「消費者の厚生」という表現は，この米国の有力説の意味で用いるときもあれば，これら2つの利益を併せた意味で用いることもあるので注意を要する。

　消費者の利益(1)は，企業を通じて最終消費者の一員たる誰かに移転されているだけだから，消費者の厚生は社会的には減っていないというのが米国などの有力説の論拠である。言葉の自然な理解から乖離し，また消費者に明らかに不公正な不利益を押しつけた場合さえ，「消費者の厚生」の名の下に正当化しかねないものであり，米国でもこの立場が一般に支持されているわけではない。特に効率性①以外の効率性にも注目すると米国の有力説は効率性の観点から見ても狭きに失するといえる。両者併せた消費者利益の追求こそが競争の重要な機能と考えられる。

| 買い手独占と
消費者の利益 | 競争が最終消費者に向けられたときに消費者の利益にかなうことはよく認識されているが，一部に消費者の利益を独禁法の中心 |

課題とすることに首を傾げる論者もある。それは，原材料等の生産のために用いられる財の市場（中間投入財市場と呼ばれる）での競争や事業者による買い手市場での競争も重要なのに，それらの市場での競争制限は消費者の利益との関係は希薄である，ないしは関係しないと誤解しているせいであることが多い。要するに買い手競争に関しては，「価格が安くなるのだから消費者の利益が害されるとは限らない」という誤解がある。もちろん，買い手市場における売り手が市場支配力によって害されないようにすることも独禁法の保護すべき価値である（雇用市場における労働者などの保護）。それにとど

まらず，買い手側に市場支配力が発生した場合，必要な投入要素の生産が最適水準より減少する。投入要素が最適水準より減少する以上，特段の事情がない限り，最終製品の供給は悪化し，したがって最終消費財市場の消費者に害が発生するのが原則となる。つまり，買い手市場で競争水準以下の価格設定がなされるというのは，競争水準よりも投入要素の生産が少なくなることを意味するから，中間投入市場における供給者を害するだけでなく，競争水準に比べて上で述べた2つの意味で消費者の利益も害されているのである。このように，競争の制限はほとんどの場合，消費者の利益を害するものなのである。

消費者の利益(3)
──消費者保護

消費者の権利として「知らされる権利」がある。「知らされる権利」で捉えられている多くの問題点は，消費者が適切な選択を行えるような意思決定環境を確保するという観点から整理される。

一般に消費者保護の名の下で論じられるのは，消費者の事業者に対する情報の格差，特に不確実性下における情報処理能力の限界，非対称情報の問題，それらを通じて生じる交渉力格差の問題などである。これらの困難への対処は消費者保護法の重要部分を占める。これらの改善は競争の観点からも望ましい。取引条件や品質の改善への努力が市場での成果に反映するには消費者が合理的に判断することを必要とするからである。独禁法（一般指定8項：ぎまん的顧客誘引）およびその付属立法であった不当景品類及び不当表示防止法（景表法⇒第4章 4 [1]「景品表示法による規制」）は，消費者の情報に基づく判断を阻害したり，合理的な判断を妨げる各種戦略を違法なものとすることによって，消費者の合理的な意思決定の確保につとめている。競争者が公正に競争できるといえるには一部の事業者が消

費者の無知や不合理につけ込むことの無い状態が不可欠なのである。この意味で消費者保護法とされる領域を規制の射程に入れている。これは消費者の合理的な意思決定を確保するという意味で直接的に消費者の利益に役立っているといえる。しかし，これらの介入によって達成される消費者の利益はそれにとどまるものではない。

消費者保護による市場機能の改善

消費者の適切な判断行使は事業者の努力が正しく評価されることを通じて市場の円滑な機能を促進する。その意味で消費者も競争秩序の担い手である。このような言い方をすると消費者の合理的な意思決定は単に市場経済を円滑に機能させる手段にすぎないように聞こえるかもしれないがそうではない。不当表示規制を例にとって説明しておこう。

　情報に通じた消費者のみが商品の品質を正しく評価でき，それに応じて高品質な商品をそれに見合った価格で購入しようと欲しているとしよう。市場に多数の企業がいて様々な生産を行っているなら，そのような消費者をターゲットにする事業者が登場するはずであり，個々の消費者の改善効果はそれにとどまる。しかし，多くの市場では，特定の商品を提供できる企業数には限界がある。かような場合，高品質の商品の供給に要する費用が低品質の物の供給を上回るならば，情報に通じた消費者が高品質の商品に非常に高い価格を支払ってよいと考えているか，それらの者が十分多いケースを除いて，情報に通じていない消費者からの利益獲得機会を実現させるべく，低品質商品のみを供給するのが得策となる。高品質な商品が提供されるようになるのは，情報に通じた消費者の割合が十分に大きくなった場合に限られる。

　このように，多くの現実の市場がそうであるような，不完全な競

争しかない市場では，ある消費者が情報に通じるようになっただけでは，その者に都合のいい商品供給が実現できるわけではない。他の消費者も情報に通じてはじめて市場の機能が部分的にせよ改善されることになるのである。自分が賢い消費者となることは他の消費者の利益にもなるし，逆に他の消費者が賢くなることが自分のためにもなるのである。このような状況で市場機能が改善されるようにするには，個人的な努力だけではなく集団的な努力が必要だということになる。公的介入が必要とされる理由である。

② 競争政策の目的——社会的目的

市場における私的経済力
の制御と公正な取引秩序

競争促進あるいは独占禁止政策は，上のような経済的目的以外に，私的な経済力の制御や公正な取引秩序の維持といった社会的目的も果たしている。

特に不当な行為がなくとも経済的に強力な力をもった企業が登場することがある。この場合でも，常に競争的なチャレンジが可能な状況が維持されれば，その力の恣意的な行使は抑制される。競争促進は，強力な経済力に対して挑戦する企業が不当な抑圧によってその機会を奪われないようにする働きもする。また，私的な経済力にはしばしばその制御が社会問題となることが少なくないが，競争政策は，その制御を透明なルールによって成し遂げるものであり，規制機関の裁量的介入に比べて望ましいことも指摘できる。

また，競争政策が機能したとしても，市場では取引上の地位の格差が存在する。取引上の地位が優越した事業者が劣位の立場にある者に不当な不利益を与えることは取引秩序の観点から見ても不公正なものである。不公正な取引を放置すれば，取引の相手方の自主的な判断といった市場の基礎が切り崩され，また，不公正な行為を行

う者が競争上優位をとることによって市場の信頼性まで損なうことになりかねない。わが国の独禁法は優越的地位の濫用を規制することで取引秩序の公正さを確保する役割も担っている。

| 一般集中の問題 | 私的経済力の問題には，個別市場の問題を離れた強大な権力を問題視する一般集中

（詳しくは⇒ 第 1 章 **5**）の問題も含まれる。戦前のわが国の財閥は個々の市場では，極端に強い市場支配力をもつことはそれほどなかったといわれる。しかし，多くの分野で強力な企業を多数有していたことが，恣意的な経済力をもたらし，また市場での競争に閉塞感をもたらすものと考えられていた。財閥解体はそのような経済力の解体であり，市場の閉塞状況の打破を意図したものであった。

③ 独禁法の目的規定

| 独禁法 1 条 | 独禁法 1 条は同法の目的を定めている。それによると，「この法律は，私的独占，不

当な取引制限及び不公正な取引方法を禁止し，事業支配力の過度の集中を防止して，結合，協定等の方法による生産，販売，価格，技術等の不当な制限その他一切の事業活動の不当な拘束を排除することにより」，「公正且つ自由な競争を促進し，事業者の創意を発揮させ，事業活動を盛んにし，雇傭及び国民実所得の水準を高め，以て，一般消費者の利益を確保するとともに，国民経済の民主的で健全な発達を促進することを目的とする」ものとされている。前半で独禁法の規制内容を述べ，後半でそれによって達成されるべき目的が述べられている。

この目的規定をどのように解釈すべきかについて，従来解釈論上の争いがあった。通説は，同法の固有の目的は「公正且つ自由な競争を促進」することにあると考える。これに対して，少数説は最後の「以て，一般消費者の利益を確保するとともに，国民経済の民主的で健全な発達を促進」するという究極目的こそが同法の目的であるとする。この議論を奇妙に思われる読者も多いであろう。多くの経済規制法は目的規定をもち，それらは「国民経済の健全な発展」で締めくくられる場合が多いからである（金融商品取引法，銀行法，保険業法など）。それらの法律で，目的が「国民経済の健全な発展（達）」かそれとも当該法律が固有の目的としていることかをめぐって議論されることは稀である。というよりそもそも実益がない。にもかかわらず，独禁法でこれを問題にするのは，「国民経済の発達」の観点から公正かつ自由な競争を犠牲にしてもよい場合があるという，産業政策型発想が一部に根強く存在したからに他ならない。競争の促進が「国民経済の民主的で健全な発達を促進する」と立法者が考えたがゆえにこの法律を制定したという旨を確認したものと考えれば足りる。

**解釈指針としての
「一般消費者の利益」**

とはいっても，究極的目的をめぐる議論が全く無意味なわけではない。解釈上の指針としてある程度の意味はあるものと解される。単に「国民経済の発達」といっただけでは，その内容はあいまいなものであり，またそれを達成するために何が目的合理性を有するのかを具体的コンテクストで判断するのは不可能である。しかし，ここでは「一般消費者の利益」と「民主的で健全な」という限定が加わっている。経済の民主的な発達とはなかなか理解しづらいが，これは一般消費者の利益のために競争市場を通じて実現される経済

の発達と考えることができる。すなわち，民主的とは，当該決定に関わる関係者の決定過程への参加が保証されることを意味する。市場経済における最も重要な決定は，限られた資源を人々の満足のために有効に利用するという決定である。消費者が市場で表明した選好が最大限尊重されるというのが競争的市場経済の特性である。市場機構を通じて多くの利害関係者の意向が適切に反映されているのである。それが，まさにここでいう「民主的」の内容なのである。また，競争的プロセスが機能しているというのは，恣意的な権力に対し抑制と均衡が働くという意味でも民主的と見ることができる。

　このように消費者の利益を独禁法の最終的な目的として優先して考えるのは米国をはじめとする多くの国で自明視されている考え方である。このように考えるとき，独禁法違反となる不当な行為か否かを判断する際に，一般消費者の利益の観点から合理性をもつか否かを競争手段の正当性判断に組み込むという解釈指針や「公共の利益」（⇒第2章 *2* ⑥）の解釈指針が与えられることになる。

3 独禁法の規制内容

　ここで，独禁法の内容を簡単に紹介しておく。まず規制対象については，①競争の実質的制限（市場支配力）をもたらす行為の規制と，②市場構造の規制，③不公正な取引方法の規制の3つに大別され，さらに①は，競争回避型の行為と競争排除型の行為に分かれる。次に，それらの違反行為に対して法がどのような手段で対処しているのかを簡単に見ておく。

① 市場支配力をもたらす行為の規制

競争回避を通じた
もの──カルテル

競争回避を通じて競争を実質的に制限するものとしてはカルテルがある。カルテルとは複数の独立した企業が競争を回避して、価格、生産量、販売地域等を人為的に設定する取り決めや連合のことをいう。カルテルは、消費者から、それがなければあり得たであろう選択肢を制限する。

カルテル規制の代表は独禁法2条6項が定義し、3条後段が禁止している不当な取引制限の規制である。これは、独立した事業者が共同してカルテルを行うことを禁止するものである（⇒第2章）。

カルテルは事業者団体により行われることも多い。業界団体は競争を制限するのに十分なだけの事業者が結集する可能性が高く、その組織上の決定によって容易にカルテルを実施できるからである。そのため、独禁法8条では事業者団体が「一定の取引分野における競争を実質的に制限すること」等を禁じている（⇒第5章）。また、事業者が不当な取引制限を内容とする国際的協定を締結すること、つまり国際カルテルへ参加することも禁じられている（6条⇒第6章）。

競争の排除を通じた
もの──私的独占

私的独占とは「事業者が、単独に、又は他の事業者と結合し、若しくは通謀し、その他いかなる方法を以てするかを問わず、他の事業者の事業活動を排除し、又は支配することにより、公共の利益に反して、一定の取引分野における競争を実質的に制限すること」（2条5項）であり、3条前段がこれを禁止している（⇒第3章）。

名称から誤解されるかもしれないが、私的企業が市場を独占して

いることそれ自体を禁じているわけではない。人為的手段により，市場支配力を維持・形成しようとする行為の規制に主眼があるものである。問題となるのは人為的な排除手段等とは何であるかだが，略奪的価格設定（不当な安売りでライバルを排除する戦略）や排他条件付取引でライバルに必要な資源への接近を妨げる行為などがこれに該当する。これらの行為は不公正な取引方法としても規制されている。前述した不当な取引制限や事業者団体の規制も，それらが主として競争回避を通じた反競争効果を問題としていることは事実だが，競争の排除を通じて反競争効果を発生させる行為（共同ボイコット）もそれらに該当することがある（⇒第2章 2 5 「共同の取引拒絶について」）。

2 市場構造の規制

市場支配力をもたらす
市場構造の規制

市場構造を競争的なものとするための規制としては企業結合規制と独占的状態の規制がある。企業結合規制は合併等によって市場構造が非競争的になることがないようにするための規制であり，独占的状態の規制とは，市場構造が悪化し，市場支配力による弊害が著しくなったときに最後の手段として市場構造それ自体へ介入するためのものである（⇒第1章 6）。

一般集中の規制

わが国独禁法の制定理由の1つは，戦前の財閥が民主的で健全な国民経済の成立を妨げていたことへの反省であった。財閥の経済力は特定の市場での市場支配力の問題を超えたものであった。そこでは，多くの部門にまたがって巨大な企業が結合することによる経済力の集中が問題視されていたのである。このような集中を一般集中という。わが国の独

禁法は，戦前の財閥の反省に立ち，一般集中の規制として持株会社規制，大規模事業会社の株式保有規制，金融会社の株式保有規制の３つの規制を行ってきたが，平成14年の改正によって，過度の事業支配力の集中を防止するための子会社保有規制と金融会社の株式保有規制の２つの規制にまとめられた（⇒第１章 **5**）。

③ 不公正な取引方法の規制

不公正な取引方法　独禁法は競争を実質的に制限する行為のみならず，公正な競争を阻害するおそれのある一定の行為類型をも規制対象としている。すなわち，独禁法２条９項１号から５号の行為および６号が掲げた６つの行為類型に基づき公正取引委員会が公正な競争を阻害するおそれ（公正競争阻害性）があるものを不公正な取引方法として指定した行為を不公正な取引方法とするとともに，それらを19条によって禁止している（⇒第４章）。その内容は雑多なものを含んでおり，独禁法のなかでも最も理解の難しいものといえる。すなわち，私的独占の手段として歴史的に用いられてきた，不当廉売や排他条件付取引などもあれば，消費者の意思決定を阻害するタイプの行為も対象となり，また相手方に対して強い立場に立つ者がその立場を相手方に不利益を与えるように利用すること自体を規制するものまで含まれている。

公正競争阻害性の意義　これらの行為の反競争効果基準である公正競争阻害性を統一的に理解するのは難しい。競争の実質的制限が何であるかは比較的明瞭であったが，公正競争阻害性が何かについては，文言上もまた元となった米国法からも明確でないことに起因する。学説上も争いがある。もっとも，公正取引委員会の実務では，独禁法２条９項に掲げられた多様な類型から，

公正な競争を阻害するおそれがある場合には次の３つの種類がある
と考えられており，それに賛同する見解が有力である。すなわち，
①自由な競争の侵害，②競争手段の不公正さ，③自由競争基盤の侵
害の３つである（⇒第４章 *1* ②③）。

①の自由な競争への侵害とは市場参入の自由と，市場における競
争の自由が妨げられることを意味する。私的独占等の要件である
「競争の実質的制限」と同質だがそれよりも低い水準で予防的に規
制するものと理解できる。②の競争手段の不公正は，市場における
競争が良質廉価な商品の提供による能率競争を本位として行われる
ことを妨害する場合，競争手段自体が非難に値するものの場合に認
められる。顧客の意思決定の適正さを歪曲するような場合や競争者
の事業活動に対するあからさまな妨害を行う場合など，他者に対す
る侵害性が明瞭な場合がこれにあたる。③の自由競争基盤の侵害と
は，取引主体が取引の諾否・取引条件について主体的な判断を行う
ことが自由競争の基盤であるのに，それが侵害されることをいう。
昭和28年改正で導入された，「取引上の地位の不当利用」のもつ公
正競争阻害性を説明するためにもち出された考え方である。

なお，阻害する「おそれ」は，②や③の場合，一般的・抽象的可
能性で足りると考えられているが，③については具体的な危険性は
必要とする意味だと考えられている。

④　事業者概念

第１章で説明する企業結合の規制を除いては，独禁法によって規
制されるのは，事業者（および事業者によって構成される事業者団体⇒
第５章）である。言い換えれば，事業者概念が独禁法の適用領域を
定めているのである（企業結合の規制では，法人企業が合併などによっ
て組織的に結合したり，株式〔持分〕の保有により結びつくことを対象と

しているため，会社等が規制対象となる）。

　独禁法は事業者を，「商業，工業，金融業その他の事業を行う者」
（2条1項）と定義している。「その他の事業を行う者」にはどの範
囲の者が含まれるのであろうか。通説・判例は，「何らかの経済的
利益の供給に対応して反対給付を反復継続して受ける経済活動を行
う者」であれば事業者に該当し，その法的性格は問わないものとし
ている（東京都と畜場事件・最判平成元年12月14日・百選1・59）。営利
性も必要ではない。したがって，協同組合や共済組合，政府，地方
公共団体などもこのような事業を営む限りにおいて，事業者である。
地方公営企業としてと畜場（食肉処理場）を経営する東京都を事業
者とした例（前掲・東京都と畜場事件）や，国が行う郵便事業のうち
お年玉付年賀葉書の発行・販売事業について事業者性が認められた
例（最判平成10年12月18日）などがある。ただし，都や国が行うこれ
らの事業はしばしば公共目的を有しているため，個々の規定を適用
し反競争効果を判断するにあたってはこのことが考慮に入れられる
こともある。

　かつては，医師，建築士などの自由業は，もっぱら個人の能力が
評価される活動であり，企業的性格をもたないので事業者にあたら
ないといわれたこともあったが，今日では競争を通じて提供する役
務の内容や取引条件が改善されることが明らかなのであるから，事
業者から除外する理由はないという点で見解は一致している（観音
寺市三豊郡医師会事件・東京高裁平成13年2月16日・百選37）。また，教
育，社会福祉など公共性の強い業務についても，それが反対給付を
反復継続して受ける経済活動と評価される限りは事業者と考えられ
る。市場で対価を収受して経済事業を行う者であれば「公正且つ自
由な競争」の担い手にふさわしい活動を求めることが適切と考えら
れるからである。

このように，今日では広範な経済活動が事業にあたるものとされ
ているが，一方的な給付を中心業務とする慈善事業などは「事業」
に該当しない。また，使用者に対して弱い立場にある労働者の保護
のため，労働者は事業者にあたらず，原則としては独禁法の規制対
象とはならない。しかし，近年，就業形態の多様化もあり，事業者
としての側面を有する者が，労働組合法上の労働者と判断される例
も増えてきた。「労働基準法上の労働者」は今日でも事業者にあた
らないと考えられるが，場合によっては事業者として独禁法の適用
対象となることも考えられる。もっとも，その場合であっても，労
働法制によって規律される分野については，原則として独禁法上の
問題とはならないと考えられる（公取委競争政策センター「人材と競争
政策に関する検討会報告書」〔平成30年2月15日〕9頁）。

⑤　違反行為への対処

公正取引委員会による行政措置──排除措置命令

独禁法の中心的な担い手は，独立行政委員
会である公正取引委員会（公取委）である。
公正取引委員会は調査活動（審査と呼ぶ）
を通じて違反行為が行われているか否かを吟味し，そう判断した場
合にはその違反を排除するのに必要な措置を命じることができる
（排除措置命令と呼ぶ。7条・8条の2・17条の2・20条）。この排除措
置命令が独禁法違反に対するサンクションの中心である。

　排除措置命令の名宛人に対しては事前に相当の期間をおいて通知
した上で，意見聴取の機会が与えられる（意見聴取手続き）。意見聴
取手続きを主宰する指定職員（手続管理官）は，審査をした職員に
公取委側の説明をさせ，事業者から公取委への意見申述，証拠提出，
質問の機会などを確保し（54条・56条），意見聴取手続きの調書の作
成や論点を整理した報告書の作成にあたる（58条）。調書と報告書

は公取委が排除措置命令の議決を行うにあたって十分に参酌しなければならないものとされている（60条）。

　かつては，排除措置命令（および後述の課徴金納付命令）に不服のある者は公取委に審判請求を行い，準司法手続きたる審判手続きを通じて公取委がその当否を判断し審決を下すという審判手続きの制度がとられており，審決に不服のある者は東京高裁に審決取消訴訟を提起することになっていた。この審判制度は平成25年改正で廃止された。改正法施行後は排除措置命令（または課徴金納付命令）に不服がある者は審決を経ることなく，東京地裁に排除措置命令の取消しを求めて訴訟を提起することとなった（85条）。

Column ⑥　**審決について** =======================================

　排除措置命令の制度は平成18年からのもので，それまでの排除措置は，勧告審決，審判審決，同意審決によってなされていた。それらの中には独禁法の重要な先例となっているものも多い。それらを簡単に説明しておく。

　通常，違反行為の除去のために適当な措置をとることの勧告が行われ，相手方がそれに応諾する場合は，勧告と同趣旨の審決が下される（勧告審決）。これによって，勧告の内容が正式の排除措置として命じられることになる。勧告への応諾がない場合に，審判手続きに進むのが通例であった（勧告なしに審判手続きが行われることもある）。審判手続きを経て，違反事実があるとされた場合には，それを排除するのに必要な措置が審決として命じられた（審判審決）。審判手続きが開始されてから，相手方が問題となっている事実と法の適用を認めてかつ競争を回復するのに必要な具体的な措置を記載した計画書を提出した場合に，公取委がこれを適当と認めたときには，事後の審判手続きを経ることなく，この具体的措置と同趣旨の排除措置を命じる審決を下せた（同意審決）。

緊急停止命令

排除措置命令を待っていたのでは，違反行為の結果競争秩序が回復困難な害を受ける場合がある。このような場合には，公取委は東京地方裁判所に対し緊急停止命令を求める申立てを行うことができる（70条の4・85条）。

課　徴　金

独禁法違反行為の多くはそれによって違反者に経済的利益が発生する。このような経済的利得の発生する企業の非行に対しては，伝統的な刑罰だけでは十分な抑止にならないことは，多くの国で経験的に確認されている。そこで，多くの国で経済的規制や環境規制の禁止の実効性確保のために非刑事の金銭的負荷を与える制度が導入されている。わが国では課徴金制度がそれである。これは公取委が，違反に係る売上高の一定比率を国庫に納入することを命じることができるというものである。かつては価格に影響を与えるカルテル（不当な取引制限，事業者団体規制の一部）に限定されていたが，平成21年改正によって私的独占や不公正な取引方法の一部に対しても課徴金が徴収されることになった（7条の2・8条の3・20条の2〜20条の7⇒第2章 *3*，第4章 *1* ③）。

確約手続き

公正かつ自由な競争の確保のため，違反行為の有無を明らかにするより，将来に向けて迅速に競争を維持するための措置が行われることが適切な場合がある。それに対処するために令和元年改正で確約手続きの制度が導入された。公取委が調査後に違反行為があると考える場合で，早期是正等が公正かつ自由な競争を促進する上で特に必要と考えるようなとき，事業者に独禁法の規定に違反する行為の概要・法令の条項を通知する（48条の2・48条の6）。事業者は排除措置計画を自主的に作成し，その認定を申請する。公取委は計画が違反の疑いのある

行為を排除するために十分なものであり，かつ確実な実施が見込まれると認めるときに認定する（48条の3・48条の7）。認定された場合，上記被疑違反行為について排除措置命令・課徴金納付命令は行われない（48条の4・48条の8）。なお，典型的なカルテル（ハードコアカルテル）や10年間に同一行為が繰り返された場合，刑事告発対象となりうる悪質な行為は確約手続きの対象とはならない。また，確約手続による排除措置計画は命令ではないため，その遵守が義務づけられているわけではない。

刑　罰 不当な取引制限や私的独占，確定審決に対する違反等に対しては刑罰も科されうる。その場合，公取委の専属告発の制度があり，公取委の告発がない限り起訴がなされることはない（96条）。刑事告発がなされる例はかつては稀であったが，特に悪質な価格カルテル，入札談合などについては積極的に告発しようという方針（「独占禁止法違反行為に対する刑事告発に関する公正取引委員会の方針」平成2年6月20日公取委）が出された。さらに，平成17年改正により国税庁と同様の犯則調査権限が公取委にも認められるようになり，刑事制裁の強化が図られている。

私　訴 独禁法の執行を強化するためには，それによって被害を受けた私人による私訴の活用も重要である。行政措置だけで対応できる範囲は人的資源などの点でも限界がある。私訴はそれを補う意味があるだけでない。独禁法が基本的な取引秩序である限り，それによって被害を受けた私人がきちんと救済されることは公正の観点からも不可欠なのである。従来から米国では，独禁法違反で被害を被った者はその実損額の3倍

額の賠償を請求できることもあって，私訴が活発に利用されてきた。EU競争法でも私的紛争で競争法違反の契約を無効とする形での利用に加えて，損害賠償訴訟の重要性が強く認識されており，様々な強化策が図られている。

わが国でも，私訴の重要性は強く認識されてきた。独禁法25条は，不当な取引制限や私的独占，不公正な取引方法，事業者団体規制の違反に関し，排除措置命令や審決が確定したことを前提に（確定命令前置主義。26条），違反者が被害を受けた者に対し無過失損害賠償責任を負うことが定められている。なお，これらの行為によって損害を被った者は審決の有無にかかわらず民法709条に基づいて損害賠償請求ができる。もっとも，私訴による損害賠償に関しては，従来から損害（額）の立証が困難であることはよく知られていた。独禁法25条訴訟に関しては，損害額についての委員会の意見の制度（84条）がある。

独禁法違反行為による被害の救済を実効あらしめるためには，被害を受けた者から違法行為の差止めができることが望ましい。不公正な取引方法によってその利益を侵害された，あるいは侵害されるおそれのある者（事業者，消費者等）は，これにより著しい損害を受け，または受けるおそれがあるときは，事業者等に対し侵害の停止または予防を請求できる（24条）。不公正な取引方法に限定されているが，立法論としてはその拡張が必要であろう。

また，独禁法に違反した法律行為についてはその効力が認められない場合もある（民90条）。

⑥　ま　と　め

最後に本章の内容を整理し，独禁法の概要と本書の構成との対応関係を整理しておく。

■競争政策の課題──見取り図

競争を歪める行為の規制（行動のレベルでの問題）

☞競争を歪める行為とは？

- ・競争の回避　（例）価格カルテル，生産量の調整
- ・競争の排除　（例）原材料の入手を妨害，安値販売によるライバル排除

競争的な市場構造の維持（市場構造のレベルでの問題）

☞競争的な市場構造とは？

- ・市場に多数の企業が存在している
- ・各企業の占めるシェアが小さい
- ・参入障壁が低い
- ・需要が成長途上にある……など

■「反競争効果」

市場支配力の形成・維持・強化

☞理解のポイント：独禁法の文言との対応，「市場支配力」の意義，形成・維持・強化と行使の区別，市場画定の必要性

競争秩序への悪影響（「公正競争阻害性」）

☞たとえば……

- ・市場支配力を形成するにはいたらないものの，その危険性を生じさせること
- ・品質や価格を手段にして競い合うという競争のあり方を害すること……など

■競争政策の目的（経済面）

消費者利益の確保

- より安く，よりよい財を，消費者が入手できるようになる（消費者利益(1)）
- より多くの消費者が，より多くの財を入手できるようになる（消費者利益(2)）
- 消費者がより適切に判断を行える環境を確保する（消費者保護）

経済的効率性の向上

- 資源配分上の効率性の達成（効率性①）
- X不効率の発生を防止（効率性②）
- 技術開発を促進（効率性③）

〔注意すべきこと〕

※経済的効率性は（消費者利益(2)）（「消費者厚生」）に対応している。

※独禁法は（消費者利益(1)）も追及している。

※消費者保護は，商品や事業者が市場で適切に評価されることを助けるとともに，優れた商品の供給を促進する働きもする。

■独禁法の規制内容——概要

①市場支配力をもたらす行為の規制

▽競争回避行為の規制

- 不当な取引制限の禁止（3条後段）⇒第2章
- 事業者団体の規制（8条1号）⇒第5章

▽競争排除行為の規制

- 私的独占の禁止（3条前段）⇒第3章

②市場構造の規制　⇒第1章

▽**市場構造を悪化させる企業結合の規制**（独禁法第 4 章）

　　　・市場支配力を生じさせる企業結合の禁止

　　　・一般集中問題への対応

　　▽**市場構造を改善する規制**

　　　・独占的状態の規制（8 条の 4）

③**公正競争阻害性をもつ行為の規制**

　　　・不公正な取引方法の禁止（19条）⇒第 4 章

第1章　企業結合

> 事業統合，資本提携，合併などのニュースが毎日のよう
> に報じられている。これら企業結合は，競争にどのよう
> な影響を与え，いかに規制されているのだろうか。本章
> では，独禁法に基づいて企業結合がいかに規制されてい
> るかを学び，同時に「一定の取引分野」や「競争の実質
> 的制限」，「市場画定」など，この本でたびたび登場する
> 基本的な概念を学んでいく。

1　はじめに

企業結合規制　　　企業結合とは，合併，株式取得，役員兼任
など，複数の企業が企業組織法上の手段に
より結びつくことである。市場における活発な競争を維持するため
には，企業結合を規制する必要がある。というのも，企業結合によ
って，市場におけるプレイヤーの数が減ったり，プレイヤーの行動
様式が変わったりして，競争に悪影響が及ぶことがあるためである。
たとえば，市場における主要なプレイヤー2社が合併して独占に近
い状態が作り出されたり，3社だったプレイヤーの数が企業結合の
結果2社となって2社間では競争が活発に行われなくなったりして，
市場において競争が活発でなくなることがある。

　企業結合が競争に与える影響は様々である。競争を実質的に制限
する効果をもつこともあれば，何の影響も与えないこともある。逆

に競争を活発にすることもある。たとえば，日本国内の主要地域を
カバーする航空会社が仮に2社だけになったとして，その2社が合
併する場合や，ゲーム機メーカーが主要なゲーム・ソフト・メー
カー数社を買収するという場合には，競争が制限されそうに思われ
る。他方で，大都市の繁華街の立呑屋2店が合併しても，競争には
影響がないと思われる。

　多くの企業結合は，経営を刷新し，スケールメリットを発揮させ
ることなどにより効率性を向上させ，新しい事業分野や地域に参入
し，相互補完的な事業を結びつけて競争力を高めるなど，競争を制
限する効果とは異なる目的をもって行われる。競争に悪影響を及ぼ
す場合であっても，競争制限以外の目的を伴うことが多い。

　結局のところ，企業結合が競争に悪影響を及ぼすかどうかは，い
かなる企業が，どのように結びつくか，また市場においてどのよう
に競争が行われているか次第である。

　独禁法上の規制を行う上では，企業結合が競争に悪影響を与える
かどうかを的確に判断して，競争に悪影響を与える企業結合を禁止
していくことが課題となる。

　　　　　　　　　　　　　　　企業結合に関連する規定は，独禁法第4章
　　独禁法第4章　　　におかれている。企業結合には様々な形態
があり，独禁法第4章ではそれぞれの形態ごとに規定が設けられて
いる。

　会社による株式の取得と所有（株式保有）は独禁法10条によって
規制されている。持株会社による株式の取得・所有も10条に照らし
て審査される。会社以外の者（社団法人や個人など）の株式保有は14
条によって規制されている。なお，株式保有規制において誰が株式
を取得・保有しているかは実質的に見る必要がある。ある者が第三

者に資金を渡して株式を取得させ，それを保管したりリスクを負担したりしていたような場合には，資金の提供等を行っている者が株式の保有主体となる（間接保有と呼ばれる）。間接保有行為は，17条で禁じられる脱法行為として規制することもできる（日本楽器事件・公取委勧告審決昭和32年1月30日）。

　合併は15条によって規制されている。会社分割については，複数の会社が事業を分割し会社を新設する場合（共同新設分割）および1会社が事業を分割して既存の会社がそれを継承する場合（吸収分割）には，従来は別の組織であったものを結びつける側面があることから，15条の2による規制が及んでいる。複数の会社が新たに会社を設立し，その会社に株式のすべてを移転することを「共同株式移転」といい，これについては15条の3による規制が及んでいる。

　事業譲受や事業上の固定資産の譲受けは，16条により規制されている。ある会社の役員または従業員が，他の会社の役員を兼ねること（役員兼任）は13条によって規制される。

規制の要件　　上にあげた行為（合併，株式保有，事業譲受等）が禁じられるのは，企業結合が，「一定の取引分野における競争を実質的に制限することとなる場合」と，「不公正な取引方法」によって行われる場合である。このうち「一定の取引分野における競争を実質的に制限することとなる」企業結合が中心的な位置を占める。そこで，以下では，一定の取引分野における競争を実質的に制限する企業結合について詳しく見ていくことにする。なお，「不公正な取引方法」についてはこの本の第4章で検討している。

　独禁法は9条および11条において，「競争を実質的に制限することとなる」ことを要件としない企業結合規制も行っている。これら

の規制は，前述した規定に基づく規制とは異なる観点から行われている。9条および11条に基づく規制については，*5*で説明することにする。

| 規制の手法 | 企業結合については，一度行われてしまえ |

企業結合については，一度行われてしまえば元に戻すことが難しいことから，一定の規模を超える会社間の合併など主要なものについては事前に公取委に届け出る制度（事前届出制度）が採用されている。そして，企業結合を行う会社らが競争への悪影響を解消するための手段を講じることとすれば，公取委としては，その措置が行われることを考慮して企業結合を行っても問題ないと判断するという実務が行われている（問題解消措置と呼ばれる）。本章では，これらの規制手法のうち重要な部分についても検討する。

2 合併・株式保有等の規制(1)——市場効果要件

① 「競争を実質的に制限することとなる場合」

企業結合が規制されるのは，「一定の取引分野における競争を実質的に制限することとなる」との要件をみたす場合である。この要件は「市場効果要件」と呼ばれる。

判例によれば，「競争を実質的に制限する」とは，市場の競争機能を損なうことであり（多摩談合（新井組）事件・最判平成24年2月20日・百選3・20），市場支配力を形成，維持または強化することを意味する（NTT東日本事件・最判平成22年12月17日・百選7・133）。市場支配力とは，「競争自体が減少して，特定の事業者又は事業者集団がその意思で，ある程度自由に，価格，品質，数量，その他各般の

条件を左右することによつて，市場を支配することができる状態をもたらす」力を意味する（東宝・新東宝事件・東京高判昭和28年12月7日）。これは，より活発な競争があれば実現され得た価格等の取引条件よりも自己に有利な取引条件を設定できる地位（力）と言い換えることができる。

　そして，「こととなる」とは，「競争の実質的制限が必然ではないが容易に現出し得る状況がもたらされることで足りるとする蓋然性を意味する」とされる（企業結合ガイドライン第3の1(2)）。

　まとめると，「一定の取引分野における競争を実質的に制限することとなる」とは，市場支配力（競争が活発であればできないことをする力）を形成，維持または強化する蓋然性を生じさせることを意味すると説明することができる。

一定の取引分野における競争の制限

　企業結合が行われれば，結合する企業間の競争（競い合い）は活発でなくなる。合併すれば，この間の競争は消滅してしまうと見てよいだろう。また，たとえば，株式取得によりある企業の経営を他の企業が支配するようになる場合，株式を取得された側の企業が株式を取得した企業（つまり，株主）に対して熱心な競争を行って，客を奪い株主に不利益を与える行動を続けるとは考えにくい。同時に，株主となった企業の側も，自らの子会社となった企業に対して激しい競争をしかけることにより子会社に不利益をもたらすことは控えるだろう。

　このようにして，企業結合は，企業の行動に影響を与えうる。そして，企業の行動が変わることで，特定の企業間の競争のみならず，「一定の取引分野」（市場）における競争が不活発となり「一定の取引分野における競争を実質的に制限することとなる」効果が発生

すれば，独禁法に違反することになる。

市場支配力とは，何か。もう少し詳しく検討してみよう。

市場支配力

競争が活発な中では，企業は，顧客を確保するためには，価格を下げ，高い品質を追求しなければならない。しかし，競争が不活発であれば，高い価格をつけて，利益を上げることができるようになる。

競争が活発であればできないことが，できるようになることが競争の実質的制限である。そして，競争が活発であればできないことをする力が，「市場支配力」である（⇒序章 *1* ③）。

市場支配力は，典型的には，競争が活発であれば設定された水準，つまり競争水準を超えて価格をつける力として現れる。しかし，品質を下げる力，技術開発を遅らせる力，アフターサービスをしない力など，価格以外の要素を左右する力として現れることもある。

市場支配力は，ある企業が単独で強い力をもつことによって成立することもあれば（「単独の市場支配力」「単独行動による競争の実質的制限」と呼ばれる），複数の企業の間で協調的行動がとられることによって成立することもある（「共同の市場支配力」「協調的行動による競争の実質的制限」と呼ばれる）。

単独の市場支配力は，市場において一企業が強い力をもつために，他の企業の反応を考慮してもなお競争水準を超える価格をつけることができる地位に立つときに成立する。当事会社が市場において有力であって，高いシェアを有し，この者を抑制する要因（有力な競争者，参入者等）が存在しないことが，単独の市場支配力があることの徴表である。

共同の市場支配力は，競争関係にある企業らの協調的な相互作用

によって生み出される。協調的な相互作用の典型は，企業間で，明示または黙示に意思を連絡しあって行われるカルテル行為である（⇒第2章参照）。さらに，競争する企業の数が少ないときには，明示と黙示とを問わず意思連絡を行うことなしに，自然と競争者間の競争が不活発となり，競争水準を超える価格をつける行動がとられることもある。このような協調的相互作用は，「暗黙の協調」と呼ばれる。共同の市場支配力が成立するためには，協調的相互作用が行いやすい状況である必要がある。なかでも，少数の企業にシェアが集中し，企業間の同質性が高いために調整が容易であり，市場の透明性が高いために互いに他社の行動を観察・監督がしやすいといった条件が整っている必要がある。

市場支配力を形成等する蓋然性

独禁法上問題となるのは，このような市場支配力を形成，維持または強化する蓋然性を生じさせる場合である。

ここで注意することが2つある。第1に，問題となるのは，市場支配力があるかどうかではなく，市場支配力が形成，維持または強化されるかどうかであることに注意する必要がある。独禁法上の企業結合規制では，市場支配力があること自体を非難するのではなく，企業結合により競争の状況に変化が生じ，市場支配力が形成，強化または維持されることを問題として規制しようとしているのである。

第2に，蓋然性が生じればよいことに注意しよう。この点で企業結合規制は，企業間の合意や企業の排除などを規制する独禁法3条による規制（⇒第2章，第3章参照）と違っている。3条では「競争を実質的に制限する」ことが要件であり，蓋然性では足りない。企業結合規制においては蓋然性でよいとしているのは，企業結合は組織を有機的かつ強力に結びつけるものであって，一度行われてしま

うと競争を結合前の状態に戻すことは難しいことから，早い段階で，あるいは，蓋然性が認められれば，規制することにしたものと考えられる。

競争制限効果と 競争促進効果

企業結合の効果を検討する際には，競争制限効果と競争促進効果という2つの側面に分けて分析を行うと分かりやすい。「競争制限効果」とは，反競争効果ともいわれ，競争を実質的に制限する方向に働く効果，言い換えれば市場支配力を形成，維持または強化する方向に働く効果である。これに対して「競争促進効果」とは，競争を活発にする方向で働く効果である。

競争促進効果とは，具体的にはたとえば企業結合によって結合する企業の効率性が高まり，価格低下や品質向上を通じて従来よりも競争が活発に行えるようになり，このために市場における競争が活発になる効果をいう。たとえば，暗黙の協調が行われている状況下で企業結合により費用削減などの効率性向上が実現されると，その企業は，価格を高い水準に維持してライバル企業との協調関係を維持することをやめて，積極的に値下げをして顧客を奪いはじめることがある。そして，市場における競争が活発となることがある。このときには，企業結合は競争促進効果をもっているといえる。

競争制限効果と競争促進効果という概念を使って整理すると，企業結合が競争を実質的に制限することとなるかは，①競争制限効果があるか，あるのであればどの程度か，②競争促進効果はあるか，③（競争制限効果と競争促進効果の両方がある場合には）競争促進効果を考えてもなお全体として「競争を実質的に制限することとなる」かどうか（言い換えれば，競争制限効果を十分に上回る競争促進効果があるか）を検討して判断するということになる（⇒ *Column* ⑦）。

Column ⑦　　競争制限効果と効率性向上効果の比較衡量　----------

　「合併の結果，支配的なシェアを占めて，値上げすることができるようになるが，費用削減効果が非常に大きい。費用削減効果が大きいために，競争の圧力を受けることなく，費用より高い価格を設定して，高い利潤を稼ぐことができる。」

　このような効果をもつ合併を禁止すべきだろうか。こうした合併は，費用削減効果が非常に大きいので，競争が活発でなくなり，買い手が少々損をしたとしても，合併を認めた方が社会全体にとって利益になるようにも考えられるが，どうであろうか。

　通説的な考え方では，このような合併であっても，認めるべきでない――つまり，禁止すべきだ――という立場が採用されている。次の理由のためである。第1に，独禁法では「競争を実質的に制限することとなる」（言い換えれば，市場支配力を形成等する蓋然性をもつ）企業結合はしてはならないと規定されており，費用削減効果が大きいとしても，従前よりも高い価格（つまり，競争水準を上回ることが明らかである価格）をつけることが可能となるような合併は許されない。第2に，こうした効率性は，企業結合という手段を用いなくても，企業が単体で自ら成長し拡大していくことで実現できるはずであって，企業結合を許す必要性はない。第3に，価格が上がれば，消費者が得ることのできた利益を企業が吸収することになり，消費者の利益が損なわれるのであって，それを「社会全体にとって利益になるからよい」といって放置することはできない。さらに，企業が獲得した利益は，とりわけ競争が活発でない状況下では無駄に使われることが多く，競争の制限は長期的には社会全体のためにもならないことが多い。

　公取委も効率性が向上することによって，当事会社が「競争的な行動をとることが見込まれる場合には」，これを加味して競争に与える影響を判断するものとしている。そして，こうした勘案を行う場合にも，①企業結合に固有の効果として効率性が向上するものであるのか（他の手段を通じて，効率性を向上させることはできないのか），②効率性の向上が実現可能であるのか，③効率性の向上により需要者の厚生が増大するもの

であるかの，３つの観点を検討するとし慎重に審査する姿勢を示している。さらには，「独占又は独占に近い状況をもたらす企業結合を効率性が正当化することはほとんどない」との見方を明らかにしている（企業結合ガイドライン第４の２(7)）。

| 「競争者の事業活動 の支配・制圧」 |

ここで「競争を実質的に制限する」という文言をめぐる様々な議論を紹介しておこう。「競争を実質的に制限する」という文言については，上に書いたのとは違う解釈もある。１つが，「競争者が，それらの者（結合する企業）の意思にかかわりなく，自らの自由な選択によって価格，品質，数量等を決定して事業活動を行い，これによって十分な利潤を収めその存在を維持することは，もはや望み得ないということ」にすることだという解釈である。

　この解釈は，他者の事業活動の支配と市場の支配とを混同するものであり，適当ではない。たとえば，カルテルや暗黙の協調は，一部の企業が他企業を支配したり制圧したりすることがなくても行われ，市場支配力の形成等をもたらすことがある。市場効果要件を，競争者の事業活動の支配や制圧と解釈すると，協調的行動がとられやすい状況（市場構造）を作り出す企業結合が規制できなくなり適切でない。

| 「有効な牽制力 ある競争者」 |

「有効な牽制力のある競争者」が存在すれば，競争は実質的に制限されていないとした公取委審決もある（新日鉄合併事件・公取委同意審決昭和44年10月30日・百選45）。

　この解釈にも問題がある。「牽制力」があることと，実際に牽制することは，別である。たとえば，市場に２社しか存在しないとき

などには，牽制力を発揮することなく協調を行う方が両企業にとって利益になるかもしれない。また，暗黙の協調が行われているときには，牽制力がないように見える順位の低い企業同士の合併も，競争をさらに弱めることがある。これらの場合に，有効な牽制力がある競争者があるので違法ではないと判断されかねない。牽制力をもつ者について検討するのであれば，牽制力の有無だけでなく，牽制する意欲と蓋然性があるかどうかも検討する必要がある。

Column ⑧ 「競争を排除する力」 ======================================

　「競争が活発であればできないことをする力」（典型的には，競争水準を超えて値段を上げることができる力）だけではなく，競争者を市場から排除することができる力（「競争を排除する力」といわれる）を形成することも，「競争を実質的に制限する」に含まれると考える立場もある。

　排除する力は頻繁に生じる。合併が行われれば，1社や2社は取引先の変更を迫られるのが通常だろう。合併した者の間の協力を促進するのが，合併の機能であり，効用だからである。原材料メーカー2社が合併すれば「以前はどちらかに断られても，もう1社が取引してくれたのに，合併後は断られて，原材料を入手できなくなった」という製造業者が，メーカーと流通業者が合併すれば取引を打ち切られる流通業者が，1社や2社は出現しそうである。「競争を排除する力」の形成，維持または強化も「競争を実質的に制限する」効果の1つであると考えると，企業結合は，より頻繁に規制されることになる。

　確かに「競争を排除する力」はない方がよい。市場がオープン（開放的）であることは市場が機能する上で重要なことである。しかし，企業結合は効率性，さらには競争を促進する目的・効果を伴うことが多い。より広範に規制が及ぶことで，競争を促進させる効果をもつ企業結合が妨げられるのは，望ましいことではない。

　このようなことから，排除する力を形成すれば，そのこと自体で（つまり価格を上げるなどの力の形成・維持・強化の効果がなくとも）規制するこ

とには慎重な立場がとられるべきであると考えられる。もっとも，排除行為により価格等をあげる力という意味での市場支配力が形成，維持または強化される蓋然性があれば，排除行為実行前であっても競争の実質的制限が生じる「こととなる」とはいえる——したがって，企業結合は禁止される——と考えることができる。

② 企業結合と競争への影響

本項（②）では，競争制限効果と競争促進効果が生じるかどうかを見分ける方法を検討する。

市場効果分析の手順　競争制限効果が生じるかどうかを判断するためには，まずは，企業結合により企業結合を行う企業が独立して行動することをやめるかどうかを検討する。行動の独立性が損なわれることを，結合関係が形成されるという。結合関係が形成されるかどうかは，特に株式保有や役員兼任などについて問題となる。たとえば，株価の値上がりを見越してわずかな株式を取得する場合には，株式を取得する企業も，取得される企業も，企業行動に変化はなく，したがって競争にも影響が及ばない。このような影響をおよそもたない組織・経営上の変更をふるい落とし，企業結合審査の対象とすべき企業結合を選び出す作業を，まず行う。

　次は，企業結合によって影響が及びそうであり，検討すべき範囲を明らかにする。この作業を「市場画定」という。市場画定の作業により定められる範囲が，「一定の取引分野」（市場）になる。

　市場が画定されれば，企業結合に関係する企業がその中でどのような関係に立つか（競争関係にあるか等）や，市場シェア，参入障壁

図1-1　企業結合審査のフローチャート

― 企業結合審査の対象となるか否かの判断 ―

株式保有，役員の兼任，合併，分割，共同株式移転，事業譲受け等の行為類型ごとに検討

> 例：企業結合集団に属する会社等が保有する株式に係る議決権を合計した割合が50％又は20％超かつ同割合の順位が単独第1位　兼任役員が双方に代表権を有する　等

> 例：議決権保有比率が10％以下かつ役員兼任なし
> 同一の企業結合集団に属する会社の合併，事業譲受け　等

| 対象となる |

| 対象とならない |

― 一定の取引分野の画定 ―

当事会社グループが行っている事業すべてについて，取引対象商品の範囲，地理的範囲等をそれぞれ画定する。一定の取引分野の画定に当たっては，基本的には，需要者にとっての代替性の観点から，また，必要に応じて供給者にとっての代替性の観点からも判断することとなる。

― 画定された一定の取引分野ごとに競争を実質的に制限することとなるか否かを判断 ―

該当しない｜【水平型】①ＨＨＩ1,500以下　②ＨＨＩ1,500超2,500以下かつＨＨＩ増分250以下又は③ＨＨＩ2,500超かつＨＨＩ増分150以下｜該当する

該当しない｜【垂直・混合型】①市場シェア10％以下又は②ＨＨＩ2,500以下かつ市場シェア25％以下｜該当する

| 2つの観点から検討 |

単独行動による競争の実質的制限についての検討

以下は水平型の場合。垂直・混合型は本文参照。
【当事会社グループの地位及び競争者の状況】
・市場シェア及びその順位
・当事会社間の従来の競争の状況等
・競争者の市場シェアとの格差
・競争者の供給余力及び差別化の程度
【輸入】
制度上の障壁の程度，輸入に係る輸送費用の程度や流通上の問題，輸入品との代替性の程度，海外の供給可能性の程度
【参入】
制度上・実態面での参入障壁の程度，参入者の商品との代替性の程度，参入可能性の程度
【その他】
・隣接市場からの競争圧力・需要者からの競争圧力
・総合的な事業能力　・効率性　・経営状況　等

協調的行動による競争の実質的制限についての検討

以下は水平型の場合。垂直・混合型は本文参照。
【当事会社グループの地位及び競争者の状況】
・競争者の数等
・当事会社間の従来の競争の状況等
・競争者の供給余力
【取引の実態等】
取引条件，需要動向，技術革新の動向，過去の競争の状況　等
【その他】
・輸入，参入，隣接市場，需要者からの競争圧力
・効率性及び当事会社グループの経営状況　等

各要素を総合勘案

問題なし

問題あり

単独・協調とも問題がない場合に限る。

問題なし

各要素を総合勘案

問題あり↓

| 一定の取引分野における競争を実質的に制限することとなるとの判断 |

| 問題解消措置 |

| 排除措置の対象 |

| 直ちに一定の取引分野における競争を実質的に制限することとはならないとの判断 |

https://www.jftc.go.jp/dk/kiketsu/guideline/guideline/shishin_files/191217shishin.pdf 51頁より。

の高さなどを明らかにすることができる。

そこで，次には，これらの様々な要因を考慮して，競争制限効果が生じそうかどうかを検討し，必要に応じて競争促進効果も勘案した上で，「競争を実質的に制限することとなるかどうか」を判断する。さらに，企業結合にあわせて，一定の事業を他社に譲渡するなどの措置がとられる場合には，その措置も考慮した上で，「競争を実質的に制限することとなる」効果があるかどうかを判断する。

図1-1は，以上の一連の流れを図で表したものである。

3 合併・株式保有等の規制(2)——市場効果の判定

1 結合関係の形成

競争に影響を与えるような結合関係が形成されるのは，企業結合を行う企業の間で行動の独立性が損なわれる場合である。行動の独立性が損なわれるとは，具体的にいうと，企業結合前には自社の行動が相手方にどのような影響を与えるかについて配慮することなく自社の利益を増やすように行動していた企業が，企業結合後には，同一の会社またはグループ会社となった相手方の利益にも配慮して行動するようになることを意味する。

行動の独立性が損なわれるのは，企業結合によって企業間で行動を調整することを可能にするとともに，行動を調整しようとするインセンティブが生じる場合である。このような可能性およびインセンティブが生じるかどうかは，企業結合の態様，なかでも支配や経営への関与の度合い，株式保有については株式の保有比率，情報の共有・入手がどの程度可能になるかにより判断することができる。

合併では，複数の組織が同じ株主と経営層の所有・支配に服することとなり，結合関係が形成されることが通常である。例外的に，親子・兄弟会社等のようにすでに結合関係がある企業の間で合併が行われる場合には，独立して行動する企業の数が減るわけではなく，競争の状況に影響をもたらさないことが通常である。したがって，原則として，独禁法により規制する必要はない。なお，すでに結合関係がある企業間の企業結合は，原則として独禁法に違反しないということは，株式保有など合併以外の場合も同様である。

株式保有による結合

株式保有の場合には，株式保有を通じて他社を自己の支配の下に置くことにより行動の独立性が損なわれることがある。また，支配までせずとも，株式を保有することで「相手の利益が自分の利益になる」という状況を作り出すことで，両者の間で行動が調整されるようになり，行動の独立性が損なわれることがある。

これに対して，一般の投資家のように，配当益や株価上昇だけを目的にし，ごくわずかな株式をもつ場合には，支配も，利害の一致も，ほとんど生じない。

公取委の企業結合ガイドラインでは，「株式を所有する会社……と株式を所有される会社との間に結合関係が形成・維持・強化」される場合として，①議決権保有比率が50％を超える場合，②議決権保有比率が20％を超え，かつ，議決権保有会社が単独筆頭株主となる場合をあげている（第1の1(1)ア）。また，③議決権保有比率が10％を超え，かつ議決権保有比率の順位が第3位以内のときは議決権保有比率の程度，順位，株主間の議決権保有比率の格差，株主の分散状況，役員兼任や取引・融資関係などの当事会社間の関係など

を考慮して結合関係の形成があるかどうかを判断するとしている（第1の1(1)イ）。

共同出資会社

「共同出資会社」とは，複数の会社が一定の事業を行わせるべく契約等を締結し，共同で出資して設立した会社のことである。近年，販売，輸送，購入，外国への進出，研究開発などの様々な活動を，こうした共同出資会社を通じて行う例が増えている。

共同出資会社を設立し，この株式を保有すれば，出資する会社と出資される側の会社（つまり共同出資会社）の間では行動が調整されることになる。しかし，これらの会社の間ではもともと競争がなかったのであるから，この側面では，企業結合によって競争単位の間で独立性が損なわれることにならない。つまり，結合関係の形成はない。

結合関係の形成が問題となるのは，出資する会社の事業部門2つ――この両者は共同出資会社設立前には独立して運営されていた――を，共同出資会社の下に統合するという側面についてである。

さらに，状況によっては，出資する会社の間で，共同出資会社を介して結合関係が形成されることもある。このような結合関係を「間接結合」という。たとえば，商品Xの製造販売を行ってきた出資会社2社が，商品Xの製造はそれぞれで継続して行うことにしながら，共同出資会社に両社が製造する商品Xの販売を行わせることにし，値付けや営業活動を共同出資会社にまかせれば，商品Xの価格設定および販売活動が共通のものとなる結果，この出資会社2社の間で結合関係が形成される。また，出資会社2社が共同出資会社の経営に参画し，その場で出資会社2社の取り扱う製品についての情報がやり取りされる結果，出資会社2社の間で行動が調整され独

立性が損なわれることになることがあり，このような場合にも出資会社2社間の結合関係の形成を認めることができる。このように，共同出資会社の設立により間接結合が形成されるかどうかは，共同出資会社と出資会社の間で事業上の関係があるか，両者間で取引が行われるか，情報が共有されるかどうかなど次第で判断する。

事業譲受け・企業分割　独禁法16条1条1号では，会社の事業の全部または重要部分の譲受けを規制している。「重要部分」にあたるかどうかは，その部分を譲り渡すことにより独立した競争単位が消えるかどうかにより判断する。企業結合ガイドラインでは，「事業を承継しようとする会社ではなく，事業を承継させようとする会社にとっての重要部分を意味し，当該承継部分が一つの経営単位として機能し得るような形態を備え，事業を承継させようとする会社の事業の実態からみて客観的に価値を有していると認められ」れば重要部分にあたると述べている（第1の4(3)）。

　企業分割（15条の2）については，独禁法の条文では「重要部分」という言葉は用いられていないものの，15条の2が適用されるのは事業の全部または重要部分を分割するときであると解釈されている。「重要部分」にあたるかどうかについては，16条（事業譲受け）と同じ方法で判断することができる。

役員兼任を通じた結合　役員兼任の場合には，役員として経営に関わり，意思決定に関与することによる行動の調整のほか，他者の情報を簡単に入手できるようになることも，考えなければならない。情報を入手すれば，企業間の行動調整が容易になることがあるからである。これに対して，多数いる役員のうち1席を占めるにすぎず，影響力も，役員として情報を入手する力

ももたない場合には，結合関係は形成されない。

　企業結合ガイドラインでは，①兼任当事会社のうち1社の役員総数の過半数が他方の会社の役員である場合と，②兼任する役員が双方に代表権を有する場合には，結合の形成・維持・強化が認められるとする（第1の2(2)ア）。③それ以外の場合は，常勤役員の兼任か，兼任役員の割合，兼任当事会社の議決権保有状況，取引関係，融資関係等を考慮するとしている（第1の2(2)イ）。

**グループ会社
単位での検討**

すでに結合している会社がある場合には，当事会社のみならず，当事会社と結合関係にある企業の間でも結合関係が発生する。たとえば，A社がB社の親会社であり，C社がD社の親会社であるときに，A社とC社が合併すれば，B社とC社の間およびA社とD社との間にも結合関係が形成される。そして，これらの結合による影響も，A社・C社間の合併の影響として検討する必要がある。

② 市場画定とシェアの計算

競争制限効果の判定方法

結合関係の形成が認められれば，次は，当事会社間の関係，当事会社の市場における地位や競争者の数，地位，参入の状況など，競争の状況等を考慮して，競争制限効果が生じるかどうかを検討する。当事会社の地位や競争の状況を知る上では，なかでも当事会社および競争者の市場シェア（市場占拠率，市場占有率とも呼ばれる）が重要である。

　企業間の関係（競争関係に立っているかどうかなど）を明らかにし，市場シェアを計算し，競争の状況を検討するためには，どの範囲について検討するのかが明らかになっていなければならない。この範囲を明らかにする作業を「市場画定」という。

以下，本項（2）では関連市場を画定しシェアを計算する方法を学び，3では競争制限効果の発生の仕方と判断方法をパターンごとに検討する。

一定の取引分野（市場）

　たとえば，商品 a を製造する四国の会社 2 社が合併するときには，どの範囲について競争への影響を検討すればよいのだろうか。四国だけでよいのか，日本を見るのか。商品 a だけを見ればよいのか，a に似た商品 a′ も含む市場（「商品 a および a′ の市場」）に関する競争について，影響を検討すべきなのだろうか。

　範囲を広げれば広げるほど，市場内の競合企業の数は増え，企業結合による競争への影響は少ないように見えてくることだろう。どこまで広げるべきなのだろうか。

　「一定の取引分野」は，「市場」（または「関連市場」）と言い換えることができる。

　市場とは，競争が行われる場のことであり，その範囲は①商品の範囲および②地理的範囲について，基本的には需要の代替性を（必要に応じて供給の代替性を）考慮して，定められる。こうして定まった商品の範囲を「商品市場」，地理的範囲を「地理的市場」と呼ぶ。

　競争が行われる場とは，より具体的にいうと，競争による相互抑制作用が機能している場である。競争が行われている状況下では，企業らは，一方が値上げを行えば他方が客を奪い取るというようにして，相互に抑制しあう関係にある。抑制が十分に働いていれば市場支配力は生じない。市場画定は，最終的には，市場支配力が形成等される蓋然性があるかどうかをつきとめる上での前提となる作業であることからすれば，このように抑制しあう関係がある範囲を市場として画定すればよいということになる。

| 市場の画定 | 市場の範囲がどこかを明らかにする作業を「市場画定」という。 |

市場画定の出発点となるのは，企業結合を行う企業の事業内容である。結合する企業が扱っている商品と，事業を行っている場所が出発点となる。たとえば，合併をする企業が単3形アルカリ乾電池を扱っていれば，その種の電池が出発点になる。製造販売を行っている場所が大阪なら，大阪が出発点になる。

問題は，どこまで広げるかである。単3形アルカリ乾電池の市場だけを見ればよいのか，単1形，単2形等も入るのか，さらにはマンガン乾電池や充電式電池も含めてよいのか。地理的には，関西，日本，さらには東アジアや世界まで広げるべきか。

すでに述べたように，市場とは，競争が行われる場である。競争が行われる場に含まれるかどうかが，一見して明らかである場合もある。商品範囲については用途や品質，地理的範囲については交通・輸送費などが参考になる。たとえば，単3形アルカリ乾電池と住宅用ソーラー電池の間では競争が行われておらず，これらの両者を含めた競争の場（市場）を考えることはできない。地理的市場については，たとえば歯科治療というサービスについては日本とカナダとは別の市場を構成するだろうことが明らかである。

| 仮想的独占者
（SSNIP）テスト | 市場の範囲が一見して明らかでない場合には，需要や供給の状況を詳しく検討して，一定の方法によって市場画定を行うことになる。 |

市場を画定する代表的な方法として，「仮想的独占者（SSNIP）テスト」がある。このテストは，市場支配力が形成等される蓋然性の有無を判断しやすいように案出されたテストであって，日本の公取

委をはじめとして世界の多くの地域・国で採用され，競争当局と当事会社ほか関係者らが市場効果について議論する際の基礎として用いられている。

「商品市場」の画定 仮想的独占者テストを用いて市場画定をする際には，まず商品市場を，次に地理的市場を画定する。

商品市場の画定は，次のようにして行う。

まず，出発点となる商品範囲を考える。出発点となるのは，結合の当事会社が扱っている商品ないし役務であって，性状・効用や顧客層，競争状況が同じものである。この範囲を商品市場と仮定する。

そして，この商品範囲（仮定商品市場）について，「仮定商品市場を1企業が独占していると仮定して，その企業が，小幅ではあるが，無視するほどでない程度に，かつ，一時的ではない期間，値上げを行うことが利益になるかどうか」を問う。この「小幅ではあるが，実質的かつ一時的ではない値上げ（small but significant and nontransitory increase in price, SSNIP）」について，公取委では，5～10％の値上げを1年間行うという数値を用いることにしている（企業結合ガイドライン第2の1（注2））。

このような値上げは，仮定商品市場を独占する者にとって利益になる場合も，利益にならない場合もある。値上げをするのであるから，売上1商品あたりの利益率は高くなる。しかし，多くの顧客が他の商品に乗り換える（つまり，他の商品をもって代替する）などして当該商品の販売数が減れば，結局のところ値上げは利益にならないことになる。また，それまでは当該商品を製造販売していなかった企業が，多くの利益が得られるからという理由でその商品の製造販売をはじめて顧客を奪っていけば，独占者による値上げは独占者に

とって利益にならないことになる。

　顧客が他の商品に乗り換えることを、「需要代替」という。需要代替がどの程度起こるかは、用途、過去の価格・数量の動き、需要者の認識・行動様式等を手掛かりにして判断することができる。他方、供給者が代替品を供給して顧客を奪うことを、「供給代替」という。供給代替が起こるのは、現在製造販売を行っていない企業が、多大な追加的費用やリスクを負うことなしに、短期間のうちに現有の生産設備や販売網等を問題の商品の製造販売のために切り替えることができるときである。

　こうした検討の結果、需要代替または供給代替が顕著であるために値上げが利益にならない、ということであれば、最初に仮定した商品範囲（仮定商品市場）は、検討すべき商品市場ではないということである。そのような結果になれば、Aの代替品であるBを含めて「仮定商品市場」の範囲を広げて、その範囲について、同じテストを適用する。つまり、「商品AとBからなる市場を一企業が独占していると仮定し、その企業が、小幅ではあるが、無視するほどでない程度に、かつ、一時的ではない期間、値上げを行うことが利益になるかどうか」を問う。このテストの結果、「利益にならない」という答えが出れば、商品範囲をさらに広げて検討を行う。

　こうしたプロセスを繰り返していくと、いつか「その範囲を独占していれば、値上げが利益になる」というところに行き着く。そうなれば、その範囲が分析すべき「商品市場」である。

　　「地理的市場」の画定　　商品あるいは役務の範囲が決まれば、次は、地理的な観点から、同様の作業を行う。結合する企業が製造販売を行う地理的範囲から出発して、「その範囲を一企業が独占していると仮定し、その企業が、小幅ではあるが、

実質的かつ一時的ではない値上げを行うことが利益になるかどうか」を問う。利益が出るという結論が出るまで，地理的市場の範囲を広げていく。

　地理的市場についても，需要代替と供給代替がどの程度行われるかを考慮して，市場を画定することができる。代替の程度は，購入者はどこまで買いに行くか（買い回り範囲），商品の特性（重量，鮮度保持の必要性，脆さなど），輸送手段の利用しやすさなどにより決まる。

市場に参加する企業の確定

　こうして市場が画定されれば，この市場に参加している企業を特定することができる。また，企業結合を行う企業が同一市場内で製造販売を行っているか，言い換えれば競争関係にあるかどうかも，確定することができる。

シェアの計算

　市場に参加している企業が明らかになれば，それを基にして，シェア（市場占拠率）を計算することができる。企業結合を行う企業の売上げを，市場に参加する企業の売上げ全体で割れば，当事会社のシェアを導き出せる。

　売上げを販売数量で計算するか，価額で計算するかが問題になる。一般には，数量に関するデータの方が入手しやすい。市場効果分析を行う上では，通常は，数量を用いて計算してよい。もっとも，品質や耐久性，価格などに差があるときには，数量でシェアを計算するのは不適当である。たとえば100m のテープと300m のテープ，500m のテープが販売されているとき，どのテープも「1 個」として数量でシェアを計算すると，結果として算出されるシェアの数値は企業の実力を反映したものとはならず不適切である。このような

場合には，価額で計算すべきである（⇒ *Column* ⑨）。

Column ⑨ 　市場画定とシェア計算をやってみよう ・・・・・・・・・・・・

　市場画定とシェア計算は，実際にやってみるのが一番よい。具体例で検討しよう。日本国内でドライビールの製造・販売を行ってきた2社が合併するとして，実際に試してみよう。

　① **商品市場の画定**　　まず，商品市場を画定する。出発点は，合併する企業が販売する商品「ドライビール」（発酵度が高い辛口ビール）である。細かく見れば，「ドライビール」には，原材料や泡立ちなどの違う様々なものがあるが，ドライビールであれば商品の性状・効用や顧客層，競争状況がほぼ同一であり，まとめて「ドライビール」としてよいものとする。

　この「ドライビール」を独占している者がいると仮定し，この者が，一定期間，一定程度の値上げを行えば（1年間，10％としよう）顧客の多くが「ドライビール」を買うのをやめて，ドライビールではない「ラガービール」（麦芽を原材料とし貯蔵工程で熟成させたビール）を選ぶようになるとしよう（需要代替）。このために，ドライビールの値上げは利益にならないとしよう。そうなれば，「ドライビール」は，適切な市場ではない，ということになる。

　そこで，ドライビールを含めた「ラガービール」をまとめて市場と仮定して，この市場について検討する。「ラガービール」を1企業が独占しているとして，その企業が1年間，10％，値上げすることは，利益になるだろうか。顧客の多くが，ビール風味の発泡酒（麦芽使用量率が3分の2以下のもの）に移り，値上げが利益にならないとすれば，これも占拠率を計算すべき「市場」ではないということになる。

　そこでさらに広げて，「ビール系飲料」について考える。これらの商品が値上げされれば，ワインや日本酒，焼酎への需要代替がある程度起こりそうである。しかし，消費者の好みや，価格帯，パッケージの仕方と消費方法が異なることなどのために，ワインや日本酒などの他のアルコール系飲料とビール系飲料とは違っており，需要代替はそれほど起こ

らないかもしれない。そして，このために，需要代替のために値上げしても利益にならない，ということは，ないかもしれない。

　そうだとしたら，次は，供給代替の可能性を考える。この仮定された「市場」に，費用をかけることなく，短時間で参入し，客を奪うことのできる企業はいるだろうか。現在，ビール系発泡酒以外の発泡酒を販売している製造販売業者が，費用やリスクをかけることなくビール系発泡酒の製造販売もできるとする。そして，ビール系飲料の値段が上がれば，現在市場で売られているビール系飲料に代わる商品の製造販売を開始して顧客を奪い，このために，仮定的独占者による「ビール系飲料」の値上げが利益にならないとする。だとすれば，ビール系でない発泡酒も市場に加えなければならない。そうでなければ，「ビール系飲料」を商品市場としてよい。

　このようにして，商品範囲（商品市場）を画定することができる。

　②　**地理的市場の画定**　　次が，地理的市場の画定である。これについても，出発点となるのは，合併する企業が事業を営む地理的範囲である。当事会社が日本全国で製造販売を営んでおり，競争の状況が国内のどの地域をとっても同様であれば，日本を出発点としてよい。そうでなければ，より狭い範囲を出発点として，検討をはじめることになる。

　この事例では，日本を出発点にしてよいものとしよう。検討すべきは，日本における「ビール系飲料」を独占している企業があるとして，この企業が10％の値上げを１年間することが，利益になるかどうか，である。顧客の多くが外国でこの種の商品を製造販売する業者から購入するようになり（需要代替），または，外国の製造業者が日本に参入し顧客を迅速に奪いはじめ（供給代替），値上げを行うことが利益にならないとなれば，「日本」は占拠率を計算すべき市場ではない，ということになる。

　この例では，この種の商品についての日本人の味へのこだわり，外国の商品を日本で販売するために必要な検疫等の手間や，日本内で販売を行うために必要な倉庫や流通設備を整備するためにかかる費用の程度によって，日本外に市場が広がるかどうかが決まる。

　③　**市場シェアの計算**　　以上の作業によって，「日本におけるビー

ル系飲料」が「市場」として画定されるとする。市場シェアを計算する準備が，これで整ったことになる。価額で計算するか，量で計算するかを，決めなければならない。ラガービール１缶とビール風味発泡酒１缶とでは，価格がかなり違うので，個数で計算すると奇妙なことになりそうである。価額で計算した方がよいのだろう。

　「日本におけるビール系飲料」という市場において製造販売を行う企業（市場参加企業）の販売総額が３兆円であり，合併を計画する企業の販売合計額が1.5兆円であるとすれば，シェアは1.5兆円÷３兆円，つまり50％ということになる。

　　　　　　　　　　　　　　　　　　　　　　　

HHI の計算

市場における競争の活発さを示す指標に，集中度がある。集中度とは，少数の企業に製造販売が集中している程度のことである（集中度に関して⇒ *Column* ⑩）。

　集中度を示す指数にはいくつかの種類があるが，その中の代表的なものがハーフィンダール・ハーシュマン指数（HHI）である。これは市場内の各企業のシェアを２乗し，その数値を合計したものである。企業が上位から順にそれぞれ50％，30％，20％というシェアを有しているときには，これらのシェアを２乗した値（50^2〔＝2,500〕，30^2〔＝900〕および20^2〔＝400〕）を合計して導き出される3,800という数値がHHIである。

　市場画定をして市場シェアを明らかにすると，企業結合後のHHIおよび企業結合によるHHIの変化も計算することができるようになる。

　たとえば，１位から順に50％，30％，20％というシェアを占める企業がある市場において，第２位と第３位の企業が合併したとする。合併後には，市場内の企業のシェアは順に50％，50％となる。HHI

は，合併後には，$50^2 + 50^2$，つまり5,000である。また，合併前には HHI は3,800であったのであるから，合併により HHI は1,200増えたことが分かる。

一定の「取引」分野

以下では，市場画定について，いくつか補足と注意をする。

通常，市場あるいは「一定の取引分野」を構成するのは，実際に取引されている商品・役務である。取引対象にならないものについては「取引」分野を考えることはできないことから，原則として，市場画定をすることもしない。取引対象にならないものの例には，料理の一部，組立途中の半製品，年配者による新人社員の指導活動などがある。

ただし，取引対象になるかどうかはかなり流動的であることに注意する必要がある。たとえば，料理店のドレッシングも瓶につめて販売すれば取引対象となるし，新人研修もサービスとして取引されることがありうる。

また，結合する企業がたまたま取引を行っていない商品であっても，取引されるのが通常の商品であれば，その商品については取引分野を画定してよい。

さらに，取引対象でないものについての情報が，企業結合の影響を分析する上で，役立つこともある。たとえば，鉄鋼製品を製造する過程で作り出される鋼（はがね）は，それ自体として取引の対象になることはなく，圧延・鍛造などの加工をしてからはじめて取引が行われる。しかし，鋼の生産量を表す「粗鋼生産量」は，鉄鋼製品を製造するメーカーの生産能力を知る上で有用である。そこで鉄鋼メーカー同士の合併の影響を知る上では，粗鋼生産量やそのシェアが考慮されることがある。

「セロファン・
ファラシー」

ダイヤモンドの市場で1社が独占に近い地位を占め，ダイヤに高い価格——「これ以上価格を上げれば，消費者が他の宝石に移ってしまい，利益にならない」ぎりぎりの価格——がつけられていたとする。ここで，この企業が，わずかに残っていたライバルとの合併を計画するとする。このとき，市場はどのように画定されるだろうか。

　仮想的独占者テストを用いるならば，「ダイヤの値段を1年間，5％上げることが企業にとって利益になるか」を考えることになる。ところが，この検討を上記の状況において行うと，答えは「利益にならない」というものになる。上に書いたように，この企業は価格を「これ以上価格を上げれば，消費者が他の宝石に移ってしまい，利益にならない」ところまで上げているからである。そして「ダイヤは分析対象とすべき市場ではない」「もっと広げなければならない」ということになる。そして，ダイヤと他の宝石を含んだ広い市場が「一定の取引分野」だということになり，この広い市場で，シェアなどが計算されることになる。

　しかし，すでに高い価格をつけ，市場支配力を有しているのに，有していないかのような結論になるのは，おかしい。

　仮想的独占者テストを用いて市場を画定すると，強力な市場支配力を有し高い価格をつければつけるほど，市場が広く画定されて，シェアが低くなり，競争への影響は生じないような外見が生じるという問題が生じる。この問題は，有名な米国の判決の名をとって「セロファン・ファラシー（セロファンの誤謬）」と呼ばれている。セロファン・ファラシーが生じないようにするために，すでに市場支配力が存在していると見られるときには，それを考慮して市場画定および競争効果分析を行う必要がある。たとえば，価格が競争水

準であれば需要代替，供給代替はどのようなものであるかを考慮するなどして市場画定を行う必要がある。

ロックイン市場

「A社製プリンタを購入した後，インクカートリッジを交換する必要が生じた。プリンタと互換性のあるインクカートリッジに替える必要があるが，A社製のプリンタ用インクカートリッジを製造販売しているのはA社とB社だけだ。」

この状況下で，A社がB社を買収（株式取得）するとする。この株式取得の影響は，どの範囲で評価したらよいだろうか。A社製プリンタ用インクカートリッジの市場を見るべきか，A社製プリンタ用のものに限定することなくプリンタ用インクカートリッジの市場を見るべきか。

これは「ロックイン市場」「アフターマーケット」などと呼ばれる市場についての市場画定の問題である。プリンタ購入という行動により，後の選択が一定範囲に閉じ込められてしまっていることから「ロックイン」ということばが使われている。

仮定的独占者テストの枠組みに従って分析すると，「A社製プリンタ用インクカートリッジ」は，それだけで市場になることもあれば，ならないこともある。テストの内容は「一定範囲を独占しているとして，そこでの値上げが利益になるかどうか」である。顧客の行動を考慮して，この問いに答えてみよう。第1に，インクカートリッジの価格とプリンタの価格を比べて，インクカートリッジ代が相当に高く，インクカートリッジを値上げしたら他のプリンタに乗り換えるという反応を相当数の顧客がとる場合には，インクカートリッジの値上げは利益にならない。第2に，A社製プリンタをこれから購入する顧客が相当数存在する場合には，顧客がA社製プリン

タをすでに持っているかどうかを見分けて，Ａ社製プリンタを持っ
ている人にはインクカートリッジの値段を高くし，まだ持っていな
い人に対しては安くするという価格設定ができない限り——言い換
えれば，価格差別ができない限りは，インクカートリッジの値上げ
は利益にならない。インクカートリッジの値上げにより，Ａ社製プ
リンタの顧客が減り，プリンタの売上とそれから得られる利益が減
るためである。また，価格差別ができる場合であっても，プリンタ
を購入すれば高い価格でインクカートリッジを買う羽目になること
に顧客が気づき，多くの潜在的顧客がＡ社製プリンタを購入しない
選択をするのであれば，インクカートリッジの値上げは利益になら
ない。これらの場合には，したがって，Ａ社製プリンタ用インク
カートリッジは商品市場とはならない。他方で，価格差別できる場
合や，Ａ社製プリンタの新規購入者が比較的少ない場合には，Ａ社
製プリンタ用インクカートリッジの値上げが利益になり，Ａ社製
プリンタ用インクカートリッジが商品市場を構成するという結果にな
りうる。

価格差別と市場，下位市場
（サブ・マーケット）

出張目的でニューヨーク行航空券を購入す
る人と，旅行目的で航空券を購入する人た
ちとでは，航空券をどの範囲から選ぶこと
ができるかの面で違いがある。出張目的の人はニューヨーク以外の
都市に飛ぶことは難しいのに対して，旅行目的の人はより広い都市
から行きたい場所を選択できることだろう。航空会社は，価格帯，
自由に変更できるか，直航かどうかなどが異なる様々なタイプの航
空券を発売して，これらの異なる人たち（顧客群）の間で違った条
件が適用されるようにしている。

　このように，需要・供給の代替性の状況が異なる顧客群が複数存

在しており，この顧客群間で価格等に差を設けることができる場合（典型的には，価格差別できる場合）には，別の条件を適用される顧客群について別の市場が成立するとみて，それぞれについて市場効果を検討する必要がある。上記の例では，たとえば，ビジネス用ニューヨーク行航空券と北米主要都市行航空券という具合に，2つの市場について検討する必要がある。

このときには，これらの2市場，いってみれば大きな市場と狭い市場の両方が関連市場となる。このうち狭い市場は，「サブマーケット（下位市場）」と呼ばれることがある。

世界市場　「半導体Ｃは世界中で販売されるコンピュータに用いられている。この半導体は，高価な上に，極めて小さい。日本で価格が高くなれば，日本の半導体購入者は外国に半導体を買いに行く。外国の半導体企業も，スーツケースに商品を詰めて売りに来る。」「遺伝子解析技術Ｂは研究機関で用いられ，研究者は優れた技術を世界中から取り入れようと，日々努力している」……。

このように競争が国境を越えて行われており，なかでも日本の買い手が日本内の販売者と外国の販売者を区別することなく商品の購入を行っているときには，日本を超える範囲が地理的市場となる。場合によっては，世界が「一定の取引分野」となることもある（こうして画定される市場は「世界市場」と呼ばれる）。

国境を越える市場を画定すべきかどうかを考えるときには，有形無形の障壁に注意する必要がある。輸入割当や関税が課されている場合はもちろん，輸送費，流通網やブランド力を確立していないこと，人びとの好みや言語が違うことなどのために日本と外国とでは代替の程度が低い場合は多い。

市場支配力は，すでに述べたように（⇒ 2 ①），ある企業が単独で強い力をもつことによって成立することもあれば（単独の市場支配力），複数の企業の間で協調的行動がとられることによって成立することもある（共同の市場支配力）。

企業結合が市場支配力を生じさせる仕方は，結合する企業間の関係によって，大きく 3 つのパターンに分けて考えることができる。

水平型・垂直型・混合型 結合する企業間の関係は，次の 3 類型に分けることができる。

第 1 は，競争者同士の結合である。これを「水平型企業結合」という。この場合には，企業結合によって，相互に競争を行う企業が減り，これを通じて市場支配力が形成されることが，懸念される。

第 2 は，実際に，または潜在的に取引関係にある事業を営む者同士の結合である。「取引段階を異にする者間の結合」とも表現される。メーカーと販売業者，部品メーカーと完成品メーカー，卸売業者と小売業者の結合などが典型である。こうした結合は「垂直型企業結合」と呼ばれる。この場合には，企業結合によって他者を排除する能力と意欲を獲得し，その力を行使して他者を排除して，競争を制限することと，カルテル・暗黙の協調を促進することによる競争制限効果が懸念される。

第 3 が，いずれの場合にもあたらない場合である。「混合型企業結合」という。この場合にも，競争制限効果は生じる。とりわけ，現在は競争者ではないが競争する可能性があった者と結合する場合や，多数の市場で事業を行うことで反競争的な戦略がやりやすくなる場合に競争制限効果が生じることがある。

これらの３類型のうち，競争に与える影響が直接的で，競争を実質的に制限することとなる可能性が高いのは，水平型企業結合である。もっとも，垂直型・混合型企業結合であっても悪影響が生じることはある。

　水平型，垂直型，混合型の企業結合は，それぞれどのようにして競争制限効果を発生させるだろうか。話を分かりやすくするために合併を題材として，説明しよう。

水平合併——単独の市場支配力　水平型合併が行われると，当事会社が単独で圧倒的な地位を占めるようになり，このことを通じて市場支配力が形成されることがある。

　市場支配力が形成されるおそれが高いのは，当事会社が市場で圧倒的なシェアを占める一方で，この企業に対抗する力（有力で競争意欲の高いライバル会社や新規参入者等）が存在しないときである。こうした場合には，当事会社が値上げしても顧客は簡単には他所に移ることができず，当事会社は容易に値上げを行うことができる。同時に，当事会社の販売数量が大きく，値上げにより得られる利益も大きいために，当事会社は値上げを行うインセンティブももつことになる。

水平合併——単独型・考慮要因　一般に，当事会社が市場で高い順位とシェアを占め，競争者が当事会社に比して力がなくまたは競争する意欲に乏しく，ライバル他社の増産や新規参入などによる競争的な抑制力も働いていないときには，単独の市場支配力が形成されることとなる見込みが高い。

　増産や参入が容易であるのは，その商品の生産にしか使えないよ

うな設備への投資や，流通網の新規構築，ブランド確立のための努力などをほとんどすることなく，生産販売量を増やすことができ，加えて，顧客が長期契約によって現在の取引先に囲い込まれているといった事情がない場合である。

　競争的な抑制力は，市場としては別であるが隣り合っている市場や顧客などからも働く可能性がある。顧客からの抑制は，価格を上げれば購入をやめて顧客自ら生産するという対抗手段を顧客がもっていたり，顧客が複数の調達先を確保して，この間で競い合いを行わせていたりする場合に働くことがある。単独の市場支配力が形成されるかどうかを判断する上では，必要に応じて，これらの競争圧力も考慮する。

水平合併──単独型・製品が差別化されている場合

上で説明した方法により画定された市場は，その範囲の商品の値上げが利益になるという点では共通しているものの，詳しく見れば，微妙な差異がある。とりわけ，市場内に含まれる商品の代替性の程度が違っている。たとえば，ペンキの市場と化粧品の市場とでは，商品相互の代替性の程度が違うだろう。

　製品が差別化され，代替性が低くなっている市場を「差別化された市場」という。差別化の程度が大きいときには，当事会社が占めることになる市場シェアが比較的小さい値であっても，単独型の市場支配力が形成されることが知られている。

　たとえば，オーガニック食品のリーディング企業2社（A社とB社）の合併を考えよう。オーガニック食品と非オーガニック食品との間では需要の代替性があり，上で説明した市場画定方法によるならば商品市場は「食品」になるものとする。しかし，オーガニック食品の愛好者がいて，この愛好者らは少々値段が高くなってもオー

ガニック食品を買い続けるとする。かつ，合併前には，A社はB社に，B社はA社に客を奪われることをおそれて値上げをすることができなかったものとする。

　ここで，A社とB社が合併すると何が起こるか。A社とB社の合併後は，元々Aが販売していたオーガニック食品と，元々Bが販売していたオーガニック食品の両方について同時に値上げすることができるため，顧客が他社に奪われるとか，そのために売上げが減少するとかいった心配をする必要がない。こうして，合併後には難なく値上げができるようになる。

　このように，製品が差別化されている市場では，市場の中でも相互に代替性が高い商品を販売する企業が合併すると，市場全体の中では占めるシェアが比較的低い場合であっても，単独の市場支配力が形成されやすいことが知られている。

水平合併──共同の市場支配力

競争者同士が合併するときには，合併によって，カルテルや暗黙の協調が行われやすく，それによって市場支配力が形成されることとならないかどうかも，検討する必要がある。大手ビール会社が合併して，主要なビール製造業者は3社となれば，激しい客の取り合いにならないよう，値引きを控えるかもしれない。価格を共同で決めるカルテルも，数が少ない方がやりやすい。

　一般に，カルテル・協調が行われるのは，①価格水準をどのくらいにするのかについて了解が成立し，②他社がつけている価格が分かるなど，競争者が協調的に行動しているかどうかを相互に観察することができ，③協調せずに競争的行動をとった企業（逸脱者）に対して制裁が加えられるだろう状況においてである。制裁の具体例には，裏切って安売りを行った逸脱者に対して低価販売などの方法

で攻撃をしかけ嫌がらせをすることがある。

水平合併──共同型・考慮要因

カルテル・協調は，少数の企業が市場の大部分のシェアを占めていると行われやすくなる。数が少なく集中度が高ければ，相互了解の成立も観察も容易であるし，協調から得られる利益が高いので費用がかかっても逸脱者に制裁を加える行動をとろうとするからである。これらに加えて，相互に相手のとる行動が見えやすいという意味で市場の透明性が高いことも，共同の市場支配力が形成される可能性を左右する。

さらに，企業らの実力，商品や費用構成が似ていて（つまり同質的であって），企業間の対称性が高いと，共同の市場支配力が生じやすくなる。もっとも，リーダー企業の価格に追随して他社が価格を決める行動様式（プライスリーダーシップという）がとられているときには，企業間の対称性が低くても協調が成立しうる。

また，これまで協調することなく，盛んに値下げを行っていた企業（「一匹狼企業」と呼ばれる）が合併によって消滅してしまうときには，その企業の占めるシェアが低くても競争制限効果が生じる可能性があるなど，過去の競争状況も，共同の市場支配力が生じそうかどうかを判断するにあたって参考となることがある。

対称性の高い少数企業間の協調であれ，プライスリーダーシップ型の協調であれ，市場支配力を抑制する要因があれば，共同の市場支配力は成立しない。なかでも，新規参入や隣接市場からの競争圧力が高いときには，共同の市場支配力は形成されない。

Column ⑩　競争の状況に関する指標

競争の活発さや企業の地位，行為の影響を判断する際には，市場シェ

アを用いた様々な指標が利用されている。すでに述べた HHI は，その代表例である。これらのいずれも指標にすぎず，それによって市場効果が判定できるというものではないし，ある指標がとる数値の解釈についても争いがあるのだが，一応の目安として有用であることは確かである。そこで，いくつか代表的な指標をここで紹介しておこう。なお，これらの数値を使用する上では，市場をいかに画定したかによって数値の意味が変わることに注意しよう。

公取委の企業結合ガイドラインでは，シェアなどをもとにした「安全圏（セーフハーバー）」，あるいは「競争を実質的に制限することとなるとは通常考えられ」ない場合が示され（⇒ 3 ④），さらには過去の事例に照らせば，企業結合後の HHI が2,500以下であり，かつ，企業結合会社の市場シェア合計が35％以下の場合には，競争を実質的に制限することとなるおそれは小さいと通常考えられると述べられている（第4の1(3)）。また一般に，おおよそ，50％を超えるシェアを占める企業は市場支配力を有しがちであって，かかる企業が存在する市場は競争的でないと考えられている。100％に近いシェアを有していれば，特別な事情がない限り，市場支配力を有していると見てよいだろう。

「三社集中度」「四社集中度」も，市場が競争的であるかどうかを示す指標である。競争の程度は，首位企業や当事者の地位だけでなく，市場内に存在する他の企業の数と力にも左右される。一部の企業にシェアが集中し，他の企業はこうした行動を制約する力をもたないという状況が懸念される。上位数社集中度が高いほど，市場構造は競争的でないと考えられる。

HHI は，上位数社集中度と比べると，より広い範囲の競争状況および上位数社間の競争状況を反映できる点に特徴がある。たとえば，上位3社が合計で60％を占めるとき（つまり，三社集中度が60である場合），①残りのシェアを2社（各々20％）が占めるか，4社（各々10％）が占めるかで，HHI は400の差が出る。また②上位3社のシェアがすべて20％の場合と，順に40％，10％，10％の場合とでは，HHI は600違うことになる。公取委は，過去には，HHI が1,000未満であれば市場は寡占的でな

く，1,800未満であれば市場は「高度に」寡占的でないとの目安を示していたことがある。

| 垂直合併──閉鎖性，排他性の問題① |

　垂直合併が市場支配力を形成する仕方には，様々なものがある。ここでは，ライバルの競争的な行動を妨げることにより単独の市場支配力を形成等する場合と，競争者間の協調を促進することにより共同の市場支配力を形成等する場合について説明しよう。

　石油精製会社らは，石油輸送会社らが提供する輸送サービスを利用して，石油を精製して石油製品を販売する事業を営んでいるとする。ここで，ある石油精製会社が石油輸送会社を買収した上で，石油輸送会社がもともと他の石油精製業者に対しても提供していた石油輸送サービスをライバル他社に対しては提供させないという方針を決めたとする。かつ，買収された石油輸送会社は，複数ある石油輸送会社の中でも輸送ネットワークの大きさなど効率性の点で他の石油輸送会社よりも優れ安価な輸送サービスを提供していたとする。

　このような状況下では，合併後の方針変更の結果，当事会社のライバルの石油精製会社は輸送にかかるコストが引き上がり，石油製品に高い価格をつけざるを得なくなる。そして，当事会社は，ライバルが顧客を奪うことを心配することなく，石油製品により高い値段をつけることができるようになる。

　取引拒絶をしないまでも，ライバル他社に対しては輸送サービスを不利な条件で（たとえば，より高い価格で）提供するという方針を採用すれば，同様にして，当事会社が石油製品により高い値段をつけることができるようになる可能性がある。

　このように，垂直合併は，当事会社の行動を変化させ，とりわけライバルに対して取引拒絶や差別的取扱いをするように変化させる

ことを通じて，ライバルの競争力をそぎ，当事会社が単独の市場支配力を獲得するという結果を生じさせることがある。

　上では輸送設備を例にして説明したが，同じような影響は，原材料や生産設備，特許ライセンスなど，このほかの投入要素（事業を行うにあたって必要な財）について取引拒絶等が行われるようになる場合にも生じる可能性がある。

<table>
<tr><td>垂直合併──閉鎖性，
排他性の問題②</td></tr>
</table>

ライバルを市場から排除し，競争能力をそぐことは，当事会社にとって，様々な形で利益になる。もっとも，取引拒絶等をしたらライバルが別の会社から同等の投入要素を入手できるとすると，ライバルは排除されない。また，取引拒絶等をすれば，投入要素（上の例では，輸送サービス）をめぐるビジネスでは顧客を失うことになるので，顧客を失い売上げが減ることを考えてもなおライバルを排除することにより得られる利益の方が大きい，というのでなければ，排除のインセンティブは生まれず，取引拒絶等は行われない。

　こうなると，垂直合併がライバル排除とそれによる競争制限の目的・効果をもつかどうかは，ライバルの排除の手段となる市場（輸送サービスの市場）と，ライバルが排除される市場（石油製品の市場）の両方について，競争の活発さや，参入の容易さ，そこで当事者が占める地位を見て判断する必要があるということになる。

　合併によって，ライバルを排除する戦略を能力をもつようになるのは，ライバル自身では，同じような投入要素を作り出せない場合である。そして，当事会社以外の企業も，同じようなものを作ることができない，あるいは，作ろうとしない場合である。当事会社が投入要素や販売業の市場で相当のシェアを占め，他者が積極的に競争しておらず，新規参入も難しいといった場合には，この条件がみ

たされやすい。

　合併する企業がライバル排除のインセンティブをもつためには，合併する会社が合併によりかなり大きな利益を得ることができるようにならなければならない。合併する会社が市場で有するシェアのほか，この市場での競争状況や参入障壁が，利益を得られるようになるかどうかを左右する。様々な要因をどのように考慮するかについては，前述の水平合併（単独型）についての説明が参考になる。

垂直合併
——協調の促進

　　　　　垂直合併は，協調を促進することにより競争に悪影響を与えることもある。
　　　　　化学薬品等を製造する業者らが，一般消費者向け栄養剤の製造に利用される高品質の物質Ｋを栄養剤メーカーに売っていたとしよう。この物質Ｋの市場は集中度が高く，メーカー間の同質性が高いにもかかわらず，今のところ協調が行われていないとしよう。協調が行われない理由は，物質Ｋメーカーらの間では相互にライバル企業が栄養剤メーカー向けに物質Ｋをどのような値段で売っているかが分からず，自社が高い価格をつければライバルメーカーに顧客を奪われると懸念しているためだとしよう。

　ここで，この物質Ｋメーカーらがそれぞれ栄養剤メーカーと合併を行って，物質Ｋでなく最終製品である栄養剤を消費者に売ることにしたとする。栄養剤の小売価格を確かめるのは，比較的簡単であり，市場の透明性が高まる。とりわけ相手がどのような価格をつけているのかモニターしやすくなる。こうして，垂直合併の結果，協調が行われやすくなる。

　あるいは，物質Ｋメーカーのうち１社が有力な栄養剤メーカーと合併するとする。栄養剤メーカーは複数の物質Ｋメーカーから物質Ｋを購入しており，合併後もこれを続けるとする。合併した会社は，

物質Kメーカーの購入者として，他の物質Kメーカーがどのような条件で物質Kを取引しているのかについての秘密情報を得ることが容易になる可能性がある。そして，この結果，市場の透明性が高まり協調が行われやすくなる可能性がある。

　このように，垂直合併は共同の市場支配力が成立するための条件を整えることによって共同の市場支配力の形成等につながることがある。どのような条件がそろえば共同型の市場支配力が形成等されるかについては，前述の水平合併（共同型）の説明を参照されたい。

混合合併──潜在的
競争者との合併

混合合併も，競争制限効果をもつことがある。「潜在的競争者」と合併する場合や，反競争的な戦略がやりやすくなる場合である。

　カメラ・メーカーとコンピュータ・メーカーは，現在は競争者とはいいにくい。しかし，コンピュータ・メーカーは，デジタルカメラ内蔵コンピュータの製造・販売を通じて，カメラ製造に必要な技術と流通網はもっており，近い将来，独立にカメラ市場に参入して，活発に競い合う可能性をもっているとする。つまり「潜在的競争者」である。

　潜在的競争者は，実際に参入することによって，競争を活発にする。また，すでに市場で事業を行っている者にとって，この者が参入する可能性が圧力として働くことによって，市場支配力の出現を抑える働きをする。こうした潜在的競争者を消滅させる合併も，競争制限効果をもつ可能性がある。

　潜在的競争者かどうかは，原材料調達能力，技術開発力，販売能力，信用，ブランド，広告宣伝力などをも勘案しつつ，判断していくとよい。隣接する地理的・商品市場で事業を行っている事業者は，潜在的競争者の有力候補である。

混合合併
——反競争戦略の促進

混合合併が競争制限効果を生じさせるもう1つの場合が，反競争的な戦略をやりやすくする場合である。たとえば，合併する会社が従来それぞれ別に販売していた商品を抱き合わせて販売したり，技術的に組み合わせて販売したりすることで，ライバルを排除する戦略がとられる可能性がある。また，カルテル・暗黙の協調は，多数の分野・市場で事業を行っている企業らの間で行う方が，成功しやすいといわれる。

電機メーカーと化学品メーカーとが，業界全体で合併するとしよう。合併前は，電機メーカー同士は電機製品の市場だけで，化学品メーカーは化学品の市場だけで，顔を合わせていた。合併後は，電機製品市場でも，化学品市場でも，顔を合わせることになる。いきおい顔を合わせる回数は増える。顔を合わせる機会が増えると，協調は行われやすくなる。市場で顔を合わせる回数が多いほど，協調することによって得られる利益も，一度裏切っていくつもの市場で競争をすることによる不利益も，大きくなるからである。

④　競争促進効果等の考慮

競争促進効果
（効率性改善効果）

企業結合は，効率性の向上や商品開発・改良を促進し，そのことを通じて競争を促進する効果をもつことがある。たとえば，水平型企業結合では，スケールメリットが働いて製造費用が低くなることがある。また，企業結合を行う当事会社の一方が優れた技術開発力を有し，もう一方が効率的な流通ネットワークをもっているというように，相互に補完しあう資産・技術等を有している場合には，この両社が結びつくことでより良い商品が早く開発され効果的に流通できるようになることがある。垂直型企業結合でも同様に，相互

に補完しあう資産・技術等を有する会社間での結合によって，効率性が促進されることがある。そして，効率性が促進されより良い商品をより安く提供することができるようになると，当事会社がより競争的に行動するようになり，結果として市場における競争が活発になることがある。

競争制限効果が生じそうである場合であっても，競争制限効果を上回る競争促進効果があれば，結局のところ，競争を実質的に制限することとはならないことになる（⇒ 2 ①）。

競争促進効果が十分に生じることは，当事会社が主張・立証すべきものである。現実性をもつ効果が，具体的に示されなければならない。効果は迅速に実現されなければならないし，競争制限効果を抑止するために十分なものでなければならない。競争制限効果が顕著な場合や，顕著な市場支配力が予想されるときには，十分な競争促進効果は生じないと考えてよい（⇒ *Column* ⑦）。

経営状況の考慮
（破綻会社を救済する場合）

倒産しそうな会社（破綻会社）を吸収合併して救済する場合は，どう評価すべきだろうか。

経営状況に照らして計画されている合併が行われない限り，破綻することが確実ならば，通常は，競争は実質的に制限されることとはならないと考えてよい。どのみちこの会社は競争単位としては消滅するからである。ただし，いくつか救済候補があるときには，競争制限効果が最も低いものとの結合を選択すべきである。

競争制限効果が生じ
ないことが明白な場合

公取委は，水平型企業結合については，次のいずれかに該当する場合には，企業結合が競争を実質的に制限することになるとは

通常考えられないとしている（企業結合ガイドライン第4の1(3)）。
① 企業結合後の HHI が1,500以下である場合。
② 企業結合後の HHI が1,500超2,500以下であって，かつ，HHI の増分が250以下である場合。
③ 企業結合後の HHI が2,500を超え，かつ，HHI の増分が150以下である場合。

また，垂直型・混合型企業結合については，次の場合には，企業結合が競争を実質的に制限することになるとは通常考えられないとしている（企業結合ガイドライン第5の1(2)・第6の1(2)）。
① 当事会社が関係するすべての一定の取引分野において，企業結合後により結合関係が生じることとなる会社の市場シェア合計が10％以下である場合。
② 当事会社が関係するすべての一定の取引分野において，企業結合後の HHI が2,500以下の場合であって，企業結合後により結合関係が生じることとなる会社の市場シェア合計が25％以下である場合。

これらの基準は，セーフハーバー，安全圏などと呼ばれる。公取委実務においては，いずれかの場合に該当することが明らかとなれば，それ以上詳しい検討を行うことなく独禁法上の問題は生じないと判断されている。一般的にも，これらの基準に該当すれば，競争制限効果は生じないと判断してよいと考えられる。

なお，これらの基準は，基準に該当すれば競争制限効果が生じないことが通常だとしかいっていない——これらの基準に該当しなければ，競争制限効果が生じると考えられるとはいっていないことに注意しよう。

⑤ 問題解消措置

企業結合に伴ってとられる措置（問題解消措置）

企業結合に伴って事業や株式の一部を他社に譲渡することにより，競争制限効果の発生を回避することができることがある。一定の措置をとることで競争が保たれるのであれば，企業結合を禁じる必要はない。条文に照らしても，「競争を実質的に制限することとなる」要件がみたされなくなり独禁法上の問題を払拭することができる。

　企業結合に伴ってとられる措置であって，競争を実質的に制限することとなる効果を発生させないようにするものを「問題解消措置」という。一定の措置をとることで企業結合が禁止されないですむのは，企業結合を進めようとする当事者にとって大変便利であって，企業結合にあたり問題解消措置はしばしば用いられている。さらに，企業側では，競争を実質的に制限することとなるかどうかは判然としないものの（つまり，「問題を解消する」必要があるかどうかは明らかでないものの），独禁法への抵触問題を予め回避しておこうという意図をもって，企業結合に伴い一定の措置をとることを計画することもある。

　企業結合に伴って措置がとられるときは，公取委はこれらの措置がとられることを前提として「競争が実質的に制限されることとなる」かどうかを判断することになる（⇒ *4*）。

構造的措置・行動的措置

企業結合に伴ってとられる措置は，構造的措置と行動的措置の2種類に分類することができる。構造的措置は，事業譲渡，株式処分，第三者との提携関係の解消など，基本的にはある時点に一定の措置をとることで完結

するものである。行動的措置とは，原材料を競争業者に対して引き渡すこと，競争業者に貯蔵・物流施設を利用させること，情報遮断措置（ファイヤウォール）を設けることなど，企業結合を行う者が企業結合の後に継続的に一定の行動をとることとする措置をいう。

　構造的措置は，上記の例から見ても分かるように，企業にとってインパクトが大きい一方で，事業，資産等の処分後には独立した競争単位が維持または創出されることから，競争の活発さを維持する上で実効性が高く，規制する側（公取委）の監督も容易である。これに対して行動的措置は，採用が比較的簡単であるものの，たとえば競争者に対する原材料供給を内容とする行動措置の場合には原材料をめぐって企業結合を行う者と競争者との間で依存関係や情報がやり取りされる関係が生じ競争を維持する効果は限定的である傾向がある。監督にかかる費用も，構造的措置に比べて高くなる傾向がある。たとえば，競争が保たれる程度に十分にかつ合理的な価格で原材料の供給を行っているかどうかを継続的に監視していく必要がある。

　構造的措置と行動的措置にはこれらの特徴があることから，問題解消措置をとる必要がある場合には，原則として構造的措置がとられるべきであると考えられる。公取委も，構造的措置が原則であるとしている。

　他方，例外的に行動的措置が妥当と考えられうる場合として，公取委は，技術革新等により市場構造の変動が激しい場合をあげている。また，垂直型・混合型企業結合の場合には，競争への悪影響は，取引拒絶や不利益な取扱い，秘密情報の共有等，一定の行為をとることを通じて生じるものであることから，これらの行動が行われないようにすれば問題が解消できることがある。共同出資会社により間接結合を通じて悪影響が生じる場合も，同様に，情報遮断措置を

設ける等の行動的措置で十分であることがある。

問題解消措置の十分性　一定の措置がとられることを理由として企業結合を合法とするからには，当該措置によって競争の実質的制限が生じる蓋然性が確実に除去される必要がある。このためには，措置の内容とともに，措置がとられるタイミングも適切に設定される必要がある。

　問題が発生しないようにするためには，構造的措置は，企業結合が実行される前に実行されるべきである。例外的に企業結合実行後に措置をとることを許すときにも，できるだけ早期に実施されるようにしなければならない。というのも，措置がとられるまでの間，市場支配力の弊害が生じる可能性がある上に，時間がかかるとその間に，当事会社が，他社に譲渡等することが計画されている事業や資産の価値を目減りさせる行動をとる結果，措置をとっても問題が解消されないという事態が生じる可能性があるためである。

　また，どのような措置をとるにしても，履行されているかどうかを監督し実行させることができるように内容，期限等が明確に設定されている必要がある。後に見るように問題解消措置の履行は，最終的には，問題解消措置がとられない場合に公取委が企業結合を違法として排除措置命令を出すことによって確保されている。このため，公取委がこのような対応を必要に応じて迅速にとることができるように，内容，期限等は明確に設定されている必要があるのである。

4 手続き・エンフォースメント

　独禁法に反して企業結合が行われた場合には，公取委は，事業者に対して株式の全部または一部の処分，事業の一部の譲渡など，違反行為を排除するために必要な措置を命ずることができる（17条の2）。条文では明示的に書かれていないが，一定の行動をとること（つまり，上記*3*⑤でいうところの行動的措置をとること）を命じることもできると考えられる。

届出制度　もっとも，企業結合については，排除措置命令によっては競争を元の状態に回復させるのは困難であることが多い。株式処分などが容易でなく排除措置命令に従って措置をとることが難しい上に，企業結合の結果として変化した行動パターンを企業結合前の状態に戻すのが難しいためである。一方，企業結合を行う企業としても，一度行われた企業結合を解消することなどを命じられると大きな困難に直面することになる。

　そこで，企業結合を効果的に規制するために，一定の規模を超える企業結合については，公取委に事前に届け出ることが義務づけられている。たとえば合併については，国内売上高合計額が200億円を超える会社と50億円を超える会社との間で合併を行う場合には，事前に公取委に合併計画を届け出る義務がある。

禁止期間・審査期間　届出義務のある企業結合については，企業は，公取委が届出を受理した日から30日を

経過するまでは合併等ができない（「禁止期間」と呼ばれる）。

　一方，公取委は，原則としてこの禁止期間の間，または当事会社に報告等の提出を求めた場合には届出受理日から120日ないし報告受理日から90日のいずれか遅い日までに審査を行って排除措置命令の発出に向けた措置をとらなければならない（「審査期間」と呼ばれる）。

第1次審査，第2次審査

公取委は，審査を2段階に分けて行っている。

　第1段階目の審査（第1次審査）においては，公取委は，会社，事業内容の概要，市場における地位等についての比較的簡単な内容の計画届出書の提出を受けて，この計画届出書の内容に基づいて，①独占禁止法上問題がない，または，②より詳細な審査が必要であるという判断を行う。この判断は，原則として届出受理後30日の間に行われる。②の判断を行った場合には，届出を行った会社に対して，必要な報告，情報または資料を提出するよう要請することにより第2次審査に移行する。

　第2次審査では，公取委は，当事会社から提出された詳細な内容の報告等を検討するほか，競争事業者や顧客に対するヒアリング等を行った上で，排除措置命令を出すべきかどうかを決定する。独禁法上問題がないという判断にいたった場合には，公取委は，届出を行った者に対して排除措置命令を行わない旨の通知を行う。

企業結合に伴ってとられる措置（問題解消措置）

企業結合の計画届出書においては，いかなる企業がどのように結合関係を形成するか（合併であれば当事会社の概要や合併後に存続ないし設立される会社の概要など）のほかに，企業結合に伴ってとる

ことを計画している措置の内容も明らかにすることとなっている。この措置の中には，前述した「問題解消措置」ないし「企業結合に伴ってとられる措置」も含まれる（⇒ 3⑤）。

　問題解消措置等は，企業結合を行う企業が公取委への届出前に予め計画する場合もあれば，公取委から企業結合を行えば独禁法に反することになるという指摘を受けて計画されることもある。

　届け出た措置を行わないことにしたり，内容を変更したりした場合には，変更後の企業結合計画を改めて届け出なければならない。また，届け出た措置のうち重要なものが，公取委に提出した計画で設定されている期限までに行われなかった場合には，公取委は，措置期間の経過後であっても排除措置命令発出に向けた手続きを開始することができる（ただし，期限から1年の間に限る）。

　　　　　　　　　　　　　　企業結合については，かつては公取委に事
　事前相談制度・　　　前相談制度が設けられ，ほとんどの事案が
　届出前相談　　　　　この制度の下で解決されてきた。事前相談
制度の利用は企業側には早い段階で企業結合が禁止されるか，問題解消措置をとれば禁止されずにすむのかなどについて何らかの感触を得ることができ，公取委側には複雑な事例の審査を措置期間などの時間的制限に拘束されることなく行うことができるという利点があった。ところがその後，こうした柔軟さがかえって災いして，予測可能性や透明性，迅速性に欠けるという批判が強まり，事前相談制度は廃止された（2011〔平成23〕年）。事前相談制度の廃止後には，公取委が実体的問題について届出前に非公式に判断を示すことはなくなった。

　現在でも，公取委に対して相談する制度があるが（届出前相談制度），届出前相談において相談できる内容は届出書面の記載方法等

に限られている。

5 「一般集中」の規制

「一般集中」 独禁法9条と11条は，経済全体として見て，特定の企業や企業グループに経済力が集中しないかどうかに注目して，規制を行っている。これらの規制は個々の市場における市場支配力の形成等を予防する他の規制とは区別して，「一般集中規制」と一般に呼ばれている。

一般集中規制は，もともとは，戦後解体された財閥の再現を阻止し，巨大な資金力を利用した産業支配を防止する趣旨で設けられた。その後，株式の相互持合と取引関係を通じた銀行と商社を中核とする企業集団・系列が形成されると，一般集中規制は，こうした企業集団の経済的社会的影響力や，集団内で閉鎖的・固定的な取引関係が強化されることの歯止めとなってきた。

しかし，その後，経済状況が変化し，企業集団の経済的影響力や内部の結束力が弱まり，一般集中規制は次第に緩和された。

事業支配力の過度集中 独禁法9条では，他の国内の会社の株式を所有することによって事業支配力が過度に集中することとなる会社を設立することや，そうした会社になることを，規制している（同条1項・2項）。

「事業支配力が過度に集中する」とは，次のいずれかの場合であって「国民経済に大きな影響を及ぼし，公正かつ自由な競争の促進の妨げとなること」をいう（同条3項）。

第1が，株式所有を行う会社とその子会社・実質的子会社ら（会社グループ）が，相当の数の分野で事業を行っており，しかもその

規模が著しく大きい場合である。公取委「事業支配力集中ガイドライン」では，会社グループの総資産が15兆円を超え，5つ以上の主要な事業分野のそれぞれにおいて3000億円を超える総資産を有する会社を有すれば，このような場合にあたるとの考え方が示されている。持株会社を頂点にし，大規模な商社や，鉄鋼，電機メーカー，不動産賃借の会社などの子会社を有して，企業集団を形成している場合が典型である。

　第2が，支配される会社が，資金の貸付などを通じて，他の事業者に対する著しい影響力をもつ場合である。このケースも，事業支配力の過度集中が認められることがある。大規模な金融会社の株式を保有する場合に，これが問題になる。

　そして第3が，支配されている会社が相互に関連性のある相当数の事業分野においてそれぞれ有力な地位を占めている場合である。自動車とその材料であるプラスチック，金属，ガラスなどの企業グループや，電機製品とその材料の会社などが，株式保有を通じて1つの会社に支配され，しかも支配されている個々の会社が有力な場合が，典型である。

金融会社の持株制限　独禁法11条は，銀行や保険会社の株式の保有を規制している。銀行業を営む会社は5％を超えて他社の議決権を保有できない。保険業を営む会社は10％を超えて他社の議決権を保有できない。この条文は，銀行や保険会社のような資金力が大きい会社が，株式の保有により他の会社と結びつくことを制限するものである。

6 独占的状態の規制

独禁法 8 条の 4 ここまでは，合併や株式の保有など，企業組織上の諸手段を利用した競争に影響を与える行為に対する規制について検討してきた。競争に影響を与える行為を規制するという点では，企業結合規制は，これから検討する独禁法 3 条や19条による規制と異ならない。すでに述べたように，独禁法は，競争のあり方に影響を与える人為的な行為を規制するものであって，競争に悪影響をもたらす人為的な行為がない限り，原則として，独禁法の規制は及ばない。

この原則に対する例外として，「独占的状態の規制」がある（8条の 4）。

独占的状態の規制 独占的状態の規制は，規模が非常に大きい産業で，1 社か 2 社が高いシェアを有し，値段の高止まりや浪費などの弊害が著しく，参入が困難な状態にあるときに，そのことだけで公取委が介入することを認めるものである。競争に悪影響を与える行為を認定することなく，市場の客観的な状態に着目して介入を行い，公取委の排除措置命令によって人為的に事業者の数や関係を変え，市場の構造を変える規制であることから「純粋構造規制」と呼ばれている。

公取委が規制を行うことができるのは，上記のような状態（「独占的状態」という）であって，企業の収支や従業員などに配慮してもなお排除措置を命じる必要がある場合に限られる。これまで独占的状態に対して排除措置命令が出されたことはない。

デジタル・プラットフォームという言葉がよく聞かれるようになった。プラットフォーム（PF）は，①複数の利用者群に対するサービスの提供（両面市場性または多面市場性）と②間接ネットワーク効果を特徴とする。利用者群とは，オンライン旅行業者（OTA）ではホテルと宿泊者，動画サイトでは動画視聴者と広告主をさす。OTA はグループの間でマッチング機能を果たし，動画サイトは視聴者の関心を引き付けて広告収入を得ている。

他方，間接ネットワーク効果とは，ある面（市場）での需要者群の増加が他の面でのサービスの価値向上につながる現象をさす。OTA のホテルが増えればユーザーの利便性が高まり，ユーザーが増えればホテルの利益になる。動画の視聴者が増えれば広告収入が増えて PF はコンテンツ，機能等を強化でき，視聴者が利益を受ける。ちなみに，ネットワーク効果には特定の需要者群内で生じる直接ネットワーク効果というものもあり，特定のソーシャル・ネットワーキング・サービス（SNS）の利用者が増えると当該 SNS の価値が高まることがこの典型である。

間接ネットワーク効果が働くために，PF は一般ユーザー向けに無料でサービスを提供することも多い。無料サービスを有料にすると利用者が激減することが多いため，市場支配力をもつ事業者は，価格を上げるのでなく品質を落とす等，別の形で力を使うと考えられる。また，同じ理由から，仮想的独占者テストが使えなくなる。「品質を落としたらどうなるか」テストなど別の方法で市場画定するほかない。さらに各需要者向けサービスを別々に市場とするのでなく（または，これに代えて），PF に着目した市場画定をする方が適切に市場効果分析をできることがある。間接ネットワーク効果のために集中が進むことがある一方で，ある PF から別の PF への乗換えの容易性や複数 PF の並行利用（マルチホーミング）が競争圧力として働く。市場効果分析を行う上では，このような特性を踏まえる必要がある。

第2章 不当な取引制限

> カルテルや入札談合は，独禁法において最も頻繁に法適用対象となり，われわれにもなじみが深いものである。カルテル規制の基本的な考え方をふまえ，カルテルを規制する不当な取引制限の禁止について市場支配力規制の観点からどのように整理されるのか，法適用における重要問題について検討していこう。

1 序 論

1 カルテルと関連規定

　企業間での競争に関わる行為には様々な形態のものがある。たとえば，ある街に存在する2軒のパン屋が，話し合いをして自分たちの販売する食パンの販売価格の値上げを行い，定価販売する約束をして実施するというようなことが考えられる。このような行為は，複数以上の法的経済的に独立した企業が，その独立性を維持したまま自己の事業活動の一部について取り決めによって競争を回避する内容をもつ合意・協調的行動であり，カルテルといわれる。独禁法では，カルテル規制に関していくつかの関連規定がある。3条後段（不当な取引制限の禁止），6条（国際的協定・契約の規制）の一部および8条（事業者団体の規制）の一部がカルテル行為に適用される。カ

ルテル規制の重要性や特殊性は，違法行為への制裁制度に反映されている。排除措置命令以外の違反行為に対する行政的対応である課徴金（7条の2・8条の3）では，カルテル規制に特有な制度（課徴金減免制度など）が存在する。制裁としては，行政的規制手段以外の，刑事罰（89条以下），損害賠償等（25条，民709条等）がある（⇒序章 *3* ⑤）。他類型の違反行為に対しても刑事罰は予定されているが，発動対象のほとんどが事実上カルテルの一部（ハードコアカルテル。次の ② で説明する）に対するものである。

② カルテルの形態と規制のあり方

冒頭のパン屋は食パンの販売価格の値上げについての取り決めをしていた。カルテルの取り決めは多様な形態や内容をもつが，それらを分類して説明しよう。

ハードコアと
非ハードコア①

カルテルの性格や規制のあり方を左右する区別の仕方としてハードコアと非ハードコアの区別がある。ハードコアカルテルとは，カルテルとして典型的なもので，われわれが日常的にカルテルという場合にはこの類型を想定するものである。ハードコアカルテルは，競争者間での，価格設定，入札談合，産出量制限や数量割当，顧客・供給者・地域等の割当による市場分割を行う反競争的な取り決めなどを指す。これらの行為は，価格・数量等市場での競争によって決定されるべき要素を人為的に決定する目的または効果をもつ行為で，経済的に反競争効果やその弊害しかもたず，他の望ましい効果をもたない。このテキストで用いてきた表現を使って定義すれば，ハードコアカルテルとは，価格・数量などを競争上重要な要素を制約することによってしか利潤最大化目的を達成できない，すなわち

市場支配力の形成，維持，強化の目的と効果しかもたず，費用削減など正当化の余地のない行為である。ハードコアカルテルの効果的な抑止は，外国の国内法による国内カルテル規制においても，国際カルテル規制の国際的取り組みにおいても課題であり，そのための仕組みを作っている（国際的な取り組みについては⇒第6章）。

他方，非ハードコアカルテルとは，費用削減や生産拡大等効率性の適法な実現を目的とし，そのために必要で合理的な事業者間での協力行為や取り決めなどをいう。非ハードコアカルテルは，価格・数量への効果が間接的であったり，競争への効果の識別が難しかったりする場合がある。

ハードコアと
非ハードコア②

ハードコアと非ハードコアの区別は，競争に対する影響に依拠した区分である。このどちらにあたるかによって競争の実質的制限効果を分析する方法が異なることを意味する。

問題となるカルテル的行為がハードコアであるのか，非ハードコアであるのかによって，規定を適用する場合に重要あるいは問題となりやすい要件に違いがある。たとえば，ハードコアであれば企業間でのカルテル合意の存在や立証が（⇒ 2 ③④），非ハードコアであれば市場支配力分析がより重要となる（⇒ 2 ⑤）。

ハードコアカルテル
の典型例

ハードコアに属するカルテルとしては，次のようなものがある。

（1）価格カルテル　価格についての取り決めだが，価格水準の決め方で違いがある。たとえば，価格引き上げ（値上幅，値上額，建値の決定，掛け率の引き上げ等の決定，最低価格・最高価格の決定等），目標価格や標準価格の決定，再販売価格の

決定等である。最初に例としてあげたパン屋の食パンについての取り決めはこのタイプに属するものである。

(2) 数量制限カルテル　　数量についての取り決めには，生産量，販売量，設備投資制限カルテル等がある。操業時間の短縮等も数量制限の効果をもつ。生産量と販売量制限の効果は即時的である。設備投資制限は，将来の供給量を制限するので効果は将来的である。設備投資制限は，過剰生産能力等を抑制し，カルテル破り等を起こしにくくするので価格や販売数量等のカルテルを補完するものとして利用されることもある。数量制限は，市場への供給量制限によって市場価格を操作するものであり，価格への直接的影響力行使を目的として実施される。

(3) 取引先制限カルテル　　取引相手に関する制限を設けるカルテルである。たとえば，顧客争奪の禁止，取引先の専属登録制，市場分割等が典型であり，入札談合や共同の取引拒絶もこの類型の側面をもつ。

(4) 入札談合・受注調整　　注文生産や注文購入の場合，個別物件・サービスごとに当該物件等の受注者を，話し合って決定する行為（受注者を振り分ける）である。

**非ハードコア
カルテルの典型例**

競争事業者間の共同行為でも，市場支配力の形成，維持，強化などを目的とせずに，競争上望ましい効果をもつものがある。そのような非ハードコアカルテルには，効率性の改善のために共同事業を営んだり業務提携を結んだりする場合（ジョイントベンチャーと呼ばれる），環境基準や安全基準などの社会的目的の自主規制の締結など様々なものがある。また，弁護士や医師など専門職といわれる職種で作成される内部規則等で，提供される役務の性質から正当化

事由がある場合にも非ハードコアに分類できるかもしれない。ジョイントベンチャーといっても，共同事業の内容は，共同販売，特許の共同利用，リサイクル施設の設営など様々である。共同事業の実施のため，当事者間での株式保有，人員の交流，共同事業のための新事業体の設立・利用など種々の追加的な形態が採用される場合もある。また，非ハードコアカルテルでは，競争事業者のみならず取引相手も共同行為に参加する場合もある。以下，いくつか具体例を見てみよう。

(1) 共同研究開発　　複数企業の参加による研究開発の共同化・共同事業である。共同事業の方法としては，参加者間での研究開発活動の分担化，研究開発活動実施組織の設立，事業者団体での研究開発活動の実施，一方当事者が資金などを提供し他方当事者が研究開発活動を行う，等の方式がある。研究開発の性格としては，基礎研究，応用研究，開発研究の段階に区分可能である。

(2) 規格化・標準化　　商品やサービスの設計，仕様，方式などを複数の事業者が協定等によって人為的に固定・単純化することが共同の規格化・標準化である。標準化には，商品の特性や品質を統一化する品質標準，別商品間での同一機能を保持する互換性標準等がある。

(3) 共同生産・共同販売・共同購入　　複数の事業者が購入，生産，販売を集約化し，共同で行うことである。

(4) 社会的目的の共同行為　　環境保護・安全性保護・リサイクル・ゴミ削減等社会的規制に関する分野での企業間の共同行為は，規制緩和による社会的規制の見直し・緩和や環境などの社会的価値の向上等を理由にして，重要性が増している。独禁法上の問題とされる企業間での取り決めや事業者団体による規律の重要な部分はこの領域にある。

入札談合事件の占める割合は独禁法事件で多い。政府・地方公共団体やその関連機関が行う公共調達に関わる入札についての談合は，財政支出への悪影響も大きい。政府等が公的サービス等を行うため財・サービスを購入する公共調達の方法は，関連法規に規定がある（財政法，会計法，地方自治法等）。基本的方法として，一般競争入札（契約），指名競争入札（契約），随意契約がある。制度上は，一般競争入札が原則となっているが，指名競争入札の採用が多いのも実態である。一般競争入札は，工事実績等の一定の資格を有する事業者は誰にでも入札参加を認める方式である。指名競争入札は契約の性質等から一般競争入札方法が不適切あるいは必要のない場合，契約価額が少額な場合などにとられ，入札参加者を限定し発注者が指名を行う方式である。指名競争入札が行われる際には指名方法の不透明性が問題になる。そこで入札参加者を公募し技術資料などを提出させ，あらかじめ設けられた基準をみたすか有資格者の審査を行うなどして指名業者を決定する方式（公募型指名競争入札）もある。

独禁法による規制の中心的課題——ハードコアカルテル規制

非ハードコアカルテルないしは事業者間の共同事業を規制することも，重要になってきてはいるものの，ハードコアカルテルの規制が，独禁法にとって非常に重要な課題であり，3条後段による規制の中心である。カルテルといえば，競争に悪影響を与えることが明らかなハードコアカルテルを指すことも多い。そこで，この本でも，ハードコアカルテルを重点的に取り扱う。また，特に断りがない限り「カルテル」とは，ハードコアカルテルを指すものとする。

2 不当な取引制限の禁止

① 禁止規定と定義規定

不当な取引制限は，独禁法3条後段により禁止されている。禁止されているのはどのような行為なのかに関する定義は，独禁法2条6項にある。独禁法2条6項によれば，独禁法でいう不当な取引制限とは，①複数の事業者（これが行為主体にあたる）が，②他の事業者と共同して相互拘束・共同遂行（これは問題となる行為である。共同行為ともいわれるが，実はこの行為は，当事者間での意思の連絡〔合意〕の存在が前提となっている）することによって，③公共の利益に反して，④一定の取引分野における競争の実質的制限（市場効果，対市場効果ともいわれる）をもたらすものである。以下ではこの①から④について説明するが，③④については説明の便宜上，順序を逆にする。

② 事業者の範囲──行為主体

> ### Case 1
> 新聞販路協定事件
>
> 全国紙を発行する大手新聞社5社が，新聞販売契約を締結する際に，各新聞販売店の販売地域を排他的に定める慣行を，東京都内の新聞販売店と採用していた。排他的販売地域は第二次大戦中の政府規制によって維持され，規制廃止後も事実上維持されていた。販売地域が排他的であるとの認識は，各新聞販売店の間で成立しており，新聞ごとの販売地域は同一のものであった。

冒頭の事例では，パン屋の取り決めを取り上げたが，これが不当

な取引制限とされるためには，パン屋が事業者にあたらねばならない（事業者については⇒序章 3 ④）。不当な取引制限とされるためには事業者が複数以上であるということが必要である。

　他方，行為主体は「他の事業者と共同」するものでなければならない。 Case 1 のような事例では，大手新聞社同士，新聞販売店同士のような競争者の場合に加えて，新聞社と新聞販売店のような取引相手も含むのかが問題となる。 Case 1 は，新聞販路協定事件といわれる独禁法制定から間もない時期のものである。共同する事業者が同業者・競争者であるとされたことで，この事件以降行為主体である事業者を同業者間・競争者間に限定した法運用がとられた（東京高判昭和28年 3 月 9 日・百選18）。

③ 共 同 性

Case 2

東芝ケミカル事件

　家電製品の部品の製造販売会社 8 社は，部品原材料の値上がりと商品価格下落に直面し，価格引き上げの必要を感じていた。 8 社は，値上げのための会合を数回にわたり各会社の持ち回りで開催した。会合には，事業の責任者が出席し，値上げのための情報交換を行っていた。ある日の会合で大手 3 社が，共同での価格引き上げに合意したことを表明し，他社にも合意への参加・追随を要請した。他社は，反対もせず態度表明を行わず解散したが，後日大手 3 社の合意内容と同一の値上げの社内指示などの準備を行い，値上げを実施した。値上げ合意表明会合には，Ｔ社の責任者は欠席，部下が出席して報告を受けていた。なお，大手 3 社の日本全体でのシェアは約70％であった。

問題となる行為が不当な取引制限行為にあたるかどうかは，当該行為が複数以上の事業者による共同行為であり，相互拘束と共同遂行があることをみたすかによる。

不当な取引制限行為は，法的経済的に独立した事業者の行為である。事業者の連合体としての不当な取引制限行為の成立には，事業者間で連合体を成立させる人為的行為の存在（典型的には契約・協定などの合意）が必要とされる。この人為的行為のことを，判例や公取委決定などの実務では「意思の連絡」と呼んできており，以下ではこの名称を使用していこう。意思の連絡が存在するかどうかは，法適用の上では「共同性」要件の充足という形で問題になる。条文では，2条6項の「共同して」の文言に対応している。この問題は，価格カルテルなどのハードコアカルテルにおいて最も重要な問題である。非ハードコアカルテルの場合の共同性の立証は，ハードコアカルテルほど困難ではない。というのも，非ハードコアカルテルは，競争上も望ましい行為を行う場合が多いという前提であり，当事者間で違法行為を行うという認識もないであろうから，意思の連絡の存在自体秘匿されることがないであろうし，立証困難な場合があまり考えられないからである。以下では便宜上価格カルテルを念頭において説明を行っていこう。

問題──意思の
連絡とは何か

価格カルテルでは会合などを開催し，そこでの話し合いに基づき約束を行う場合が多い。この場合「共同して」という文言をみたすことは間違いなさそうである。では，一方が値上げをしようともちかけたが，他方は特に議論も返答もせずに解散し，しかしその後まもなく値上げの準備をしはじめたというような場合には，共同

性は認められるであろうか。

　値上げのための話し合いはなかったが，食パンの値段に関わるような製造費用や儲けの状況について互いの情報が分かるような情報交換をし，その後値上げ準備や値上げ行動をとった場合はどうか。

　情報交換以外にも，原材料の仕入れ，輸送，販売方法等で値段が同じようになりやすい仕組みが作られ，そのような仕組みの構築・実施後パン屋が同時期に同様な値上げ行動をした場合はどうか。

　話し合いをして意思の連絡をしていた場合でも，それが書面で残されている場合とそうでない場合はどうか。あるいは，合意を反故にした場合，違約金を払うなどの制裁が定められている場合とそうでない場合とで規制のされ方は異なるであろうか。

意思の連絡とは
——東芝ケミカル事件

　Case 2 は，東芝ケミカル事件として知られている。この事件では値上げ参加者全体が提案された値上げへの賛意を示していないことから，意思の連絡があるかどうかが問題となった。裁判所は，意思の連絡について，一方の価格引き上げを他方が単に認識，認容することでは不十分であるが，相互に他の事業者の対価引き上げ行為を認識して，暗黙のうちに認容すればよいとし，拘束しあうことを明示して合意することまでは求められないとした（東京高判平成7年9月25日・百選21）。

暗黙の意思の連絡

　以上のようなケースから分かるように，意思の連絡（共同性）の内容は一定の行動計画についての共通認識を人為的に形成する行為である。不当な取引制限の場合には，明示的にかかる共通認識を形成する必要はなく，「相互に」相手方の行為を認識して，暗黙のうちに認容することで

よい（かかる形式でなされた意思の連絡は「暗黙の意思の連絡（合意）」と呼ばれる）。ただし，かかる共通認識を形成する何らかの人為的行為は必須である。

「暗黙の」意思の連絡を含めた意思の連絡にはあたらない場合は，各自が自己の状態などを勘案して自分自身で判断した結果，商品価格の引き上げが同時期に行われたという状態（意識的並行行為あるいは並行行為といわれることがある）や他人の行為を一方的に認識し認容するのみの状態などである。このような状態は各種の経済状況や市場の状況によって生じる場合がある。この状況の存在だけしか立証できないケースでは意思の連絡すなわち共同性がないことになる。

立証問題 どの事実でもって共同性要件の充足を立証できるかが次の重要問題である。価格カルテルによる商品価格の引き上げを約束する文書があれば，意思の連絡があった，といいやすい（直接的に証明する証拠がある）ことは，意思の連絡が目に見える形になっていない場合と対比してみれば理解しやすい。しかし，厳格な規制対象となっているハードコアカルテルについて，当事者が証拠になる文書等を残すはずもなく，証拠を残さないように行動すると考えた方が自然である。以上のことを念頭において意思の連絡の存在は，以下の3種類の事実（行動の一致，事前の連絡・交渉，交渉内容）を使用して推認できる場合が多い。

立証問題は，実際には競争者間で価格や数量について同一行動が見られる場合に，どのような追加的な事実の立証で共同性ありと認定できるのかということになる。同一行動を，独自の判断に基づく競争行動の場合と，そうでなく，当事者間での接触などにより事前に形成された人為的な共通認識に基づく場合とに識別することが必要だからである。

行動の一致 意思の連絡があるとして独禁法の適用があるのは，多くの場合，事業者の行動が結果的に一致している場合である。複数の事業者が商品価格を同時期に同じだけ引き上げた，というようなことである。

この事実だけでは，人為的に形成された共通認識があったということはできない。経済状況や市場での競争状況を見て，各事業者が独自の判断でとった行動がたまたま一致することもあるだろうし，そのような行動が他の事業者の判断とは無関係に行われたり，単に他の事業者の行動を予測して自己に最も利益ある行動をとったにすぎないことの結果であったりするからである。実際の事件でも事業者は，そのように主張することが多いものである。ただし，経済状況などから判断すると同一行動をとったことが合理的には説明できないような場合もあろう。そんなときには背後にカルテルが行われている疑いが強くなる。

カルテルのない同一行動とカルテルの場合を区別するための追加的事実として用いられるのが，当事者間での事前の連絡交渉の存在と交渉内容に関わる事実である。

事前の連絡・交渉 事前の連絡や交渉とは，複数の事業者が集まって話し合ったというような，カルテル実施前に当事者間で連絡や交渉が行われている事実である。この事実の存在について直接証拠があるか，ある程度具体的な立証が行われれば共同性の立証には好都合である。不当な取引制限として処理されてきた事件の多くは，この事実が直接証拠によって立証されている。ただし，ハードコアカルテルは秘匿されるのが通常となっているので，直接証拠は十分に残されていないかもしれない。その場合，先に示した一致した行動や他の事情などの間接証拠などから，

この事実の存在を推認することも理論上は可能であると考えられている。

交渉内容

価格カルテルなら会合の際にカルテル対象商品価格の話し合いが行われるように，事前の連絡や交渉の内容として意思の連絡の対象事項（価格・生産制限等）について意見・情報交換（値上げ幅や値上げ率等）が存在する。商品にも色々種類があり，商品販売の制限といっても価格，数量，品質，色々関連するので，何について話し合ったのかが問題となる。もっとも，話し合いの内容について，値上げ率などが具体的に立証されればよりよいが，そうでない場合でも，意見・情報交換が行われていたことが示されればよい。

立証の多様化①

カルテルや入札談合の場合，上記３つの事実を利用しながら，事前の連絡交渉の事実として，話し合いや合意にいたった日時，場所を具体的に特定して立証を行うケースが多かった。しかし，近年のケースでは，日時の特定は不要であり，一定時期までに意思の連絡が形成された，あるいは存在していたことを示すのみで十分であるとして，立証を済ませるようになってきている（安藤造園事件・公取委審判審決平成13年9月12日，種苗カルテル審決取消請求事件・東京高判平成20年4月4日・百選25）。交渉内容についても，意思の連絡の形成にいたった動機などが示されることが多かったが，必ずしもその立証の必要がないとされる場合も出てきている（前掲・種苗カルテル審決取消請求事件）。カルテルが継続し値上げについての共通認識が成立している場合において，後続するカルテルの意思の連絡の成立の認定に際し，特定事業者が先行的に値上げし，それに関する他社への連絡交渉により

意思の連絡が成立するとした事案もあり，意思の連絡の成立と特定事業者の値上げ実施時期との関係が前後してもよい（モディファイヤー審決取消請求事件・東京高判平成22年12月10日）。

立証の多様化②

　カルテル事案で，事業者による独自の意思決定としては合理的に説明が困難な不自然な行動の継続の有無に重点を置いたり（前掲・種苗カルテル審決取消請求事件），入札談合事案で，競争入札とは異なるルールの存在の立証で十分であるとしたりする判断も行われるようになっている（大石組審決取消請求事件・東京高判平成18年12月15日）。

　現在，意思の連絡の立証は，共通認識に基づく相互拘束が人為的に成立していることが立証されればよいと考えられているといってよいだろう。立証に必要な事実は，上記3つの事実の組み合わせに限定されるわけではなく，すべてがそろわない場合でも意思の連絡の立証は可能と扱われているのである。

入札談合の取扱い

　企業がカルテルを行う際の意思の連絡の形態は様々であり，形態ごとに特徴もある。特に問題の大きい入札談合を取り上げてみよう。入札談合は「ハードコアカルテル」の一種であり，不当な取引制限や事業者団体による競争の実質的制限とされることは他のカルテル同様である。意思の連絡にかかわる問題はどのようなものか，以下で見てみよう。

**入札談合──基本合意
と個別調整行為①**

　官庁などの発注者が財やサービス等を何度も入札の方法によって調達するときなどに，企業はまず一定種類の入札に関して継続的に談合を行うことを合意し，その後，入札ごとに具体的に落札者を

調整し決定するという順序で談合を行うことが多い。前者の合意などを「基本合意」といい，後者の決定などを「個別調整行為」（あるいは，「個別合意」）ということがある。意思の連絡とはどちらを指すのであろうか。

入札談合——基本合意と個別調整行為②

「基本合意」を意思の連絡と考えた方が独禁法の適用上便宜かもしれない。というのも，何回もの入札を対象とするので市場での取引が行われ，そこでの競争が制限されていると把握しやすく，違反行為を広く捉えて，排除措置によって取り止めさせることも命じやすいからである。しかし，「基本合意」ははるか昔に行われ，証拠が散逸するなどして立証が難しい場合も多いかもしれない。また，基本合意の中で談合対象，落札者決定方法，合意に反したもの（談合破り）への制裁等が明確に決まっている場合もあれば，そのようなものがなく合意内容があいまいである場合もあろう。これらの場合にはどう扱ったらよいであろうか。

入札談合——実務での取扱い

公取委の実務では，上記の便宜なども考えて，基本合意を意思の連絡として法適用することが通常となっている。基本合意の存在や内容があいまいである場合については，個別調整行為を間接事実としたり，他の状況証拠から基本合意を推認したりする方法がとられている（協和エクシオ事件・公取委審判審決平成6年3月30日・百選24）。もしこのような証拠が上手く集まらない場合や，1回限りの入札への談合を問題とするとすれば，個々の調整行為を取り上げて意思の連絡とすることになる。

<table>
<tr><td>意思の連絡の
立証の具体例</td><td>以上のような意思の連絡の立証に関する考え方や事実が，実際の事件でどのように利用されているか次に簡単に見ておこう。</td></tr>
</table>

<table>
<tr><td>意思の連絡の立証①
——東芝ケミカル事件</td><td>先に引用した東芝ケミカル事件で，裁判所は，外部的に明らかな形での意思の連絡が認められなくとも，対価引き上げがなされ</td></tr>
</table>

るにいたった前後の諸事情を勘案して事業者の認識および意思を検討して相互間の共通認識，認容があるかを判断すべきである，としている。この事件では，値上げ前後の当事者の行動，繰り返された会合（10回以上），出席者，反対が行われなかったことなどから意思の連絡が推認されている（東京高判平成 7 年 9 月25日・百選21）。

<table>
<tr><td>意思の連絡の立証②
——広島石油商組
連合会事件</td><td>事業者団体の決定による事件であるものの，実際には意思の連絡の立証の事実認定問題に関わる事件として広島石油商組連合会事件がある。広島地区で石油製品販売業者を</td></tr>
</table>

組合員とする事業者団体が，給油所での普通揮発油の小売価格を引き上げる決定を行った。この事件では，決定を行った会合や会合での交渉・決定内容を示した当事者のメモや証言などがほとんど存在しなかった。公取委は，値上げが不自然な行動の一致であること（たとえば，元売り価格値上げ，他地域での小売価格上昇との比較，プライスリーダーシップの可能性のある市場構造を欠くことなど），値上げ過程で値上げ決定の存在を前提にしている行動の存在（たとえば，組合員が団体の方針を理解した上で値上げをしている，会合で値上げが円滑に行われたことの報告が行われていることなど）で，値上げが個別行動ではなく人為的な共通認識に基づくものである疑いを示し，事前の

連絡交渉や交渉内容に関わる具体的な事実を取り上げて事業者団体の会合の場で価格引き上げの決定が行われた旨，認定した（公取委審判審決平成9年6月24日）。この際，公取委は，組合員の認識，団体の過去の活動，客観的情勢，団体の会合までの経緯，値上げ後の確認行為，会議内容についての関係者の違法性の認識などを，事前の連絡交渉の内容に関わる事実として取り上げて意思の連絡があると立証した。

意思の連絡の立証③──郵便番号読み取り機事件

事前の連絡交渉・会合が認定されなくとも，意思の連絡を容易にする市場環境の存在を前提にして，事業者の行動等の事実を総合して意思の連絡は推認可能かもしれない。郵便番号読み取り機事件（公取委審判審決平成15年6月27日，東京高判平成20年12月19日・百選23）が例である。本件は，1社が右回り式，他社が左回り式，という異なった仕様の機械を製造販売していた2社寡占市場での入札談合事件である。指名競争入札で入札ごとにいずれかの方式の機械を入札対象とすると発注者が公表していた。2社は情報伝達を受けることで，対象外方式の機械生産事業者は，入札に参加せず，結果的に2社で市場を折半していた。この行為を可能とする市場環境や状況を事業者が維持しようとした行為（一般競争入札への反対等）の存在，意思の連絡がなければ起こり得ない不自然な行動や結果の存在（たとえば，事件摘発後に情報伝達が停止され，その後落札率が下落したこと）などを間接事実として意思の連絡が立証された。

4 相互拘束・共同遂行

> **Case 3**
>
> 社会保険庁入札談合事件
>
> 　官庁Sによる指名競争入札に際して，指名業者４社が談合を行った。そのうちのB社は，入札対象商品の製造を行っていたものの，営業活動を行っていなかったので，談合については販売・営業を担っていた親会社Aに一切を委ねることにした。談合は，指名業者ではないA社と指名業者３社の間で継続して行われた。指名業者３社が落札した際に，A社は，下請け業者として仕事を請け負うなどの形をとり，利益を分配していた。

相互拘束の意義

　価格カルテルで価格引き上げ約束をする場合は，価格についてお互いの値付け行為に制約を課し，値上げについて相手方を拘束する。独禁法の文言を使っていえば，相互に事業活動を拘束することになる。この相互拘束の存在が，２条６項に該当するための要件の１つである。

　この要件の解釈は，「他の事業者と共同」するという文言に関して，事業者と共同する他の事業者の範囲を限定する。相互拘束の内容の解釈は，不当な取引制限の当事者の範囲を限定することになる（⇒ *2* ②）。

拘束の相互性

　不当な取引制限該当行為は，行為者すべてに拘束が及んでいることが要求される。このことが拘束の相互性といわれる。それでは，一方的拘束はどう扱われるのか。２人の事業者間で一方にのみ拘束を課す取り決め，たとえば，１人には値上げをする拘束が課されているが，もう１人は

自分の好きな値段を付けられ，その他事業活動について何らの制約も受けない取り決めの問題である。この取り決めは，拘束が一方当事者にしか及んでおらず，不当な取引制限とはならないとされる。

拘束の共通性①
——伝統的立場

参加者すべてに拘束は及ぶけれども，拘束内容に違いがある状況はどうか。同業者同士ではあまり考えにくいが，取引相手間での取り決めの場合このような状況が生ずる（取引相手間での制限の問題は垂直的制限といわれる）。売り手が買い手に対して自分の商品の販売権をすべて委ねる一手販売権の賦与の取り決めの場合，買い手は売り手に対して売り手の商品のみを取り扱って販売するという専売制をとるという取り決めの場合が典型的である。あるいは，メーカーが販売業者に定価販売を約束させる再販売価格維持行為のように，一方当事者が多数の他方当事者に共通の制限を課す場合もある。この場合は，拘束内容が当事者間で共通である必要があり（拘束の共通性といわれる），当事者を同業者に限定するというのが裁判所による伝統的立場であった（新聞販路協定事件・東京高判昭和28年3月9日・百選18）。

拘束の共通性②
——最近の動向

近年は伝統的立場の変更を示す傾向がある。公取委は共同の取引拒絶に関して伝統的立場を変更する法運用指針を公表した（流通・取引慣行ガイドライン第1部第2の3（注3））。この指針では，相互拘束を，各行為者の事業活動を制約し，共通の目的達成に向けられたものであればよいとしている。

Case 3 は，社会保険庁入札談合といわれる事件である。その刑事事件東京高裁判決（平成5年12月14日・百選2・19）で裁判所は，

入札業者の下請けに回った入札業者の競争業者を含む事案で，下請けの競争業者を含めて当事者と一定の取引分野を認定し，不当な取引制限の当事者が形式的には同業者であることを求めなかった。この判決の中では拘束の共通性が不要である可能性を示した部分がある。ただし，その部分は傍論であり，裁判所は，実質的競争関係にあるものを競争者と取り扱うことを妨げないと判断したのであって新聞販路協定事件判決を覆したものとはなっていない。

相互拘束か，一方的行為か——緩やかな相互拘束解釈の定着へ①

社会保険庁入札談合事件前後から，新聞販路協定事件判決でとられた厳格な相互拘束の解釈に縛られない事件処理が見られるようになった。取引段階の異なる事業者を含めて法を適用した事件がある（大型映像機入札談合事件・公取委課徴金納付命令平成7年3月28日）。参加者のうち落札するのは1社であり，他社はその会社が受注できるよう協力するという内容をもつ意思の連絡（四国ロードサービス事件・公取委勧告審決平成14年12月4日）や入札意欲や入札能力を談合の時点ではもっていなかった事業者（協和エクシオ事件・公取委審判審決平成6年3月30日・百選24）の行った談合成立への協力行為を，公取委は当事者間での相互拘束と捉えて法を運用している（安藤造園事件・公取委審判審決平成13年9月12日，公成建設事件・公取委審判審決平成16年9月17日も参照するとよい。流通・取引慣行ガイドラインの立場をとったものといえようか）。これらの事件では，公取委は，競争関係，拘束の内容の共通性，拘束の相互性といわれる論点について，社会保険庁入札談合刑事事件判決でも示されたような，違反行為の実態に合わせた解釈を行っているといえる。

相互拘束については，意思の連絡の成立自体が相互的な「事業活動の拘束」にあたるのではないかとの考え方も可能かもしれない。多摩談合（新井組）事件（最判平成24年２月20日・百選３・20）で，最高裁は，基本合意が事業活動を拘束する要件を充足し，「本件基本合意は，同項にいう『共同して…相互に』の要件も充足する」として，相互拘束要件が自由な意思決定の制約のみでみたされ，具体的事業活動制限の有無まで問題としない可能性を示唆している。この考えを進めると，意思の連絡の存在で多くの場合，相互拘束性が充足されるとの扱いも開けることになる。不当な取引制限の当事者の範囲や規制対象となる意思の連絡の形態の広がりにも影響があることとなる。

共同遂行

共同遂行要件をどのように考え，扱うのかに関してはいくつかの理解がある。

第一は，共同遂行行為のみの存在，つまり意思の連絡や相互拘束が存在しない場合にも不当な取引制限の禁止に該当する取扱いを可能としたものとする考え方である。当事者間で話し合いが全くなく，意思の連絡が認定できない場合でも，値上げについての共通の認識があり，値上げという同一行動をとった場合に禁止することも可能という見方である。ただし，このような考え方が今まで実務で採用されたことはない。

第二は，共同遂行を意思の連絡または相互拘束の実行行為であると解する。この立場は，意思の連絡が希薄な場合も不当な取引制限の禁止に含まれるということを，共同遂行の文言によって示したにすぎないとする考えである。

他にもいくつかの考え方はあるもののここでは省略する。現在ま

での法運用では，ほぼ第二の立場が主流であり，共同遂行は相互拘束の実行であると理解されている。

入札談合と相互拘束・共同遂行

入札談合が刑事処分の対象となる場合に，違反行為が基本合意の成立で終了するのか（状態犯），個別調整行為が行われていれば違反行為が継続するのか（継続犯）が，刑事処分が可能な期間（公訴時効）等との関係で問題となる。この問題が，相互拘束・共同遂行要件と関連をもつ場合がある。不当な取引制限の罪を，継続犯とする判決もでてはいるが（第一次東京都水道メーター事件・東京高判平成9年12月24日），見解は分かれている。不当な取引制限の罪を認定する際に，基本合意の修正行為を相互拘束であると解釈したり，個別調整行為を基本合意の実行として「遂行」と解釈したりした例がある（第二次東京都水道メーター事件・東京高判平成16年3月26日）。

Column ⑬　水平的制限と垂直的制限 ﹏﹏﹏﹏﹏﹏﹏﹏﹏﹏﹏

相互拘束要件の解釈により，不当な取引制限の禁止の適用は，競争者間の合意（水平的制限）に限定され，売り手・買い手間の合意のような取引相手間の合意（垂直的制限）には適用されなくなった。メーカーから，卸売業者，小売業者すべてを巻き込んだ協定に対しては，メーカー・卸売業者間・小売業者間での合意，というように競争者ごとに意思の連絡を区分し，それぞれを不当な取引制限とする法適用がなされた。垂直的制限の大半は，不公正な取引方法による規制に委ねられることになった（私的独占の禁止も用いられるが，不公正な取引方法の禁止の適用数に比べると数は極端に少ない）。

不当な取引制限と不公正な取引方法を比べてみると，違反行為に対して適用される措置に大きな違いがある。課徴金や刑罰など不当な取引制限の方がより重く厳格な措置がとられる可能性がある。垂直的制限の中

には，水平的制限と同程度に競争への影響が重いと考えられるものがあったり（たとえば，再販売価格維持行為），カルテルの形成・実施に取引相手が重要な役割を果たす場合もあったりするので，不当な取引制限の禁止規定が垂直的制限に全く適用されないことは問題であろう。日本以外の国では不当な取引制限の禁止規定と同様な規定が垂直的制限にも適用可能となっていることが多い。国際化が進んだ現代において経済活動は国境を越えており，経済活動には同一ルールの適用が望ましいため，独禁法の適用に大きな違いがあることを問題視する向きもある。

5　一定の取引分野における競争の実質的制限——効果要件

Case 4

中央食品事件

　高松市における豆腐製造販売業者のうち大手6社が価格引き上げカルテルを行った。6社は，その地域での商品販売の50%程度のシェアを有し，そのうち第1位の1社は30%のシェアを占め，6社は地域業界でリーダー的存在であった。カルテルに参加していない事業者は，家族労働的中小零細企業であり，需要の増加に対応して増産することなどはきわめて困難な状況にあった。

市場効果要件

　独禁法上違法となる行為は，競争に悪影響を与える行為である。規制対象行為を定める規定には，そのことを要求する文言ないし要件が組み込まれている（市場効果要件とか，対市場要件とかいわれる）。不当な取引制限の場合には，「一定の取引分野における競争を実質的に制限すること」が，その部分にあたる。

　この言葉の意味については，序章と前章で説明した通りである

（⇒序章 1 ③，第 1 章 2 ①）。大切なことなので，もう一度確認しよう。一定の取引分野における競争を実質的に制限するとは，市場支配力を形成，維持，あるいは強化することを意味する。市場支配力とは，活発な競争があれば実現できた取引条件（価格など）より，有利な条件を設定できる地位のことを意味するのだった。

次の問題は，市場支配力が形成などされるかどうかを判定する方法である。これも，前章で詳しく説明した。まず一定の取引分野，あるいは「市場」を画定し，シェアを計算する（⇒第 1 章 3 ②）。そして，結びつく企業がどういう関係にあるかを考慮し，ケースに応じて，参入障壁や，製品差別化の程度なども考慮しながら，競争への悪影響の生じ方を考えていく，ということだった（⇒第 1 章 3 ③）。

値上げカルテルと
市場効果分析

先のパン屋の事例にあてはめて見るとどうなるだろう。食パン自体で市場になるのか，他の種類のパンや米などその他の食品も含めて取引分野と考えなければならないのか，地理的にはこの街が市場になるのか，街全体より狭いのか，あるいは逆にもっと広い地域を取引分野とすべきなのかが，問題になりそうである。

しかし，ここまでで，奇妙な感じにとらわれた読者も多いのではないだろうか。パン屋らは「値上げをして，その値段で売ろう」という合意，つまり価格競争をやめて値段を上げた。これは，競争をやめて，競争が活発であれば，できなかったことをする力を形成したことを意味しているのではないか。競争を実質的に制限する効果をもったことは，値上げ合意を行い実行したことからして明らかではないか。

値上げ合意への参加は，低い価格をつける競争者が現れたときには顧客を奪われて損をするリスクを伴う。値上げカルテルを行うに

は，意思の連絡の秘匿費用をはじめとする様々な費用が伴う。このようなリスクを認識せずに，費用のかかる値上げカルテルにあえて参加する企業は多くないだろう。参加者らは最初から値上げを実施するつもりがなかったとか，勘違いしたとかいう場合もあるだろうが，例外的であると考えられる。値上げカルテルに参加するのは，通常は，合意した商品と地理的範囲については，カルテルへの参加により利益を得られるという見込みがあるからではないか。つまり，合意の範囲では，競争者すべてが合意に参加しているか，または合意に参加しない競争者が顧客を奪って損失を生じさせるほどの力はもっておらず，市場支配力を抑止する力がカルテル外には存在しないという見込みがあるのではないか。

このことから，なぜわざわざ複雑な方法を用いて市場を画定して，シェアを計算などしなければならないのだろうとの疑問が湧く。市場（一定の取引分野）というのは，もともと，競争が行われる場を意味している。値上げカルテルが行われた場合には，合意の対象範囲をもって市場とすればよいのではないか。

ハードコアカルテルと市場画定

一般に，ハードコアカルテル，すなわち価格など競争上重要な要素の競争者間の取り決めであって，競争制限以外の目的効果をもたない取り決めが行われたときには，市場効果分析を詳細に行う必要がないと考えられる。具体的には，このような取り決めが実効性をもってなされる限り，取り決めの対象商品と地理的範囲を「一定の取引分野」としてよいと考えられる。甲市で販売される商品Xの価格を上げる取り決めが行われていれば，「甲市における商品Xの販売」を「一定の取引分野」（市場）と推定することができると考えられる。

このようにカルテル対象商品や地域自体を一定の取引分野とすると，カルテル参加者のシェアが合計で100％に近くなる場合が多い。このときには，このように高いシェアをもつ者らが競争上重要な事項（値上げなど）を取り決めれば市場支配力が形成・維持・強化されるとして，競争の実質的制限効果を難なく認定することができる。

　カルテル参加者のシェアを計算してみたところ，低かったという場合もないではない。 Case 4 では，協定当事者のシェアが約50％であった。しかし，この事例では，カルテル参加者が業界で指導的地位を占め，30％のシェアを占める首位の企業が参加し，不参加者（アウトサイダー）は零細で追加的生産能力を欠くという事実が認められた。公取委はこうした事実も考慮して，競争が実質的に制限されると認定した（中央食品事件・公取委勧告審決昭和43年11月29日）。このように，当事者のシェアが低い場合には，当事者が有力であることや，カルテル不参加者の規模・追加的生産能力が小さいこと，カルテル参加者の値上げ等の行動にカルテル不参加者が追随する傾向があることなどの事情を考慮することによって，市場効果を認定することができる。

入札談合では，基本合意と個別調整行為が存在するので，個別入札に基本合意に基づく反競争効果が及ぶか疑問視されることがある。談合参加者間調整不調や談合不参加者（アウトサイダー）の入札参加が生じ，落札予定者以外の者が落札する場合が生ずる。このような個別入札には反競争効果が及んでおらず，違反認定対象から外れ，そのような入札が多い場合は競争の実質的制限要件をみたす

事実がないのではという指摘である。

多摩談合（新井組）事件 最高裁判決

上記の疑問が呈されているものの，例外的に基本合意のルールが当てはまらない場合を除けば，個別入札にも反競争効果が存在し，競争の実質的制限認定が可能であると考えられている。最高裁は，競争の実質的制限とは「当該取引に係る市場が有する競争機能を損なうことをいい，本件基本合意のような一定の入札市場における受注調整の基本的な方法や手順等を取り決める行為によって競争制限が行われる場合には，当該取決めによって，その当事者である事業者らがその意思で当該入札市場における落札者及び落札価格をある程度自由に左右することができる状態をもたらすことをいうもの」（多摩談合（新井組）事件・最判平成24年12月17日・百選3・20）とした。この事件では，アウトサイダーへの談合への協力要請や実態を踏まえ基本合意の対象となる市場での競争の実質的制限効果を認めている。

非ハードコアカルテル と市場効果要件

これに対して，非ハードコアカルテルの場合には，競争への影響はそれほど明確でない。共同で新技術や新商品・役務を提供し，新しい市場を作り出すなど，消費者や顧客に選択肢を提供したり，購入・生産・販売費用の削減，新規参入を促進する等の，競争にとってプラスの効果（競争促進効果）の発生が見込まれる（⇒第1章1・2 ① も参照）。

そこで，企業結合で行われたような市場効果の厳密な分析，つまり市場を画定し，競争制限効果のより慎重な分析が求められることになる。以下で詳しく検討しよう。

市場画定の仕方は，企業結合で説明したの
と基本的には同じである。ただ，分析すべ
き市場がどこになるのかについて，ハード
コアカルテルと同じようにはいかないので，ここであらためて注意
しておこう。ハードコアカルテルでは，もともと厳密な分析は必要
なく，意思の連絡の対象になる取引分野を見ればよいというように
扱われている。非ハードコアカルテルでは，こうはいかない。影響
の及びそうな市場のすべてが分析対象になる。たとえば，技術の共
同研究開発の場合，その技術が新商品の開発や改良に関わるのであ
れば，技術自体だけでなく，商品の製造・販売市場についても分析
しなければならない。共同でリサイクル事業を行う協定では，リサ
イクル活動自体の市場だけではなく，リサイクル対象商品の製造・
販売に関わる市場も問題になりうる。

関連市場を画定すれば，その市場における
意思の連絡（合意）への参加者のシェア，
不参加者のシェア，参入障壁，新規参入の
状況，製品差別化の程度などを考慮して，競争にどのような影響が
及びそうかを考えていく。反競争効果が生じそうな場合であっても，
効率化や商品開発などを通じて競争を促進する効果が生じそうであ
れば，それを考慮すべきこと，ただしこの効果は十分かつ迅速に生
じるものでなければならないこと，具体性をもって示されなければ
ならないことなどは，企業結合の場合と同様である（⇒第1章 *3* ④）。

もっとも，企業結合と違って，企業間が結びつくのは，特定の側
面，一定期間に限られている。結びつきの強弱は，株式保有や人員
の交流だけでなく，共同化の対象事項や，期間，合意事項外で各自
が自由に活動を行うことが制約されているかどうか，共同事業を推

進するために行われた付随的な取り決めなどによって決まるのであり，これらを考慮することが必要である。非ハードコアを偽装したハードコアカルテルが行われているのではないかということのチェックや，共同事業を推進するための様々な取り決めを主たる目的である事業内容に照らしつつ審査していくことなども必要になる。

偽装された非ハードコアカルテル

非ハードコアの外観を装いながら，価格協定・生産量制限等を目的とする取り決めが行われる場合がある。このようなものであることが判明すれば，ハードコアカルテルと同様に扱ってよい。

付随的な取り決め

共同事業を実施するために，様々な取り決めが必要な場合がある。たとえば，共同事業者の参加の諸条件や，共同事業の成果利用などについてである。この種の取り決めは，通常は共同事業の効率的な運営やその実効性を高めることなどを目的として行われるものである。非ハードコアカルテルの競争制限効果判定の際には，このような取り決めを審査する必要もある。

付随的な取り決めの審査を行う際には，主目的となっている共同事業との関連性（付随的取り決めの必要性や共同事業との合理的な関連性）の有無，競争制限効果のより低い他の代替手段の有無，などを見ていく必要がある。関連性の審査では主たる目的となっている事業の実施の上での必要性や合理性をもつかどうかを検討するとよい。また，必要性・合理性のある制限であっても，目的との関連で相当な手段であるかどうかも見る必要がある。このようにして審査して，制限が共同事業との関連性を欠くとか，代替手段がある場合には，当該付随的取り決めは不要なものである。その場合の取扱いは，取

り決めの内容や競争制限効果の分析次第である。取り決めの内容が価格や数量などハードコアカルテルに分類されるものであるのか否か，それ以外の場合には取り決めの反競争効果はどのようなものなのかが検討されねばならない。

Case 5

相互 OEM に関する相談事例

有力な資材メーカーのＡ社とＢ社が，資材Ｘの運送コスト削減目的で相互 OEM 供給（相手方ブランド名での製品生産・供給）を行うことにした。シェアは，Ａ社が50%，Ｂ社が40%，Ｃ社が10%弱で，輸入品が若干ある。Ａ社は東日本地区に，Ｂ社は西日本地区に主要工場を持っていたので，各地区の相手方顧客向けに OEM 供給を委託することにした。その量は，Ａ社で40%，Ｂ社で40%の販売量にあたる。資材Ｘの販売価格の相当部分は，製造コストが占めている。ただし，製品販売は各社独自に行い，販売価格や販売先には干渉しない。

市場効果の分析例①
—— OEM 契約とは

非ハードコア行為の市場への効果はどのように分析されるか，OEM 契約とレジ袋の共同有料化行為を取り上げて見てみよう。

OEM とは，自社工場で他社名（ブランド）の付けられる商品を製造・販売する事業や契約のことを指す。共同生産の特殊な形といってもよい。OEM によって商品生産のために完全な技術や工場設備を持たない企業が，新事業分野や新地域に新規参入する可能性が生まれる。供給増に対応できない場合，OEM による様々なコスト削減により，供給増や価格引き下げを可能にする効果も考えられる。このように OEM は，新規参入やコスト削減のために有益な方法と

して，企業の効率化や，競争の促進に寄与することがある。その一方で，OEM対象商品や地域で，OEM企業間での競争がなくなることが考えられる。

市場効果の分析例②
—— OEM契約の市場
効果分析

分析は，ここまでの非ハードコア行為と同様である。 Case 5 について，商品市場として資材Xを，地理的市場について日本全国を考えてみよう（部分市場として東日本地区と西日本地区の画定も可能である）。OEMのプラス効果として運送コスト分の価格低下効果が考えられる。OEM企業間で競争が無くなることによる効果についてはどうであろうか。相手方にOEMを依頼する商品シェアは両社ともに40％であり，各地区でいずれか一方の会社の製造した商品が販売されることになる。商品ブランドは異なるので，ブランドごとのコスト構成の違いにより販売価格差が生じ，価格競争が行われるかもしれない。しかし， Case 5 のように製造コストの比率が高い場合はそうともいえない。この場合には，異なったブランドでも比較的同じ価格水準に留まりやすくなると思われる。もしそうであれば，全国で90％を占める商品が共通の価格で販売される効果が発生するかもしれない。このような場合には，競争者のシェア，輸入を含めた新規参入，取引相手や隣接市場の状況などを鑑みてOEMの市場効果を判断しなければならない。 Case 5 のように，競争者や輸入品のシェアが小さい場合は問題とされやすくなろう。

Case 6

レジ袋の共同有料化の相談事例
　X市の小売事業者は，顧客にレジ袋を無償提供し，独自にポイ

ント制（レジ袋辞退で取得したポイントに応じ，割引が得られる制度）を導入して，利用抑制を行ってきたものの，その効果は次第に限定的となっていた。レジ袋有料化は，単独で行うと，競争事業者に顧客を奪われるという懸念から，単独で有料化に踏み切る小売事業者はなかった。X市の小売事業者すべてが独自の判断で参加する話し合いの結果，市内小売店舗での商品販売に際して，レジ袋提供を有料化し，単価を1枚5円とするという協定を締結することとした。

市場効果の分析例③ ——レジ袋の利用抑制のための共同行為

スーパーなど小売業者が買い物時に提供するレジ袋の利用削減は，ビニールゴミの削減とともに資源の有効利用やそれに伴う環境保全効果から社会的に望ましいと考えられている。他方，無料提供されるレジ袋は，小売業者にとって，消費者への追加的サービスとして機能する。小売業者は，レジ袋利用削減のインセンティブを消費者に与えつつ，競争者との関係を不利にしないため，レジ袋不使用に伴うポイント制などを行う。しかし，ポイント制などには削減効果の限界があり，より削減を進めようとすれば，レジ袋不提供や有料化に進むことになる。小売業者が独自に不提供や有料化などを行うと，競争者に顧客を奪われるおそれから，単独では行えない場合がある。そこで，小売業者が，共同してレジ袋削減行為を行うことが考えられる。ここでは，共同の有料化を取り上げて検討してみよう。レジ袋については，有料化あるいは提供禁止が全国や地方自治体で法制化される。それを前提とした場合でも，以下の分析は同様に考えられることにも留意されたい。

レジ袋の共同有料化とは，共同行為参加事業者が，レジ袋の有料化と販売単価を共同して取り決め，決定することをいう。どの市場に影響を及ぼすかをまず見極めないといけない。この場合，レジ袋自体の取引市場と，有料化により影響を受ける小売業者の取り扱う商品の市場を想定することができる。レジ袋の価格水準をどのように設定するのか，消費者がレジ袋の購入を目的として来店するのかなどを考慮する必要があろう。多くの場合，消費者は，レジ袋購入を目的にせず，無料レジ袋の提供は小売業者の販売商品についての追加サービスとして機能する場合が多いであろうから，通常は小売業者の提供商品市場についての競争が問題となると見てよいであろう。地理的市場に関しても，どのような消費者が購入者であるかなどの検討が必要であろう。スーパーマーケットなど通常の小売業者の場合であれば，比較的狭い範囲の地理的市場が画定される場合が多くなろう。

共同有料化の競争効果分析も他の非ハードコア行為と同様である。すなわち，有料化が，レジ袋削減という正当な目的のための行為であること，共同有料化の必要性，有料化により定められる料金水準の合理性，より制限的でない代替手段の有無などを検討する必要がある。必要性については，販売単価の共同決定によらねばレジ袋削減に必要な抑制効果を欠く安値になるか否か，法規制により有料化が奨励・強制されているか否かなどを考える必要もあろう。料金水準については，利用削減目的の達成のために合理的である反面，商品市場における競争を制限するほどに顧客に不利益を課すものでないかどうかを検討する必要がある。

代替手段としては，ポイント制など他の手段の利用可能性や効果などを検討する必要があろう。

　画定された市場で，どの程度の小売業者が共同行為に参加しているかも見る必要があろう。レジ袋を無償あるいは安値で提供する業者を消費者が選択する余地があれば問題はあまりないであろう。そうでない場合には慎重な検討を要することもあるかもしれない。

共同の取引拒絶について

カルテルの中には競争者や特定の取引相手を市場から排除することを狙いとして協定を締結する場合がある。これを，共同の取引拒絶（共同ボイコット）という。

　共同の取引拒絶は，他の違法行為の実効性確保手段となる場合もあるが，独自に規制される場合もある。流通・取引慣行ガイドラインでは，次のような説明がなされている。共同の取引拒絶によって，①価格・品質面で優れた商品を製造，または販売する事業者，革新的な販売方法をとる事業者など，総合的事業能力が大きい事業者が市場に参入することが著しく困難となる場合または市場から排除されることとなる場合，②事業者が競争の活発に行われていない市場に参入することが著しく困難となる場合，③新規参入しようとするどの事業者に対しても行われる共同ボイコットであって，新規参入しようとする事業者が市場に参入することが著しく困難となる場合，には競争の実質的制限効果がもたらされる（流通・取引慣行ガイドライン第1部第2の2）。このように，市場支配力の形成，維持，強化につながり，他の要件がみたされれば共同の取引拒絶も不当な取引制限として規制されるといってよいであろう。

　ガイドラインの示すように特定の場合に事業者の市場からの排除や事業活動を困難にすることを目的とする共同の取引拒絶は，市場

支配力の形成，維持，強化につながりうる行為である。ただし，価格や数量を競争者間で取り決めるという場合とは違って，それ自体で市場支配力の形成，維持，強化につながると考えてよいといえるか疑問なことがある。どのような特徴をもつ取引拒絶なのかによって，市場への影響は左右される。

不当な取引制限の要件をみたす共同の取引拒絶については，3条後段の規制対象となるといってよい。排除者や被排除者の市場での地位，価格などの取引条件への影響，等についてどのように反競争効果を判定すべきかについて検討の必要があるといえる。これについては流通・取引慣行ガイドラインでの検討もなされているが，詳しくは，本書の第4章で検討される（⇒第4章 *2* ①）。

Column ⑭　購入カルテル ━━━━━━━━━━━━━━━━━━━━━━━━━━

　カルテル・入札談合の多くは，売り手が売り手間競争を制限する場合であろう。本章でも限定せず説明してきた。競争は買い手間でも行われ，買い手のカルテル行為も存在し，購入カルテル事件ともなる。購入カルテルは，売り手独占と売り手カルテルとの関係と同様に，買い手独占に対応する。購入カルテルは，買い手が形成した市場支配力を売り手に対し行使する点で，売り手カルテルと対応する。しかし，価格を見てみると，購入カルテルでは，競争水準を下回る低価格設定が行われる点で，売り手カルテルと異なる。奇妙に思う読者もいるかもしれない。低価格購入は，買い手消費者に利益なのではないか。買い手の購入財が，完成品の原材料（中間財・中間投入財といわれる）なら，低価格は完成品価格に転嫁され，完成品購入者や最終消費者の利益となるのではないかと。しかし，この点も売り手独占・売り手カルテルと同様に，買い手市場支配力の下では投入要素生産が最適水準を下回り，投入財市場での財の生産・消費が過小となる結果，資源配分の効率性が害される。買い手が完成品市場でも市場支配力をもつ場合には最終消費者の利益が害される（消費者の利益阻害の内容については⇒序章 *2* ①参照）。買い手間の協力活動

で，大量購入によるコスト削減を行い，買い手が低価格購入を行った場合と，買い手市場支配力による競争水準を下回る価格設定とを理論上区別する必要がある。中小企業が，共同購入による大量・一括購入でコスト削減などを図る行為は非ハードコア行為で，独禁法の問題はない。しかし，共同化が，市場支配力の形成，維持，強化を目的としたり，その効果をもったり，価格カルテルなどの実現手段として使われることもある。これらの共同行為は，購入者間でのカルテル・談合として，売り手間カルテルなどと同様に3条後段が適用され，課徴金も徴収される（地方公共団体が，入札などの方法により販売する溶融メタルの購入者や購入価格を決定した入札談合事例がある。溶融メタル事件・公取委排除措置命令・課徴金納付命令平成20年10月17日。購入価格決定に関して，食肉処理・販売事業者の団体が，会員の肉豚の購入価格の取り決めの際に用いる豚枝肉の建値を決定した事件がある。四国食肉流通協議会事件・公取委勧告審決平成4年6月9日）。

| 不当な取引制限の
既遂時期 |

不当な取引制限の禁止違反である（あるいは不当な取引制限が既遂に達している）というためには，意思の連絡（合意）を実施して，値上げを行っていなければならないのであろうか。これについては，①合意成立時（合意時説），②合意実施時（実施時説），③合意実施の準備行為等の実行の着手時（着手時説），という考え方がある。条文で要求されているのは，競争の実質的制限であり，これは市場支配力を形成，維持，強化することなのであるから，意思の連絡を成立させて市場支配力を形成すれば，その時点で既遂に達するのであり，その力を実際に行使して値上げすることは，必要ではないはずである。裁判所が合意時説をとっている（石油価格協定刑事事件・最判昭和59年2月24日・百選5・29・35・127）のも，この考え方に対応している。

　もっとも，非ハードコアカルテルの場合には，意思の連絡（合意）が成立しても，直ちに市場支配力は形成などされないかもしれ

ない。合意当初は将来性の明らかでない商品の販売促進活動を共同で行い，その後商品が人気商品となって，合意参加者の市場での地位も非常に高くなった場合などが一例である。この場合，合意時ではなく，実際に合意が市場に悪影響を与えるようになった時期が既遂時期ということになろう。

不当な取引制限の終期　不当な取引制限が消滅したといえるのはどのような場合であろうか。カルテル・談合参加事業者が一斉に違法行為をやめてしまえば不当な取引制限はなくなったといえよう。しかし，違反行為をやめるということはどういうことであろうか。不当な取引制限は2条6項の定義に該当する行為であるから，そこで示された要件のうち1つでも消滅すれば不当な取引制限はなくなったといえる。

Case 7

入札談合からの離脱事件・岡崎管工事件

　Aらは，X市の水道工事に関わる指名競争入札で，入札談合を行っていた。工事Lの入札で，Aは，談合の個別調整に従わず，独自に行動して落札した。その後の入札で，Aは，落札予定者とされたBの落札に協力したものの，後の会合で，工事Lの落札についてAに対してペナルティーが科されることとなり，Aの担当者はそれには従わない旨の発言をするなどした。その後談合業者間での連絡表などにAの名前が掲載されることはなくなった。

違反行為からの離脱　カルテル参加者が一斉に違法行為を取り止める場合とは別に，参加者の一部が違反行為を取り止める場合もある。このような場合は，違反行為からの離脱といわれる。違反行為継続者には，法的措置が適用されるものの，

離脱と認定された者については，措置が命じられないこともある。離脱者に関する違反行為の終期と言い換えてもよい。問題は，どのような事実をもって離脱と認定できるかである。離脱者が，違反行為の取り止めを内部決定すればよいのであろうか。それに加えて，他のカルテル参加者に対し何らかの意思を示したり，特定行動をとったりする必要があるのであろうか。あるいは，他のカルテル参加者が離脱を認識していたとしてもどの程度の認識であればよいのであろうか。離脱者の経営陣などが違反行為の取り止めを決定しているにもかかわらず，担当者が違反行為に関与している場合はどうであろうか。

離脱の認定
──入札談合の場合

離脱は，入札談合事件でよく問題となる。 Case 7 では，Ａがいつの時点で，談合から離脱したといえるだろうか。Ａからすると，個別調整行為に従わず落札した時点でもう談合には参加しないと決めていたと主張できそうである。しかし，その後の談合行為に協力していることなどから，他の参加者から見るとまだＡは談合に参加していると受け取られるかもしれない。これと同様の事件で，以下のような判断の下で，Ａの名前が記載されなくなった連絡表の作成時点を離脱の時期としている。「離脱したことが認められるためには，離脱者が離脱の意思を参加者に対し明示的に伝達することまでは要しないが，離脱者が自らの内心において離脱を決意したにとどまるだけでは足りず，少なくとも離脱者の行動等から他の参加者が離脱者の離脱の事実を窺い知るに十分な事情の存在が必要である」（岡崎管工審決取消事件・東京高判平成15年3月7日・百選30）。また，経営陣などが談合取りやめを決定・公表したにもかかわらず担当者が談合を継続している場合，離脱認定には，担当者による談合行為

が継続していないことを求める事例もある（松下電器産業事件・公取委審判審決平成18年3月8日，橋梁談合事件・公取委審判審決平成21年9月16日）。

Column ⑮ **離脱の認定——措置ごとの多様性** ━━━━━━━━━━━━━━━

　離脱の認定は，違反への制裁の種類により考慮事項が異なるかもしれない。今までの議論は，主に排除措置を念頭に置いている。次のような場面での議論もある。

　課徴金は，「当該行為の実行としての事業活動がなくなる日」を終期として賦課される。終期は，課徴金制度発足当初の排除措置確定時とする解釈から，立入検査時を中心として違反行為の取りやめや自然消滅を認める傾向にある。公取委は，終期を「典型的には，違反行為者全員が不当な取引制限行為の破棄を明示的な合意により決定した時点や，一部の違反行為者が不当な取引制限の合意から明示的に離脱した時点を指すというべきであり，単に違反行為者の内部で違反行為を中止する旨決定しただけでは足りず，原則として，違反行為者相互間での拘束状態を解消させるための外部的徴表が必要」（日本ポリプロ事件・公取委審判審決平成19年6月19日・百選103）とした。内部的意思決定だけでなく，外部的徴表を要求する点で，排除措置の場合と共通するが，違反行為の終了時と同一でない場合もある。

　課徴金減免制度の適用要件は「調査開始日以後において，当該違反行為をしていない者」である（7条の4第1項2号）。排除措置に関する離脱認定で，他の事業者の認識を求めると，減免適用要件と矛盾するので，相互拘束という客観的状態の解消を基準とすべきとの意見もある。もっとも，減免の場合，違反行為からの離脱について，他の事業者への伝達という意味での外部的徴表を免除する取扱いを行えばよいという解釈も可能である。

　刑事罰について共犯関係からの離脱が争われた例がある。橋梁談合宮地鐵工所事件（東京高判平成19年9月21日・百選125）で，新日鐵と三菱重工は，立入検査後の経営陣の決定とその強い指示により談合担当者が他

の事業者に談合からの離脱を通知するなどしたので，立入検査時または
その月末以降で共犯関係から離脱し，それ以降の談合については罪を負
わないと主張した。東京高裁は，「継続犯である不当な取引制限の罪に
おいても，犯行継続中における共犯関係からの離脱が認められるために
は，行為者が犯行から離脱する旨の意思を表明し，これに対して他の共
犯者らが特段の異議をとなえなかっただけでは足りず，行為者において
客観的に見て犯行の継続阻止に十分な措置をとることが必要」であると
判示し，両社が十分な措置をとっていないとしてその主張を退けた。

[6] 公共の利益に反して

| 問　題 | 事業者が行う行為は多くの目的や効果をもつ場合がある。冒頭のパン屋の例で，価格 |

の引き上げがパン屋の雇用を維持するため，地域の生活のため，と
いうようなことが考えられるであろうか。不当な取引制限の禁止規
制においては，このような競争以外の目的などをどのように取り扱
うのか。そのような目的や効果を扱うような仕組みがあるのかが問
題となる。

| 競争以外の価値の考慮 | 競争または競争政策以外の価値や（政策）目的を，個別事件において問題となる行為 |

が独禁法違反か否か判断を下す際に勘案することが可能か，あるい
はそのようなことが望ましいのか。競争以外の価値や政策としては，
社会的目的とされる環境保護，健康・安全保護等が考えられる。
　独禁法では過去において競争政策・独禁法と対立するような競争
制限的行政指導などとの関係が問題となった。そして，今後は，環
境保護や健康安全保護等との関係の検討も重要性を増す傾向にある。

不当な取引制限の禁止規制においては公共の利益を訓示規定と解して相対立する政策や価値を法適用において勘案しない考え方が長く続いてきた。しかし，最高裁判決（石油価格協定刑事事件・最判昭和59年2月24日・百選5・29・35・127）において一定程度の勘案が許容されることが示され，その後，安全性に関する事業者団体事案でこの要件の使用を試みる判決がある（⇒第5章 *4*「デジコン電子事件」）。

| 公共の利益の意味 |

公共の利益についてはその意味と法的性格の2つの点で問題が検討されてきた。まず，公共の利益という文言の意味については，3つの考え方がある。

第一は，国民経済全体の利益とする見方である。この見方は，公共の利益は，競争政策のみならず他の価値をも含むと見る。個別事件処理において，競争以外の他の社会的価値の勘案を許容し，競争上の考慮を，他の価値と比較衡量する。この見方では，競争を制限するカルテルのなかでも，カルテルが他の有用な価値に役立つものであるという理由で，違法とされるべきではないものがあることになる。

第二は，公共の利益とは，競争の維持自体であると考える見方である。この見方は，競争政策問題についての決定を行う際に他の政策的考慮の介在・考慮を許さない。市場支配力の形成，維持，強化をもたらすカルテルは，例外なしで常に違法と取り扱うという考えである。

第三は，公共の利益とは競争の維持自体を直接は指すものの，最終的には一般消費者の利益保護・国民経済の民主的で健全な発展を含むという捉え方である。この見方は，競争以外の社会的価値の勘案を許容する。ただし，その範囲は当該社会的価値の勘案によって一般消費者の利益などに寄与する範囲に限定される。この見方でも，

市場支配をもたらすカルテルを許容する余地を認める。しかし，許容の範囲は，第一の考え方の場合よりも狭いものになる。というのも，市場支配になるカルテルが消費者の利益および国民経済の民主的で健全な発達に寄与することはほとんどないと考えられるからである。

公共の利益要件の法的性格

カルテル行為が公共の利益に反するかを個別事件ごとに判断する必要性はあるか否かという公共の利益要件の法的性格も問題となる。価格の引き上げや生産数量制限カルテルが行われる場合，雇用維持に役立つか否かというような事実の有無を，違法行為を摘発する公取委が必ず検討しなければならないだろうか。次のような考え方がある。

第一に，競争制限は当然に公共の利益に反するので，公共の利益に関する判断は不要であるという考え（訓示規定説），第二に違反というためには行為が公共の利益に反するか否かの判断は常に必要であるとする違反の成立要件であるという考え（成立要件説），第三に形式的に違反となる行為を独禁法１条の究極目的に反しない限度で違法性を阻却するものとする違法性阻却要件であるという考え（違法性阻却説）である。

最高裁は，石油価格協定刑事事件（最判昭和59年２月24日・百選５・29・35・127）でこの要件が違法性阻却事由である旨を示した。しかし，現在までこの要件に基づき違法性が阻却された例はなく，実務上は，訓示規定同様に解釈して差し支えないといわれる。

Column ⑯　行政指導と独禁法 ━━━━━━━━━━━━━━━━━━━━━━━━━

　行政指導とは，「行政機関がその任務又は所掌事務の範囲内において
一定の行政目的を実現するため特定の者に一定の作為又は不作為を求め
る指導，勧告，助言その他の行為であって処分に該当しないもの」（行
手2条6号）をいう。行政庁が，企業などに対し行政目的達成のための
行為などを自主的に行うように奨励などをするもので，法的拘束力をも
たないものが行政指導である。

　行政指導の中には，価格・数量カルテルを行わせる内容であったり，
企業を集め価格などの意見を求めカルテルを助長したりするものもあっ
たことから，カルテル規制との関係で問題となる歴史があった。

　独禁法との関係では，2つのことが問題になる。1つは，行政指導に
依拠してカルテルを行う事業者の行為を，独禁法違反とできるのかとい
うこと。もう1つは，そのような行政指導を抑制し，指導官庁の責任を
問うことができないのかである。

　第一については，行政指導があっても事業者側に意思の連絡が存在す
れば独禁法違反が成立すると扱われている。石油価格協定事件最高裁判
決では，一定の条件をみたす適法な行政指導に従った事業者間合意が形
式的に独禁法違反でも，違法性を阻却される可能性が示された。ただし，
例外扱いの実例はなく，将来の適用見込みもきわめて少ない。

　後者について，独禁法は事業者や経済活動を扱っており，法律に依拠
する行政庁の行為への独禁法適用は難しいことなどから処理が難しい。
違反行為の幇助者や刑法の談合罪に関連させて，指導担当者・官庁の責
任を問うことが可能であるが，対応可能な範囲は狭い（入札談合について
⇒*Column* ⑰）。公取委は，「行政指導に関する独占禁止法上の考え方」
（平成6年6月30日公取委）を策定して，留意点を示し，個別事案では関
連官庁と個別調整（行政調整）を行っている。

━━

3 違反行為に対する制裁

カルテルに対する制裁　本章の最初に説明したが，カルテルや入札談合に対しては，多様な制裁が用意され，用いられている。排除措置（7条）の内容の中心は，違法行為の差止めであるが，それ以外にも，様々な工夫が行われている（合意を破棄した旨の周知徹底，取引相手との価格交渉命令，談合組織の解体，関与した従業員の配置についての措置・従業員教育，会社執行機関による決議など。すでに取りやめられた行為への命令も可能であり，よく命令されている〔既往の違反行為に対する措置・7条2項〕）。ただ，これらは違反行為やその効果除去と再発防止等を内容とし，カルテル・入札談合を行った事業者が得た多大な利益に手をつけていないので，事業者は超過利益を保持できる。刑事罰（罰金）や損害賠償による対応が可能である。しかし，従来罰金は，低額（法人に対しては罰金の上限は5億円だが，かつては500万円だった。95条1項）であり，刑事罰が科される事例はきわめて少ない（⇒序章**3**⑤）。被害者は損害賠償を請求できるが（⇒序章**3**⑤），被害者がしばしば多数に及び，また損害と因果関係の立証が困難であること（最判昭和62年7月2日・百選112①，最判平成元年12月8日・百選112②）などから，その実効性も乏しかった。

課徴金制度の導入と改正　上記状況下では，カルテルは「やり得」といえ，関係者間での公平や違反の再発防止の点で問題があった。昭和52年改正で，カルテルに対する金銭徴収として課徴金制度が新設された。この制度は，「不当な取引制限等の摘発に伴う不利益を増大させてその経済

的誘因を小さくし，不当な取引制限等の予防効果を強化する」目的で，刑事罰や損害賠償制度に加えて設けられている（多摩談合（新井組）事件・最判平成24年12月17日・百選3・20）。課徴金制度は，課徴金減免制度の創設など上記目的の達成を狙いとした改正を経て現在に至っている（平成3・17・21・令和元年改正等。なお，私的独占と不公正な取引方法については⇒第3章 *4*，第4章 *1* 1 4・*2* 1 3・*3* 1・*7* 3・*9* 2）。

**対象となる行為と
課徴金の計算方法**

課徴金の対象は，不当な取引制限またはそれに該当する内容の国際契約（6条⇒第6章）で，商品または役務（以下「商品」と略して言及する）の価格を制限するもの，または，商品について①供給量または購入量，②市場占有率，③取引の相手方のいずれかを実質的に制限することによりその対価に影響することとなるものである（7条の2第1項）。7条の2で課徴金を課されるのは，違反行為を行った事業者である。

課徴金の計算方法は，法定されている（公取委が諸般の事情を勘案して事件ごとに自由に額を定めるものではないので「非裁量型課徴金」ともいわれる）。カルテルの実行期間中（2条の2第13項。調査開始から10年までさかのぼることができるが，実行期間終了後7年以降は納付を命じられない〔除斥期間，7条の8第6項〕）の，当該カルテルに関して法令により商品の売上額（購入カルテルの場合は購入額に読み替える。以下「対象売上額」という）とされたものに一定率（算定率）を乗じた額と特定額（後述「対象売上額の範囲と特定額」④）の合算額が課徴金として徴収される。算定率は原則として，10％である（7条の2第1項柱書）。この率は，違反事業者およびその他すべての「子会社等」（2条の2第2項）が法定の中小企業に該当する場合には，4％

となる（7条の2第2項）。なお，このように算定された額が100万円未満の場合は納付を命じない（7条の2第1項但書）。

| 対象売上額の範囲と特定額 |

課徴金の対象売上額には，①違反行為者の直接の売上額以外に，②違反事業者より指示・情報提供を受けた「完全子会社等」（2条の2第3項）による売上額等，③対象商品の密接関連業務から生じた売上額（下請け受注等）（7条の2第1項1号～3号）が含まれる。また，特定額として④対象商品不供給等の見返りとして受けた経済的利得（金銭その他財産上の利益相当額。たとえば，入札談合の際の利益分配金・談合金等）も課徴金対象とされる（同項4号）。

| 課徴金対象となる商品・取引 |

商品の売上額は，カルテル対象商品の個別取引すべてがカルテルの対象であることを前提に計算される。明示的にカルテル対象外取引であることが立証されなければ（「特段の事情」の立証といわれ，課徴金を賦課される事業者側で行わねばならない立証である），個別取引がカルテルの影響を受けたかどうか確認しないのが原則である。

| 入札談合と課徴金対象となる入札① |

入札談合事件では，個別調整対象となった入札ごとに課徴金が計算される。課徴金対象とは，「当該事業者が，基本合意に基づいて受注予定者として決定され，受注するなど，受注調整手続に上程されることによって具体的に競争制限効果が発生するに至ったものを指すと解す」るとされる（土屋企業事件・東京高判平成16年2月20日・百選102）。具体的に競争制限効果が発生するとはどういう場合だろうか。談合が無視され，競争水準までの価格低下が確認されな

ければ競争制限効果がないといえないのか。落札予定者は決まらな
かったが，談合によって入札参加者が限定されるような中で，ある
程度競争が行われた場合はどうか（「叩き合い」といわれることがあ
る）。あるいは，入札希望者が1名しかおらず，複数事業者による
競争がなかった場合はどうであろうか。

入札談合と課徴金対象となる入札②

談合不参加者（アウトサイダー）の入札参加
や談合参加者間での調整不調のみでは競争
制限効果がないとは扱われない。談合によ
る参加者の限定自体で，反競争効果の発生を認めるのが適切だから
である。アウトサイダーの数や行動，入札価格の状況，落札率（発
注者が定めた価格の限度額と実際の落札価格の比率）など他の事情も検
討の上，競争制限効果の有無が判断される。また，課徴金対象事業
者となるのは「当該事業者が直接又は間接に関与した受注調整手続
の結果競争制限効果が発生したことを要するというべき」（前掲・土
屋企業事件）ともされている。落札者が落札価格の連絡などを行っ
た場合が典型である。ただし，個別調整行為それぞれについて競争
制限効果の発生を認定しなければ，課徴金が課されないわけではな
いことに注意しよう。ここで説明した事情は事業者側が立証すべき
ものである。

違反行為反復者への加重

同じ事業者が繰り返し違反行為を行ってい
る場合，通常の課徴金徴収では予防・抑止
効果が十分ではないと考えられる。この場
合の対応として，①当該事業者，②完全子会社，③課徴金納付命令
等を受けた違反対象事業の継承事業者が，過去10年以内に課徴金納
付命令等を受けたにもかかわらず違反行為を反復した場合には，基

準の算定率の5割増しで課徴金が計算される（7条の3第1項）。

主導的事業者への加重

違反行為を積極的に行う事業者（主導的事業者）の存在が違反行為の成立や，継続を容易にさせることがある。違反の効果的抑止のため主導的事業者に対し，課徴金額は，基準の算定率から5割増しにされる。主導的事業者には3種類の者があげられている。①単独または共同で違反行為を企て，かつ，他の事業者に違反行為を行うことまたはやめないことを要求・依頼・唆し，違反行為を行わせまたはやめさせなかった者，②単独または共同で他の事業者の求めに応じて継続的に他の事業者に対し違反行為関連商品の対価等を指定した者，③①②以外の者で，単独でまたは共同して，(i)①または②類似の行為を行うこと，(ii)公取委調査時に資料隠蔽・仮装等を行うこと，(iii)課徴金減免制度（後述）における事実報告・資料提出並びに調査協力制度減算の協議申出を行わないこと，を要求・依頼・唆すことで違反行為を容易にする重要なことをした者（7条の3第2項）である。

課徴金減免（リニエンシー）制度——制度趣旨

違反行為を公取委に申し出た者に対して，一定の条件で課徴金減免を認める制度が設けられている。カルテルは，秘密裏に行われ，発見解明が困難である。ハードコアカルテル規制強化の中で，カルテル手法の巧妙化や証拠隠蔽等も見られ，カルテルの摘発・認定，違法状態の解消等がいっそう困難になる可能性もある。課徴金減免制度は，カルテルからの離脱インセンティブを高め，公取委への情報提供を促す制度であり，違反行為の摘発・立証をより容易にし，カルテルの形成・維持を困難とする効果が期待される。世界的に標準装備された制度となっている。

この制度は，企業内部での独禁法遵守（コンプライアンス）圧力としても機能する。発生する損失の経営者責任が問われることが多くなると，課徴金減免は，損失削減という点で意味をもつ。減免制度利用には，企業内で違反行為の迅速処理を可能とする遵守システム整備が必要となる。遵守システムと減免制度との関連性が，違反行為摘発・抑止上，有効に機能することも期待されている。

減免率についての考え方

減免制度はカルテル行為発見と調査協力インセンティブ確保を狙いとする。減免率については，申請順位と，調査協力インセンティブ確保のため協力度合いという，2つの観点から規定される。

全額免除・減額対象者

課徴金納付命令対象事業者（不当な取引制限等を行った者に限定。以下同じ）が課徴金納付を全額免除されるのは次の条件をみたすときである（7条の4第1項）。公取委の調査開始日前に，単独で，当該違反行為をした事業者のうち最初に当該違反行為に係る事実の報告および資料の提出（以下「報告等」という）を行い，調査開始日以後違反行為をしていない場合である。

これ以外の場合でも，申請順位と調査協力度合いに応じ減額を受けることができる（同条2項）。条件と内容は以下のとおりである。最初の報告等を行った者と同様の条件で調査開始日以後違反行為をせず，2番目に報告等を行った事業者は課徴金額の20%，3から5番目に報告等を行った事業者は10%，6番目以降では5%が減額される。4番目・5番目に報告等を行った事業者には，すでに公取委の把握している事実を除いた事実の報告が義務づけられる（同項3号）。2番目以降の事業者に対しては調査協力度合いに応じて最大

40％の減額が認められる（7条の5第1項2号イ）。

追加減額対象者

調査開始日後に報告等をした場合でも，調査開始日前の減免対象者と合わせて上位5位以内の場合には，次の条件をみたす事業者に最大3名（調査開始日前の減免対象者を含めて5名）まで課徴金額の10％，それ以外の対象者には5％の減額が認められる（7条の4第3項）。当該違反行為をした事業者で，公取委調査開始日以後公取委規則で定めた期日までに，単独で当該違反行為にかかる事実の報告等を行うこと，および報告等などを行った日以後違反行為を行っていないこととされているが，10％減額の場合には，すでに公取委が把握している事実にかかるものを除いた報告などが条件である。調査協力度合いに基づく減算率は最大20％である（7条の5第1項2号ロ）。

調査協力減算率と調査協力内容について──協議制度とガイドライン

調査協力による減算は，真相解明寄与を目的とし事業者の自主的提出証拠を公取委が評価する。公取委による評価の透明性や予見可能性を高め，事業者との共通認識形成のため，協議制度が設けられ，公取委のガイドラインが策定される。協議は，事業者側の調査協力内容と公取委による追加減算率につき両者の協議を経て，合意の下で協力内容と減算率を確定する（7条の5各項）。ガイドラインでは，証拠内容の評価対象情報や評価方法・基準を示すとされている。

共　同　申　請

議決権等によりグループ化した企業群では，課徴金納付命令対象企業が命令前の段階では不明確なために単独申請の順序をどのように決定するか困難があ

る。同一グループ内企業では，違反行為関連の保有情報が同一であろう。同一グループ内企業が減免対象企業となると公取委が獲得できる情報が限定されるおそれがある。相互に子会社等の関係のある企業グループでは，共同申請を認め1社として取り扱うのが適当である。企業グループの範囲，共同申請が認められるその他の条件も定められている（7条の4第4項，2条の2第2項）。

減免の例外　減免対象者でも減免を受けられなくなることもある。課徴金納付命令等までの間に，報告等に虚偽があると認められる場合，求められた資料提出等を行わない場合，他の事業者に違反行為の強要や違反行為停止の妨害を行ったと認められる場合，調査協力合意違反のある場合である。共同申請では，グループ中の1社でも例外にあてはまれば減免対象外となる（7条の6）。

減免制度と刑事告発・排除措置命令との関係　公取委は，第1番目の申請事業者について，事業者およびその役職員を刑事告発しない方針をとることを表明している。また，減免対象者の一部を排除措置命令の対象外とする場合もある。

制度の本質と二重の処罰問題　課徴金制度は発足時，カルテルによる不当利得を剥奪し，社会的公正を図るとともに，違反行為抑止を目的とした制度であった。規制の実効性確保のため，「具体的なカルテル行為による現実の経済的利得そのものとは切り離し，一律かつ画一的に算定する売上額に一定の比率を乗じて算出された金額を，観念的に，剥奪すべき事業者の不当な経済的利得と擬制する立場を採って」（東京高判平成9

年6月6日）いた。刑罰と課徴金が併科される場合には二重の処罰の禁止（憲39条）との抵触が問題となりうるが，課徴金は刑事罰とは趣旨・目的・手続き等を異にするがゆえに憲法違反とはならないものというのが通説・判例（東京高判平成5年5月21日，機械保険連盟事件・最判平成17年9月13日・百選99も参照）であった。現在，課徴金は違反行為抑止に重点を置き，行政的制裁の制度と理解されているが，他の法律も同様な制度を有し，刑罰との関係で従来からの理解は維持されているといってよい（多摩談合（新井組）事件・最判平成24年12月17日・百選3・20）。

課徴金と罰金刑が併科される場合の特例 課徴金と罰金刑の併科は，憲法違反ではないが，国により強制される金銭徴収制度であることや違反行為防止の点では共通の機能をもつ。機能面での共通部分の調整が，政策的に適当ということもできる。同一事業者に対し課徴金と罰金刑が併科される場合には，特例の簡明性確保の観点から課徴金額から罰金額の50％相当額を控除する制度が設けられている（7条の7）。

事業者・弁護士間での秘密通信保護制度 課徴金減免制度の下で，調査協力インセンティブを高めて調査協力を円滑・効果的にする上で，事業者と外部弁護士との相談の充実が望ましいことがある。しかし，弁護士との意見交換で得られた法的意見等の当局への開示を調査時に義務づけられることとなると，事業者と弁護士間での情報伝達や意見交換の上で弁護士の見解を得る際に，その機会自体や内容が抑制され，調査協力の実効性を削ぐ可能性もある。それを避けるため調査協力にかかる法的意見等を秘密として実質的に保護し，適正手続を確保する観点から，事業

者と弁護士間で秘密に行われた通信の保護制度がある（76条1項による公取委規則と指針で定められた制度。公取委「事業者と弁護士との間で秘密に行われた通信の取扱いについて」参照）。

この制度は、一般的なものではなく不当な取引制限の行政調査のみを対象とするものであり、内容、制度対象、利用条件が限定されている。

Column ⑰　**官製談合・官製入札談合防止法**

入札談合では、発注者側（国等）で入札者に談合を行わせる行為をし、談合に関与することがある。これを官製談合ともいう。発注者側行為に関し、談合の幇助者として発注者側の個人を刑事罰対象とできるが、例外的である（下水道事業団談合事件・東京高判平成8年5月31日・百選124。日本道路公団橋梁談合事件では、公団の副理事長が共同正犯として起訴された）。これ以外に、発注者側行為規制規定は、独禁法にはない（と考えられている）。入札談合が、発注者側の意向などに応じている場合、入札者側のみの処分にとどまることは、不均衡で、問題がある。

「入札談合等関与行為の排除及び防止並びに職員による入札等の公正を害すべき行為の処罰に関する法律」は、この状況改善を狙う法律である。同法は、国および、地方公共団体、特定法人（以下「国等」という）で入札談合が発生し、職員や役員が関与する行為（入札談合等関与行為）があった場合、公取委の要求に基づき、入札を行った国等の長に対し、内部調査の実施、入札談合の排除のため必要な改善措置の実施、調査結果の公表等の義務を課す。改善措置要求があった場合、国等への損害発生の有無の調査や調査結果の公表、入札談合に関与した職員への損害賠償請求、ならびに、職員の懲戒処分可能性調査と調査結果公表等が国等の機関の長に義務づけられる。職員により入札等の公正を害すべき行為がある場合、当該職員を懲役刑または罰金刑に処するとされている。

第3章

私 的 独 占

私的独占は，独禁法の中心的な規定とされているがかつては運用例が少なかった。しかし，規制緩和以降，私的独占の規制対象とする排除行為によって競争が歪曲される事態が増加し，わが国のみならず諸外国で私的独占規制の重要性は高まった。本章では，私的独占に対する規制基準を明確に提示する。

1 はじめに

概　要

　　独禁法2条5項が私的独占を定義している。それによれば，私的独占は「事業者が，単独に，又は他の事業者と結合し，若しくは通謀し，その他いかなる方法をもつてするかを問わず，他の事業者の事業活動を排除し，又は支配することにより，公共の利益に反して，一定の取引分野における競争を実質的に制限すること」である。そして，独禁法3条前段が「事業者は私的独占……をしてはならない」とこれを禁止している。これらの規定によれば，①事業者（ら）が，②他の事業者の事業活動を排除または支配することにより，③一定の取引分野における競争を実質的に制限すれば3条前段に違反することになる。

民間企業の独占が
問題なのか

私的独占の禁止というと，民間企業が市場を独占していることそれ自体を禁止するものと誤解されるかもしれない。しかし，独禁法が禁じている私的独占は，事業者が他の事業者の事業活動を排除または支配するという手段を通じて，一定の取引分野における競争を実質的に制限する（＝市場支配力を形成，維持，強化する）ことである（2条5項・3条前段）。市場を独占していることそれ自体を禁じているわけではない。また，市場を独占している企業が独占的な高価格をつけることを禁止しているのでもない。独占的な高価格を設定することは，通常は，競争を排除したり支配したりする行為ではなく，市場支配力を形成等する効果ももたない。これは，すでに有している市場支配力を利用または濫用する行為である。

私的独占の違反に問われ
るのは独占企業だけか

私的独占の規制はその名称のため，独占企業だけを対象とするのだという誤解があるかもしれない。しかし，当該企業が市場を独占していることや100％に近いシェアを有していることは要件ではない。

　また，市場支配力をすでに有している事業者でないと違反に問えないわけではない。もちろん，実際には市場支配力が発生している市場でそれを有している事業者がその地位を維持するために不当な手段を用いるケースが多い。また，不当な手段で市場支配力を形成したことが問題となる事案でも，すでに特定の市場で市場支配力を有する事業者が，それを別の市場で利用して市場支配力を形成する場合がほとんどである。排除や支配という行為で反競争効果が発生するには，何らかの市場支配力を有していることが事実上必要となることが多いということは確かである（排除ガイドラインの執行方針

はこのような考え方に立つ）が，それは主体に課された要件ではない。

Column ⑱　規制の沿革──元となった米国の規制

　私的独占の規制は米国のシャーマン法2条の独占化（monopolization）の規制を受けて作り出されたものである。独占化とは独占を行うこととでもいうしかない非常にぼんやりとした概念であり，その具体的内容は判例法によって形成されてきた。米国の独占化の判例法や競争当局の運用方針は時期に応じて大きく変動している。特に，かつて米国では，独占化の規制を用いて市場構造それ自体を規制しようとした時期がある。不当な行為によって競争を制限することよりも，市場での競争が不十分な状態にあることそれ自体を問題として，市場に介入し，改善しようとしたのである。

　一般に，違法判断に行為要件を重視する場合であっても，米国では排除措置として市場構造の是正が焦点となる。

　わが国の私的独占規制は米国の独占化規制を引き継いだものではあるが，かなり明確に行為の要件を定めており，解釈の自由度は限定されている。米国で行われている，企業分割を中心とした構造的是正措置の当否も，わが国では違法とされる行為によってもたらされた状態の改善に必要なものであるという制約の上で考えなければならない（⇒**4**）。市場が独占ないしそれに近いことそれ自体が弊害を引き起こしている場合の問題はわが国では独占的状態の規制（⇒第1章**6**）によって立法論的に解決された。にもかかわらず，わが国でも母法国である米国のその時々の先端的な法理論を受けた規制を行おうとした独創的な学説が提唱されてきた。そのため，私的独占に関する学説には条文を離れた概念が多用される傾向があった。だが，審決や判例の表現にそれらは反映されていない。ここではあくまでも私的独占の条文に忠実な解釈論の説明を行うことにする。

Column ⑲　巨大 IT 産業の独占事件 ━━━━━━━━━━

　20世紀末から21世紀にかけて米国において大問題となった事件として
マイクロソフト社の事件がある。パーソナルコンピュータ向けの基本ソフ
ト（OS）で当時90％のシェアを占めていた巨大ソフト会社である同社
の様々な事業慣行が反トラスト法（米国独禁法）に違反するとして司法
省が訴えた事件である。特に同社がブラウザ等の市場でライバル企業の
活動を妨げることを通じて，基本ソフトにおける自社の独占がライバル
の挑戦を受けることがないようにして，それが基本ソフト市場の独占化
（私的独占，不当な行為による基本ソフト市場の独占力の維持）をもたらした
とした。2000年，連邦地裁は司法省の主張を容れ，同社が不当な手段で
基本ソフト市場の独占化を行っていたとした（それ以外の違法行為も認定
した）。その救済措置として同社の分割を命じたが，2001年に連邦高裁
は救済として分割が必要かどうかについては審理を差し戻し，その後，
和解が成立した。この事件の背景には，利用者が多いほど利便性が増す
というネットワーク効果が強い IT 産業で巨大化した企業が，その特性
を利用して独占を不当に維持・強化できるのではないかという懸念があ
った。この懸念は，最近の巨大デジタルプラットフォームに対しても持
たれており，それに対する独禁法の対処は世界的課題となっている。

━━━━━━━━━━━━━━━━━━━━━━━━━━━━━━

Column ⑳　規制実態の変容 ━━━━━━━━━━━

　①　**低迷と再生**　　独占禁止法という略称が，「私的独占の禁止」に
由来していることからも分かるように私的独占の規制は独禁法の中核を
占めるものである。しかし，わが国において私的独占の規制例は非常に
乏しかった。独禁法制定（1947年）から1972年までの25年間に，私的独
占を規制した審決例はわずか６件しかなく，その内２件はごく初期のも
のでそもそも私的独占として処理するのが疑わしいものであった。その
後24年間，私的独占の正式事件はなかった。しかし，1996年の日本医療
食協会事件（公取委勧告審決平成８年５月８日・百選14）から，ほぼ年平均
で１件程度の事件が現れている。1972年までの事件をここでは初期の事

件と呼び，1996年からの事件を現在の事件と呼ぶことにする。

　　②　低迷から強化へ　　かつての低迷と現在の活発化の理由は何であろうか。わが国では私的独占に該当するような行為をする企業がかつては少なかったからであろうか。後述するように，わが国で私的独占によって規制対象となる行為が他の規定（特に不公正な取引方法）でも規制できたことがかつての低迷の一因とも考えられる（⇒ **2** ③「不公正な取引方法の規制と私的独占の規制」以下）。それでは，近時の活発化の理由は何であろうか。規制緩和の進展に伴い，従来非競争的であった市場へ新規参入したり，活発な競争を仕掛けたりしようとする動きが急である。そのような競争的な活動に直面して，既存業者がそれを妨害して市場支配力を維持したいとするのは当然予想され，実際，諸外国でも増加している。また，規制緩和後の市場では，従来の規制を背景に，不公正な取引方法等の独禁法の他の規定では容易には捕捉できない反競争的な排除を行う余地がある。これらが私的独占規制例増加の理由と考えられる。このような状況下では私的独占に対する制裁強化が必要となる。課徴金の対象行為を排除型私的独占にまで広げたのはそのためである。

2　行為の要件

①　どんな行為が問題となるのか？

　独禁法2条5項の「公共の利益に反して，一定の取引分野における競争を実質的に制限する」という効果の要件は不当な取引制限と共通している。両者が異なるのは行為の態様である。私的独占は，事業者が単独であっても複数であっても行いうる。「単独に，又は他の事業者と結合し，若しくは通謀し，その他いかなる方法をもつてするかを問わず」とは，このことを確認したものである。これは，

単独であっても複数のものが共同して行った場合であってもよいことを示しているだけであり，特に行為の態様に限定を加えるものではない。

　私的独占の行為態様の特色は「他の事業者の事業活動を排除し，又は支配する」ことに見られる。大まかにいうと事業活動の排除とは他の事業者が事業活動を継続することを困難にしたり，新たに市場に参入しようとするのを妨げることを意味する。また，支配とは事業活動における自由な意思決定を拘束することを意味する。これだけでは，規制されるのはどのような行為かはっきりしない。特に排除に関しては他の事業者の事業活動の継続を困難にする行為はたくさんあるし，競争することそれ自体そのような傾向を秘めているとさえいえる。細かな解釈論に入る前に，具体的な規制例として初期の事件のうち典型的な2つの事件を説明し，その後に排除と支配を順次見ていこう。

　② 　私的独占の事例──初期の典型事例から

Case 1

雪印乳業・北海道バター事件
　雪印乳業と北海道バター（後に合併）は北海道の集乳量の約80％を占めていた。両社は，共同して，酪農家に対して乳牛を購入するための資金を供給する道内の唯一の機関である農林中央金庫と酪農家のために融資保証を行う北海道信用農業協同組合連合会の了解を得て，乳牛導入資金の融資保証を，もっぱら両社にだけ生乳を供給する酪農家に対してのみ与えるといった計画を実施した。この計画に基づいて2つの金融機関は，融資等を受ける条件として両社に生乳を供給するように拘束し，他の乳業会社と取引する単位農協等には融資拒絶を行うなどした。

公取委は，これらの行為によって他の乳業会社の集乳活動が抑圧され，北海道における集乳量約80％に及ぶ両乳業会社の地位の維持・強化が図られたとして私的独占に該当すると認定した。なお，2つの金融機関の行為については，不公正な取引方法（不当な取引拒絶および拘束条件付取引）に該当するとされ，排除措置として問題の各種行為の禁止が命じられた（公取委審判審決昭和31年7月28日・百選9）。

Case 1 での
排除の特徴

　本件では，金融機関の取引相手に対する優位性を利用して，雪印乳業らと競合する企業への原料提供を行わないように酪農業者を拘束し，それに従っていない業者との取引を拒絶したものである。この結果，競争相手は必要な原材料の供給を受けることが困難になり，事業遂行にかかる費用が増大することになる。このようにライバルのコストを増大させる行為を通じて「市場支配力」の維持・強化が生じた事案と見ることができる。

　本件で直接的な手段として用いられている取引拒絶や不当な拘束条件付取引は不公正な取引方法に該当する（⇒第4章 2 2 ・ 8 1 ）。本件のように，私的独占で問題となる排除が不公正な取引方法によってなされることはしばしば見られる。ただし，本件では，不公正な取引方法は，市場支配力を獲得ないし強化することになる両乳業会社が行ったものではなく，両金融機関が行ったのである。両乳業会社が実行行為者たる両金融機関と通謀してかかる行為を行わせるように仕向け，他の乳業会社を排除したことが特徴である。

　本件のように金融機関が顧客に対して有している優位性を利用して，特定の事業者を排除するような条件を融資に際して押しつけることは，米国などでもしばしば問題となっている。わが国でも，本

件以外に埼玉銀行事件（公取委同意審決昭和25年 7 月13日）がそれに該当する。

Case 2

東洋製罐事件

　単独で国内の食缶生産の供給量の約56％を占めていた東洋製罐は，同じく製罐会社である北海製罐，本州製罐，四国製罐，三国金属を株式保有と役員派遣により支配しており，これらの 4 社分を加えると約74％のシェアに達していた。北海製罐を除く 3 社に対しては実質的に過半数の株式を握っており，北海製罐への資本参加は約29％であったものの，その事業活動に対しては，工場新設を断念させるなど具体的な干渉を行っていた。

　東洋製罐は，自家製罐を開始した缶詰製造業者に対し，自家製罐を中止するか，当該工場を自己の下請け工場にするように働きかけたが，拒否されたので，自家製造できない種類の食缶の供給を停止するという制裁措置をとった。このため，同様に自家製罐を準備または検討中であった缶詰製造業者は自家製罐を断念することになった。

公取委は，上記事実から東洋製罐は 4 社の事業活動を支配し，缶

詰製造業者の自家製缶についての事業活動を排除することにより，わが国の食缶の取引分野における競争を実質的に制限するものであるとした（公取委勧告審決昭和47年9月18日・百選16）。

Case 2 の
排除の特徴

本件では，もし自家製缶が実現されれば東洋製罐が競争水準を超える価格設定を行うことに対する有効な抑止力が生まれたはずである。自家製缶できない缶詰を供給しないという圧迫行為によって，それを断念させた。これが，事業活動を排除することにあたると評価されたのである。それによって，すでに存在している市場支配力を維持したのである。また，競争的活動を行うかもしれない同業者の株式を取得・保有し，役員を派遣することによって，競争単位として自由な活動を行う機会を制約し（事業活動を支配し⇒⑤），市場支配力の維持・強化を図ったものといえる。

③ 排除とは何か

②の例で私的独占となる行為のイメージをつかむことができただろうか。以下では，排除・支配の意義をより詳しく明らかにする。

すでに述べたように，排除とは，「他の事業者の事業活動の継続を困難にさせたり，新規参入を困難にさせたりする行為」であるとされている。困難にすればいいのであって，実際に退出を余儀なくしたり，参入を阻止することまでは必要でない。東洋製罐事件では，市場における競争相手ないし潜在的な競争相手の事業活動の継続を困難にし，または新規参入を困難にさせたりしている。

ところで，単に競争相手達の活動を困難にさせることそれ自体が問題なのだろうか。競争は排除の過程でもある。効率的な企業が消費者に廉価で高品質な商品を供給することに成功すれば他の事業者

の事業活動の継続は困難になるだろうし，参入も困難になる。競争
相手の事業活動が困難になったことだけを根拠に規制を行うのは活
発な競争を否定することになる。排除をもたらす行為が競争秩序の
観点から妥当ではないということが必要なのである。NTT東日本
事件最高裁判決（平成22年12月17日・百選7・133）がいうように，
「自らの市場支配力の形成，維持ないし強化という観点からみて正
常な競争手段の範囲を逸脱するような人為性を有するものであ」る
か否かが重要なのである。

どんな場合に不当に
なるのか。排除は不
公正な取引方法か
このように，公正かつ自由な競争とは区別
された形で，他の事業者の事業活動の継続
や新規参入を困難にする行為をいかに識別
するかが問題となる。雪印乳業・北海道バ
ター事件や東洋製罐事件で排除をもたらした行為は同時に不公正な
取引方法にも該当するものであった。たとえば，後者では，自家製
缶可能な缶を作ることにより，その範囲で限定的なものとはいえ参
入を図った事業者に，自家製缶できない部分は売ってやらないと圧
力を加えた行為は，自家製缶不可能な缶に可能な缶を抱き合わせて
購入させたものとも理解できる（抱き合わせ取引，一般指定10項⇒第4
章5）。自家製缶可能な缶を作るという競争的行為を断念させるた
めに不当な取引拒絶を行ったという構成も可能である（不当な単独
の取引拒絶，同2項）。

　独禁法の別の規定に反する行為によって排除がなされたとすれば，
それは公正かつ自由な競争を歪曲する不当な競争手段であると考え
られる。上述した抱き合わせ取引や不当な取引拒絶や排他条件付取
引（一般指定11項）や不当廉売（2条9項3号，一般指定6項）など，
不公正な取引方法の中のいくつかの行為類型は，反競争的に排除を

もたらす行為として歴史的に問題視されてきたものである。いわば，私的独占の排除行為の典型として類型化されたものである。そのため，学説の中には不公正な取引方法は私的独占の予防的性格ももつ規制であるというものもあった（ただし，それに限定されるわけではない）。実際，初期の事件で問題となった排除行為はほとんどが不公正な取引方法に該当するものであった。公取委は排除型私的独占についての運用指針（ガイドライン）を公表しているが，そこで特に取り上げられている行為類型は，不当廉売，抱き合わせ，排他条件付取引，取引拒絶といった不公正な取引方法に該当しうるものである。

**不公正な取引方法の
規制と私的独占の規制**

私的独占に対する制裁や救済措置には不公正な取引方法と異なった側面もある。しかし，民事責任や行為の差止めを中心とする排除措置といった基本的エンフォースメント手段に差異はない。それゆえ，排除が不公正な取引方法によってなされるのであれば，私的独占をもち出すまでもなく規制が可能になる。そのため私的独占の規制例が少なかったとも考えられる。2009年に排除に対する課徴金制度が誕生したことにより，この状況は変化した。

また，私的独占における排除は不公正な取引方法に該当するものに限られない。不公正な取引方法では捉えがたい行為も排除として捉えられている。そのため，何が公正かつ自由な競争秩序に反する排除であるかを確定する作業が重要なものとなる。排除が何かを考察しないことには，私的独占の規制が独自性を発揮する場は限定されることになろう。すなわち，何が公正かつ自由な競争の観点から不当な排除となるのかについての理論的考察が不可欠なのである。また，不公正な取引方法でも従来あまり使用されることがなく，正

当な競争行為とそうでないものとの境界づけが困難であると考えられる類型（単独の取引拒絶など⇒第4章 *2* ②③・*3*・*5*）の違法性基準を考えるのにもかかる考察は不可欠である。この問題は，今日では諸外国においてももっとも活発に議論されている独禁法の難問である。

一見適法な行為による排除行為

「排除」をもたらす行為が不公正な取引方法に限定されないということは従来から強調されてきた。独禁法違反行為でなく通常は適法な行為であってもよいといった説明がなされることがある。これが問題とされる行為が私的独占以外の独禁法の規定に反している必要がないということを意味するのであれば自明の理であり異論はないが，このような表現は非難されるべき「排除」が何であるかについての理解をあいまいにする。この表現は，生産能力の増強や低価格販売といった一見正常な競争活動と見られるものが，とりわけ独占的企業が行った場合に排除と評価されるべき場合があることを強調するために用いられる。しかし，すでに見たようにたとえ市場支配力をすでに有する企業であっても競争の脅威に直面したならば競争的行動にでるのは自然なことである。新規参入企業の参入を容易にするように協力的行動をとらなければならないわけではない。

一見正常な競争活動が反競争的な排除となることがありうるのは確かである。しかし，結局のところ問題となるのはそれをいかなる基準で判定するのかということである。

人為性や目的は基準になるのか

競争的行動は不可避的に「他の事業者の事業活動の継続を困難にする」傾向をもつが，それと反競争的な「排除」とを識別する必

要がある。この識別のために，排除の目的や「何らかの人為性」といった表現で，内容に限定を加える議論がある。しかしながら，単に主観的な目的では正常な行為と識別できないし，人為性もきちんと定義しないと充分な基準とはならない。たとえば，他の企業の追随を許さない技術革新でもって市場の制覇をねらって研究開発部門を充実しようとする企業がこれによってライバルを排除するのだと社内で力説していた場合，その結果として他の事業者を「排除し」市場を制覇できたとしよう。これは排除や独占の目的をもっているといえるし，「人為的」なものと呼ぶこともできる。しかし，これだけで正常な競争ではないということはできない。ライバルを排除しようという主観的な目的をもとにして，非難すべき「人為的」な行為がなされたと評価すると，競争を活発にする行為を抑圧しかねない。正常な競争過程で相手方を排除しようとする場合との識別が必要なのである。人為性の明確化が必要である。

不適切な排除の確定
──効率性によらない排除

反競争的な排除とは結局のところ，他の事業者を効率性によらずに市場から排除することを意味する。他の事業者が消費者にとって魅力ある商品を低廉な価格で，適切に提供することがかなわずに市場から排除されそうになったり，市場への参入が困難になったとしても仕方のないことである。顧客の好みに，迅速・安価に対応することを効率性ないし真価（メリット）に基づく競争（能率競争）と呼ぶ。上で述べた（反競争的な）「人為性」とはこのような効率性が勝ることを通じてではない形で競争者の事業活動の継続を困難にすることである。そのような反競争的な排除として典型的には2つのタイプが考えられる。

1つは，他の事業者の事業活動の費用を増大させる行為である（ライバル費用引き上げ戦略と呼ばれる）。ライバル費用引き上げ戦略はよく知られた分類であるが，これは，正常な競争手段から逸脱した方法でライバルの競争する能力を害する点に特徴がある。たとえば，不公正な取引方法である間接の取引拒絶（一般指定2項）や排他条件付取引（同11項）といった行為は取引の相手方の取引先選択の自由への干渉であり，その点に正常な競争手段からの逸脱を見出せる。このような取引先選択の自由への干渉の結果として競争者の費用を有意に上昇させる場合には，特段の事情がない限り不当な排除と呼びうる。このように，市場閉鎖型（⇒第4章1③）と呼ばれる不公正な取引方法の実質的違法性は取引先選択への干渉とそれにともなうライバル費用引き上げという形で理解されている。

　逆に，一見したところ正常な競争手段が事実上競争相手の費用を引き上げることもある。当該事業者の効率性追求過程の反射的効果としてライバル費用の増大がもたらされた場合は原則として不当な排除とはいえない。たとえば，必要な原料を調達した結果，反射的にライバルの費用が増大してもそれが問題とならないのは当然のことである。しかし，重要な原料の買占めなどによってライバルがよそから調達できないような状況を作り出した場合などは例外的に排除と認められることもある。この場合，次に述べる「人為性」が問題となる。

もう1つは，人為性を明確化したものである。一見，市場における正常な競争手段については，その「人為性」に排除の不当性を見出すことになる。主観的な目的からこれを判断することは上述

のように問題があるが，他の事業者からの競争的抑制を緩和・除去して市場支配力を形成・維持する以外にそれを行う企業の利益とはならないという点からそれを客観的に判断することが可能である。そのような行為は効率性によらないで人為的に排除を行うものと考えることができる。不当に安い価格で顧客を奪いライバルを市場から追い出す，略奪的価格設定（⇒第4章 3 ①「廉売規制の意義①」）などは，このような観点から人為性が判断できるのである。競争相手が出現した場合に顧客を奪われることは自らの損失であるから，低価格でこれに対抗するのは当然のことである。だが，費用を下回る価格つまり自身の効率性を反映しない価格での販売によってライバルを排除するのはどうだろうか。そのような行為はそれ自体としては自己の利益に反する行為であるし，排除される企業も効率性が下回った結果として市場に存続できなくなったわけではない。逆にもし，当該行為が正常な競争過程を反映した効率的なものであるなら，ライバルを市場から排除するという結果発生にかかわらず自己の利益となるはずである。市場支配力の形成等以外には自己の利益にならない行為も不当な排除として批判の対象となる。

前掲・NTT 東日本事件最高裁判決がいう「自らの市場支配力の形成，維持ないし強化という観点からみて正常な競争手段の範囲を逸脱するような人為性」とはこのことを指すものと考えられる。

不公正な取引方法の自由競争侵害型で競争排除型とされる類型は，いずれもこの2つの視点から説明可能なものであるが，すでに述べたように排除は不公正な取引方法に限定されるわけではない。

また，これらの手段によって排除があったと認められるために，実際に特定の事業者が事業活動の継続を困難にさせられることの認定は必要ではない。参入障壁や参入費用の引き上げ，競争的事業者の拡張費用の引き上げ等の効果が生じるものであれば，具体的に誰

かの参入が阻止されたり，大幅な売上減少がもたらされていなくとも，排除があったといえる。

4 排除の例——現在の事例から

3 で排除について詳しく説明したが，それに基づいて近時の事例を排除を中心に概観する。

Case 3

パチンコ機メーカー事件

　パチンコ機製造販売業の10社（合計国内シェアは約90％）は，パチンコ関連の特許・実用新案権を多数所有していたが，その所有する特許権等，通常実施権の許諾に関する事務などの管理運営業務を日本遊技機特許連盟（日特連）に委託していた。これらのパチンコ製造業者は，直接または間接に日特連の株式の過半数を所有し，取締役の相当数をしめており，さらに日特連の特許権等の実施許諾の諾否に実質的に関与していた。日特連は日本遊技機工業協同組合の組合員19社（上記10社を含む）に実施許諾を行っているが，パチンコ機市場の魅力が増すとともに新規参入の動きが生じた。これに対処するために，10社と日特連は，日特連が所有・管理運営する特許権等を，それらなしにはパチンコ製造が困難になる程度にまで集積し（特許プールの形成），参入希望者に対しては実施許諾を行わないことにし，かつ実施許諾を受けている企業の株式取得を通じた参入を妨げるために，営業状態の変更の際に特許権者等の承認なき限り契約の効力が失われる契約状態の変更条項を実施することなどによって，参入を排除する旨の方針を確認し，その方針に基づいて参入を排除してきた。それらが私的独占にあたるとされた（公取委勧告審決平成9年8月6日・百選10）。

本件では，既存業者がこのような形で結集して取引を拒絶することにより，新規参入に必要な特許権等への接近を妨げ，参入にかかる費用を人為的に著しく高めることによって，市場支配力の維持・強化がなされたものである。本件で排除とされた特許プール活動は，共同して取引拒絶を行ったものとみなすこともできる。したがって，不公正な取引方法としての共同の取引拒絶（一般指定1項⇒第4章 *2* ①）や不当な取引制限（2条6項⇒第2章 *2* ⑤）と構成することも可能であった。

Case 4

パラマウントベッド事件

　東京都立病院の医療用ベッドの入札に際して，都側が複数メーカーに納入可能な仕様書による入札を実施する方針であったにもかかわらず，医療用ベッドの有力メーカー（国・公立病院向け医療用ベッドのほとんどを供給している）パラマウントベッド社が，入札担当者に不当な働きかけを行い，自社の実用新案を含む構造による仕様書を，その実用新案権を伏せたまま採用させ，他社のベッドが納入できないようにしたことが排除とされた。さらに，自社のベッドでなければ入札できないことを利用して，入札を行う販売業者に対して落札予定者および落札価格を指示するなどの販売事業者に対する支配も行ったとされた（公取委勧告審決平成10年3月31日・百選15）。

　ここでは入札における仕様書の決定という準規制的決定ともいうべきプロセスに不当な介入を行い，競争者の競争活動の費用を著しく高めたことで，市場支配力の形成・強化がなされたのである。パラマウントベッド社のプロモーション活動が適切に行われ，それが唯一ふさわしい仕様であるがゆえに，仕様として決定されたのであ

れば，2条5項にいう排除にはならないが，本件では，入札担当者に十分な情報を与えずに自社の仕様が入るように操作した点が問題になったのである。

Case 5

北海道新聞事件

　函館地区での新聞販売業において過半数のシェアを占め支配的な地位に立つ北海道新聞が，函館地区での夕刊紙の新規参入に直面して，それを妨害するために以下の行為を行ったことが私的独占とされた。①新規参入予定新聞社が使用するであろう，参入地域の地名を用いた商号の利用を妨げる目的で，利用する予定もないのに商標登録出願したこと，②新規参入者が広告の集稿先とするであろう企業を対象に大幅な割引料金設定を行ったこと，③通信社に新規参入者にニュース配信を行わないようにさせたこと，④テレビコマーシャルを流さないようにテレビ会社に要請したこと（公取委同意審決平成12年2月28日）。

　それぞれ新規参入者の函館新聞社が競争する上での費用を人為的に増大させる行為であったり（①③④），新聞発行から排除する目的以外には行為者に利益とならない行為（②）である。特に注目に値する戦略として広告出稿対策がある。これは，通常の略奪的価格設定よりも強い反競争効果をもつと考えられるからである。すなわち，新聞業では広告集稿によって費用を賄うことによって新聞販売の費用が軽減され，それが部数増につながるという効果をもつが，他方，一定の販売部数を確保することが広告集稿にとって有利な効果をもつという相互依存的な増幅効果をもつ。この増幅効果を通じて新聞販売の側面における費用増と同等の効果ももたらしているのである。

　なお①の題字対策は他の行為類型と異なって不公正な取引方法該

当性が自明ではない（一般指定14項にいう競争者と取引の相手方との取引を妨害したといえるか否かの限界事例である⇒第4章**10**①）。また，商標出願というそれ自体としては適法な政府への働きかけを濫用した点でも注目される。この種の政府への働きかけの濫用による排除は米国でもよく見られる。パラマウントベッド事件もその一バリエーションである。

Case 6

ノーディオン事件

　カナダのノーディオン社は日本の取引先であるＡ，Ｂ２社に対して，放射性医薬品の原料であるモリブデン99の全量を10年間の長期にわたってもっぱら同社から購入する義務を課する契約を締結させた。モリブデン99は，もっぱら放射性医薬品テクネチウム99の原料として利用され，またテクネチウム99はモリブデン99以外の原料によっては製造できない。ノーディオン社はモリブデン99の世界生産量の過半を占め，わが国の輸入量のすべてを占めている。また，わが国でテクネチウム99を製造しているのは上記２社だけであった。Ａ社はモリブデン99を世界生産量第２位のＣ社からも輸入しようと交渉していたが，ノーディオン社から上記契約を強く要請されたため断念した。

　公取委は上記契約はモリブデン99の製造販売業者の事業活動を排除し，モリブデン99市場の競争を実質的に制限するものであるとして私的独占にあたるとした（公取委勧告審決平成10年９月３日・百選88）。

本件で排除をもたらした行為は，不公正な取引方法として定められている排他条件付取引（一般指定11項）の典型例でもある。これが，どのような反競争効果をもつかは第4章**6**②　**Case 19**　でも

詳しく説明される。要するにこの義務が課されたことにより日本側2社へ供給しようとする競争者は2社が契約違反により被る費用も塡補した上でないと参入できず，またその際に供給の相手方に必要な全量の供給を肩代わりする形でないと参入できないといった具合に，参入のコストが増加することになり，新規参入が抑制されたのである。

　高度のシェアに裏打ちされた市場支配力を有する事業者が不公正な取引方法に該当する行為を用いて新規参入業者ないし競争業者を排除し，もって市場支配力の維持，強化を行った事例は最近では私的独占で対処されている。たとえば，排他条件付取引と同等の効果をもつリベート（一般指定3項・4項⇒第4章 *6* 2）を用いたインテル事件（公取委勧告審決平成17年4月13日・百選12），同じく外国の競争者から輸入した取引相手に対して取引拒絶や差別的取扱いなど著しい不利益を与えることで輸入を抑制したニプロ事件（公取委審判審決平成18年6月5日），差別的な低価格（一般指定3項⇒第4章 *2* 3）を用いた有線ブロードネットワークス事件（公取委勧告審決平成16年10月13日・百選11⇒第4章 *2* 3）などがある。

Case 7

NTT 東日本事件

　NTT 東日本は，東日本地区の戸建て FTTH サービス（光ファイバ通信）で82％から100％のシェア（地域による）を有し，光ファイバ設備シェア（芯線数）で70％を占めていた。同社は光ファイバ設備を他の事業者に認可条件で接続・利用させる法令上の義務を負っていた。同社はユーザー料金の届出にあたって光ファイバ1芯を複数で共用する安価な方式を用いることを前提としながら，実際には光ファイバ1芯を1加入者で専用する高価な方式を

用いて他の事業者がNTT東日本の設備に接続するときの接続料金を下回るユーザー料金での提供を行っていた（以上を「本件行為」という）。

最高裁は，本件行為は，「光ファイバ設備接続市場における事実上唯一の供給者としての地位を利用して，当該競業者が経済的合理性の見地から受け入れることのできない接続条件を設定し提示したもので，その単独かつ一方的な取引拒絶ないし廉売としての側面が……正常な競争手段の範囲を逸脱するような人為性を有するもの」とした（最判平成22年12月17日・百選7・133）。

川上市場で取引義務のある事業者が川下市場でも事業活動を行っている状況下で，川上市場での供給価格と川下市場での供給価格の差額を，川下市場での事業活動の操業それ自体をまかなえない水準に設定するという排除行為（価格スクイズと呼ばれる）は諸外国でも最近よく取り上げられる行為である。取引拒絶が不当となるという前提で上記差額が川下での費用をまかなえない水準である場合に問題となると考えられている（不当廉売の費用基準に対応する⇒第4章 *3* 1）。実際と異なった届出という事実が事案を複雑化しているが，最高裁は実体を価格スクイズとして把握して上述の理論に従ったものと考えられる。

Case 8

JASRAC事件

音楽著作権の管理事業における独占的事業者であるJASRACは放送業者に対して著作権を許諾するにあたって，包括徴収制度を採用していた。これによれば，放送業者は放送事業収入の一定比率をロイヤルティとして収める代わりに，JASRACの管理楽曲をどれだけでも使用できた。他方，他の管理楽曲以外の音楽を

使ってもロイヤルティを減額することはなかった。ほとんどの放送事業者はJASRACによって徴収方法の選択を事実上制限させられており，放送使用料の金額の算定に管理楽曲の放送利用割合が反映されないものを受け入れざるを得ないため，他の管理事業者の管理楽曲の利用は相当の長期間にわたり継続的に抑制されていた。

　最高裁はこれらの行為を「選択の制限や利用の抑制が惹起される仕組みの在り方等に照らせば，……別異に解すべき特段の事情のない限り，自らの市場支配力の形成，維持ないし強化という観点からみて正常な競争手段の範囲を逸脱するような人為性を有するものと解するのが相当である」とした（最判平成27年4月28日・百選8）。

　先述したように（⇒③），取引先選択の自由への干渉の結果として競争者の費用を有意に上昇させる場合には，特段の事情がない限り不当な排除と呼びうる。不公正な取引方法ではないにせよ，本件行為は，放送事業者が利用許諾契約の締結を「余儀なく」され，代替的な取引先が見出しがたい状況下で徴収方法の「選択を事実上制限」していることが認められており，その結果として，ライバル費用引き上げと同様の利用抑制効果が生じたものである。それゆえ，かかる拘束が競争促進的目的（⇒第4章1③）をもつような特段の事情がない限り，正常な競争手段の範囲を逸脱したものとされたのである。

　5　支配について

事業活動の支配とは何か

　事業活動の支配とは，他の事業者の事業活動に関する意思決定の自由を奪い，自己の

意思に従わせる行為であるとされている。このような支配には，具体的に相手方の意思決定を拘束し干渉する行為と，株式取得など企業結合手段を通じて相手方の意思決定に干渉しうる地位を獲得・強化する行為の両方が含まれる。このうち後者は企業結合規制（10条・13条〜17条）が効果的に機能していれば私的独占規制に頼る必要は少ない。多くの場合，競争制限効果の発生が蓋然的な段階で事前規制が行われるはずだからである。もっとも，現在の企業結合規制で捕捉されていない形態の企業契約が登場したり，東洋製罐事件のように脱法的手段が用いられたために企業結合規制では対処できないこともあろう。このような企業結合型行為による市場支配力の形成・維持・強化を私的独占として規制するのは諸外国にも共通する立場である。

どのように競争が
害されるのか

支配を通じて反競争効果が生じるストーリーも多様である。支配が意思決定単位の減少をもたらすという企業結合と同様の形で反競争効果が生じることを問題にするケースもあれば，支配した相手方に対して反競争的な行動を行わせるケースもある。たとえば，相手方に対する支配を通じて競争相手の行動を封じ込めるような例も考えられる。もっとも，これは排除として考えれば足りるであろう（⇒ Case 1 雪印乳業・北海道バター事件）。

　また，複数の相手方に対してその間の競争活動を回避せしめるようなタイプの行動も，支配を通じて反競争効果が生じる例となっている。たとえば，パラマウントベッド事件では自己から商品供給を受けなければ応札できない地位にある販売業者に対して，入札価格などを制限することを通じて販売段階での競争を回避させた。類似するものとして，日本医療食協会事件・公取委勧告審決平成8年5

月8日・百選14や福井県経済農業協同組合連合会事件・公取委排除措置命令平成27年1月16日などもある。

　これ以外に，直接的に自己の競争相手の事業活動を支配して競争を回避させるような場合もある（上記日本医療食協会事件）。一方が他方の意思決定を拘束して競争を回避するように従わせる行為は米国やEUでは不当な取引制限に相当する規定により禁止されているが，わが国では一方的に相手方を拘束させる合意は不当な取引制限に該当しないこともあって，私的独占で対処されているのである。

　したがって，私的独占であってもこのようなタイプの支配行為は，それが価格にかかるものであったり，①供給量または購入量，②市場占有率，③取引の相手方のいずれかを実質的に制限することによりその対価に影響することとなるものであれば，ハードコアカルテルとその実態において何ら変わりがないことになる。それゆえ，これらのものに対しては，カルテルと同水準の課徴金が課される（⇒第2章*3*）。

3 効果の要件——競争の実質的制限と「公共の利益に反して」

競争の実質的制限

　一定の取引分野における競争の実質的制限とは，市場支配力を形成，維持，強化することである（一定の取引分野や競争の実質的制限の詳細は⇒第1章*3*②③④該当個所）。行為前に市場支配力を有する必要はない。もっとも，排除や支配という行為で反競争効果が発生するには，何らかの市場支配力を有していることが事実上必要となることが多いのは確かである。現実に多いのは，すでに市場支配力を有する企業が，新規参入業者や競争的な行動をとろうとする周辺的企業の事業活動を排除し，支配することによって市場支配力を維持・強化する場合で

ある。さらに，ある市場で不当な手段を用いて市場支配力を新たに形成したことが問題となる事案でも，すでに特定の市場で市場支配力を有する事業者が，関係する市場で市場支配力を獲得しようとする場合が中心である。

　特に，ライバル費用の増大をもたらすような行為の場合，それによって相手方の競争的な制約が緩和される限り，排除の危険性がなくとも市場支配力の形成，維持，強化が認められる可能性がある。すでに市場支配力を有する事業者が，小規模ながら競争を仕掛けてくる企業や新規参入企業をこのような戦略で排除すれば，市場支配力の維持があったといえるが，それだけではない。ライバル企業の費用を増大させる戦略がとられた場合には，排除にはいたらず費用が増大したというだけであっても，ライバル企業が与える競争上の制約を緩和させることによって市場支配力の維持，強化をもたらすおそれがある。この点はしばしば見落とされるので注意しよう。

公共の利益に反して　　不当な取引制限と同様，私的独占においても「公共の利益に反して」一定の取引分野における競争を実質的に制限することが問題とされている。不当な取引制限での解釈論上の争い（⇒第2章 *2* ⑥）が私的独占においても行われる余地があることになるが，私的独占においては公共の利益要件が問題となった事例はない。

　最高裁による公共の利益要件の理解は，原則として直接の保護法益である自由競争経済秩序としつつ「この法益と当該行為によって守られる利益とを比較衡量して，独禁法1条の究極目的に実質的に違反しない例外的な場合」を除く趣旨とされる。比較衡量の対象としての利益は様々である。これらの利益は正当化事由と呼ばれることもある。これらを簡単に整理しておくと次のようになる。最広義

では，事業上の合理性等の効率性を含み，安全性その他社会公共目的の達成も含まれる。これらの目的は反競争的な効果があろうがなかろうが事業者にとっても合理的なものであり，それ自体として自由競争経済秩序においても積極的に評価されるものである。これらの目的を考察することは一般的に行われることなのであって，例外的事情とはいえない。最高裁判例の公共の利益論が念頭に置いたものではない。これに対して，市場支配力をもたらすことを通じてはじめて達成できる社会的目的（たとえば，過当競争論）は，自由競争秩序とは相容れないものであって，「公共の利益に反して」という要件の下で改めて考察される必要がある法益の典型である。例外的事情と考えられる公共の利益はこのような社会的目的の意味だと解される。競争秩序の観点から不当な手段で他企業を排除し，それによって市場支配力を形成等することではじめて達成できる例外的な社会目的は，あったとしてもきわめて稀であろう。

　なお，事業上の合理性や安全性といった目的達成のための必要性の考慮に関しては，行為要件で勘案する場合と，競争の実質的制限で行う立場，公共利益で行う立場の3つが考えられる。先例では事業上の合理性は排除行為該当性で検討されている（ニプロ事件・公取委審判審決平成18年6月5日）。他方，排除ガイドラインにはこれを競争の実質的制限で検討するような説明がある。しかしながら，排除行為は，そもそも排除効果をもつ行為すべてでなく，効率性等によらない排除効果をもつものであって，何らかの正当な目的に必要な限りで，当該行為は排除行為とは評価しないという扱いを行うべきである。複数の構成行為によって，他の事業者の事業活動の排除がもたらされている場合，一定の排除効果をもつ各構成行為ごとに，それぞれ固有の正当化が可能な場合があり，それらの正当化要因は個別行為ごとに評価しないと一律に排除行為として禁止されること

になり，過剰規制を招くことになる（なお，排除ガイドラインも行為
レベルでの検討の可能性は認めている）。

4 違反行為に対する制裁

制裁の種類

私的独占を行った事業者に対しては，排除
措置命令を命じることができる（7条）。
また，不当な取引制限と同じ刑事制裁の対象となっている（89条）。
しかし，これまで私的独占を行った事業者等に対して刑事制裁が科
された例はない。私的独占を刑事制裁の対象としているのは母法国
である米国法で独占化を刑罰の対象としたのを受けているが，米国
でも独占化に対して刑事制裁が用いられた例は現在ではないに等し
い。その他の国々でもわが国の私的独占に対応する違反行為に対し
刑事制裁で対応する例は乏しい。これは，私的独占で規制される行
為がカルテルほど明確でないことや社会的な非難の程度もカルテル
ほど大きくないがゆえのことと思われる。

　他方，私的独占を行うことで現実に事業者が利益を得ていること
は確かであり，禁止規定の遵守を確保するには金銭的な負荷が必要
である。そのための課徴金の制度が設けられている。また，排除措
置命令が確定した場合には私的独占によって損害を被った者に対し
無過失損害賠償責任を負う（25条・26条）し，被害者は民法709条に
よる損害賠償請求も可能である。

排除措置命令

排除措置としては通常は問題とされた違法
行為の差止めとその反復を防止する手段な
どが命じられる。母法国である米国では独占化に対して最後の手段
として企業分割といった構造的是正措置が命じられることがある。

わが国で私的独占の違反に対して構造的是正措置が認められるだろうか。独禁法7条は、「事業の一部の譲渡その他これらの規定に違反する行為を排除するため必要な措置」を命じることができるとしている。これは企業分割といった構造的是正措置（事業の一部の譲渡や株式の処分）を予定しているようにも見える。違法な行為の結果として市場支配力が形成・維持・強化されたのであれば、その行為を差し止めただけではその結果を除去できないのだとするとそれの解体を目指すことを一概に否定することはできないように思われる。問題となる行為が先述したような企業結合型支配行為であり、それが競争の実質的制限をもたらすのであれば結合行為を破棄せしめる（その限りで構造的是正措置をとれる）点に争いはない（⇒ Case 2 東洋製罐事件）が、それ以外の場合にまで米国並の措置を許容しているか否かが問題とされている。これを認めた先例はないものの、排除行為の結果として「競争が実質的に制限」された場合に、それを除去するには構造的是正措置しかない場合にはそれは許されるというのが条文の素直な読み方と考えられる。しかしながら、除去の対象となる市場支配力は排除行為により、形成、維持、強化された部分であるから、因果関係の立証で大きな困難が生じる。米国では除去されるべき市場支配力と違法行為との因果関係を厳密に要求してはいない。このような立場をとらない限り、実際には構造的是正措置は困難である。

| 課　徴　金 |

支配型私的独占に関しては、それが価格に係るものの場合、または、①供給量、②市場占有率、③取引の相手方のいずれかを実質的に制限することによりその対価に影響することとなるものの場合、不当な取引制限と同様の課徴金（売上高の原則10%、小売業3％、卸売業2％）が課される

（7条の2第2項）。

　排除型私的独占については，競争の実質的制限が生じた一定の取引分野における自らの売上高およびその取引分野において供給を行う事業者に対する売上高（相手方が供給を行うのに必要な商品等に係るもの）の合計額の原則6％（小売業2％，卸売業1％）の課徴金が課される（同条4項）。

　いずれについても，中小企業の軽減率や早期離脱の軽減率，措置減免制度は認められていない。

第4章

不公正な取引方法

ここで取り上げる不公正な取引方法には，日常生活で接
するものも少なくない。それらの行為が独禁法に違反す
るのかしないのか，素朴な疑問がわくものもたくさんあ
るだろう。本章では，そのような素朴な疑問にもできる
だけ答えながら不公正な取引方法の規制を見ていこう。

**不公正な取引方法の
規制と補完立法**

不公正な取引方法に該当する行為には，取
引拒絶，差別対価，不当廉売，再販売価格
の拘束，排他条件付取引，抱き合わせ販売，
優越的地位の濫用，並行輸入の阻害など様々なものがある。

　不公正な取引方法のほとんどは独禁法19条によって規制されるが，
そのほかに事業者団体が事業者に不公正な取引方法をさせること
（8条5号），不公正な取引方法に該当する行為を内容とする国際的
協定・契約を締結すること（6条），不公正な取引方法によって企
業結合をすること（独禁法第4章）も規制されている。また，独禁
法のほか，下請取引は下請代金支払遅延等防止法（以下「下請法」と
いう）によっても規制される。下請法は独禁法の補完立法（特別法）
である。

1 不公正な取引方法

① 不公正な取引方法の規制の仕組み

定　　義

不公正な取引方法は，独禁法2条9項によって定義がなされ，19条によって禁じられている。2条9項においては，不公正な取引方法は2つの方法により定義されている。

第一は，2条9項に直接定義されているもので，2条9項1号〜5号に規定されている5つの行為である（「法定の不公正な取引方法」といわれる）。すなわち，共同の供給拒絶（1号），差別対価（2号），不当廉売（3号），再販売価格の拘束（4号），優越的地位の濫用（5号）である。

第二は，2条9項6号により定義される行為であり，①2条9項6号イ〜へのいずれかに該当する行為であって，②公正な競争を阻害するおそれがあるもののうち，③公取委が指定するものである。②にいう「公正な競争を阻害するおそれ」とは，私的独占，不当な取引制限，企業結合規制における「競争の実質的制限」に対応する実体的な規制基準であり，「おそれ」まで含めて，公正競争阻害性と呼ばれている。公取委の指定が間違っていない限り，公取委が指定した行為は，2条9項6号の①②の定義もみたし不公正な取引方法にあたるはずである。

第一の不公正な取引方法（法定の不公正な取引方法）と第二の不公正な取引方法との違いは，課徴金の対象であるか否かであり，第一の不公正な取引方法は，課徴金の対象行為であるが（20条の2〜20条の6），第二の不公正な取引方法は課徴金の対象行為でない。た

だし，第一の行為のなかでも違いがあり，2条9項5号の行為は1回だけ行っても課徴金が課されるが，1号～4号の行為は10年以内に繰り返した場合にのみ課徴金の対象となる。

法定の不公正な取引方法　「定義」で述べたように，第一の行為，すなわち2条9項に定められた法定の不公正な取引方法は，共同の供給拒絶（1号），差別対価（2号），不当廉売（3号），再販売価格の拘束（4号），優越的地位の濫用（5号）の5つがある。

公取委の指定　第二の行為については，公取委は，独禁法2条9項6号の定義を受けて告示の形で2種類の指定を行っている。

　1つは特殊指定といわれ，事業分野を限った指定である。大規模小売業，特定荷主の運送・保管委託，新聞業の3つがある。

　もう1つは一般指定といわれ，あらゆる事業分野の事業者に一般的に適用される。昭和57年に改定され，平成21年に改正されたのが現在のものであり，15項からなる。

　特殊指定は一般指定に優先して適用され，具体的に記述できるという利点があるが，事業分野が限定されており，一般性に欠ける。したがって，2条9項6号にいう不公正な取引方法という場合，通常は，一般指定を見ることになる。なお，一般指定は，普通の六法では，独禁法の条文の後に「不公正な取引方法」（昭和57年公取委告示15号）として掲載されている。

② 公正競争阻害性の意義

> **公正競争阻害性の
> 3つの表現**

2条9項1号〜5号および一般指定の1項〜15項までにあげられている行為を見よう。いずれの行為にも，「不当に」，「正当な理由がないのに」または「正常な商慣習に照らして不当な」という3つ文言のいずれかが入っていることに気づくであろう。この3つの文言は，独禁法2条9項6号にいう「公正な競争を阻害するおそれがある」こと，すなわち公正競争阻害性を意味する。2条9項1号〜5号には，これらの文言を直接に定義する規定が置かれていないが，平成21年改正前の一般指定に列挙された行為の中で平成21年独禁法改正により課徴金の対象となった行為を（法定の不公正な取引方法として）従来の要件を基本的に維持しながら，2条9項1号以下に移動させたという立法の経緯，および独禁法1条の目的規定の解釈から，そのように理解される。

　独禁法2条9項6号の定義に照らせば，公取委は常に公正競争阻害性をもつ行為だけを指定し，適用において個別具体的に不当性などを判断する必要性がないようにすることもできるが，実際の指定では適用する際にあらためて公正競争阻害性を個別に判断するようになっている。不公正な取引方法が行われる場面は取引の相手や市場の状況によって様々であり，ケースバイケースの判断にならざるを得ないことから，このような指定の仕方をしたものである。

　それでは独禁法はなぜ3つの文言を使い分けているのか。①「正当な理由がないのに」という文言が入っている行為類型は，その規定の他の要件をみたせば公正競争阻害性があり不公正な取引方法にあたることが事実上推定され，例外的に公正競争阻害性がないこと（「正当な理由」があること）は被疑事業者や民事訴訟の被告が主張立

証していくことを示している。これに対して，②「不当に」または
③「正常な商慣習に照らして不当な」という文言が入っている行為
類型は，その規定の他の要件をみたしても公正競争阻害性があるこ
とは推認されないので，公取委や民事訴訟の原告が個別具体的に公
正競争阻害性がある（「不当」である）ことの立証を行わなければな
らないことを示している。

「正当な理由」とあるが，この「正当な理由」というのは，それ
が伴えば公正競争阻害性（反競争効果）を否定するような事由でな
ければならない。事業者に利益をもたらすかどうかという，事業上
の合理性の観点から正当かどうかが問題なのではなく，公正競争の
観点から見て適正であるかどうかが問題になることに注意しよう。

③ 公正競争阻害性の3つのタイプ

公正競争阻害性には大きく3つのタイプがあるといわれている。
自由競争の減殺，競争手段の不公正，自由競争の基盤の侵害の3つ
である。不公正な取引方法に含まれる行為類型はそれぞれこれらの
3種類の公正競争阻害性のうち，いずれかのタイプの公正競争阻害
性を問題にしていると理解することができる。ただし，複数の種類
の公正競争阻害性を問題にすることもある。また，いずれのタイプ
の公正競争阻害性が問題とされているのかについて見解が対立して
いる行為類型も少なくない。どの見解をとるかによって独禁法違反
の範囲が変わってくる。この点はそれぞれの箇所で見ていく。

自由競争の減殺　ここではこれを自由競争減殺というが，競
争減殺，自由競争阻害とも呼ばれている。
自由競争減殺とは，競争を回避または排除することにより競争の実
質的制限にいたらない程度の競争の制限効果ないし減殺効果をもた

らすことを意味する。これを競争の実質的制限のいわば小型版と例えることもできよう。

　競争を実質的に制限するとは、市場支配力を形成し、維持し、または強化することをいうのであった。これと対比すると、自由競争減殺は大きく2つの点において、より広い範囲で認められると考えられる。①この市場支配力を形成、維持、強化するとまではいえなくてもその力の「行使を促進する行為」も、自由競争を減殺する行為である。さらに、②市場支配力より低いレベルの力、またはその前段階の（萌芽的な）力を形成、維持、強化する場合にも、自由競争減殺が認められる。2条9項によれば、「公正な競争」を阻害する「おそれ」のある行為も対象となりうるので、競争の実質的制限より程度の低いもの（「小型版」）も、自由競争減殺にはなりうるのである。ただし、一部の学説では、市場への何らかの影響があるとまでいえないような、たとえば事業者の取引先選択の自由を侵害することを自由競争減殺ということがあるので注意を要する。本書では、自由競争の減殺を、このような内容において、競争を回避または排除することにより競争の実質的制限にいたらない程度の競争の制限効果ないし減殺効果をもたらすことという意味で用いる。

自由競争を減殺する仕組み
──競争回避と競争排除

これまで見た私的独占、不当な取引制限からも分かるように自由競争を減殺するには、2つの方法がある（⇒序章 *1*）。1つは、「競争の回避」を通じて力を形成、維持、強化し、またはその力の行使を促進することであり、もう1つは「競争の排除」を通じたそれである。流通・取引慣行ガイドラインは、前者を価格維持効果、後者を市場閉鎖効果と呼んでいる（第1部3(2)ア・イ）。

　再販売価格の拘束（⇒ *7*）、販売地域の制限（⇒ *8* ②）などでは、

メーカーが小売業者間の競争を回避させることにより，商品の価格が上昇させられるような力を形成，維持，強化しまたはその行使を促進する（価格維持効果）。

競争の排除には略奪とライバルの費用引き上げがある（⇒序章 *1*）。たとえば略奪的価格設定（⇒ *3* ①）などの略奪行為は，効率の上では変わりのない競争者を排除して，力を形成，維持，強化しまたはその行使を促進する（略奪）。単独の取引拒絶（⇒ *2* ②），専売店制（⇒ *6* ②），並行輸入の阻害（⇒第6章 *5*）などでは，たとえば原材料の取引を拒絶して（取引拒絶の場合⇒ *2* ② Case 3 ）人為的に競争者を市場から追い出し，または競争者の費用を引き上げることにより，競争者の競争力を奪い，力を形成，維持，強化しまたはその行使を促進する（市場閉鎖効果）。

自由競争減殺効果が生じるかどうかは，行為により競争がどのように影響を受けるかを考え，影響が及ぶ範囲を市場として画定し，市場内における当事者ほか事業者の地位や集中度，市場に参入することの容易さ（参入障壁）を考慮することで判定するのが通常である。市場画定のためには，第1章で説明した方法が用いられる。もっとも，不公正な取引方法の類型の中には，「正当な理由がないのに」という文言が用いられ，公取委または原告が不当性を具体的に主張立証する必要が通常はないものがある（⇒「自由競争の減殺」参照）。経験則を用いることで，市場画定という詳しい検討をすることなく自由競争減殺の有無を判断できる場合もある。

不公正な取引方法のうち，2条9項1号〜4号，一般指定1項〜7項，10項（その一部）〜12項および14項（その一部）が，自由競争減殺の観点からの公正競争阻害性を問題にするものであると考えられる。

あるべき競争とは，よりよい価格，品質・サービスの提供（良質・廉価な商品・役務の提供）により行われるもの（以下「能率競争」という）であるという考え方に基づき，能率競争による競争を妨害するような競争手段を不公正であるとして非難するものである。たとえば，消費者を誤認させて顧客を獲得しようとする表示は，このような表示をして自己との取引を誘引しても市場の産出量や価格への影響は，直ちには生じないか，わずかであるのが普通であるが，市場全体への影響があるかどうかとは無関係に，自己より良質廉価な商品・役務を提供する競争相手と消費者との取引を妨げるそのような競争方法自体を不当だと非難するのである。

こうした顧客の意思決定を歪曲する行為が，どのように市場に悪影響を与え，消費者を害するかは，序章「消費者保護」の説明を思い出そう。

手段自体の不当性はまた，競争者の事業活動に対するあからさまな妨害を行う場合など，取引相手や競争者を傷つけまたは侵害することが明瞭な場合で，それによって競争が行われなくなるおそれがある場合にも認められる。

不公正な取引方法のうち，一般指定8項〜10項（その一部），14項（その一部），15項に規定される行為類型が競争手段の不公正の観点から不当とされうる行為類型を定めたものだと考えられる。

競争手段の不公正 取引主体が取引の諾否・取引条件について

自由競争基盤の侵害 取引主体が取引の諾否・取引条件について自由で自主的に判断することによって取引が行われることが自由競争の基盤であり，そのような基盤が侵害されることを不当とする。これも行為の市場全体への影響をいちいち判断することなく非難するが，これは後で述べる優越的地位の濫

用の規制（2条9項5号，一般指定13項）を説明するために作り出された考え方である。この公正競争阻害性については優越的地位の濫用規制において説明する（⇒**9**②）。

| 「おそれ」 |

3つのいずれの場合も，公正な競争を阻害する「おそれ」でよいので，公正な競争を阻害する「蓋然性」があれば足りると解される。このうち自由競争減殺については，具体的な競争の制限ないし減殺効果の発生は必要なく，ある程度のその効果発生のおそれがあれば足りると説明される。ただし，競争の制限ないし減殺効果が生じる可能性があるという程度の漠然としたものでは足りないとされている。

| 公正競争阻害性と 「正当な理由」 |

不公正な取引方法において正当な理由はどのように評価されるか。事業経営上・取引上の合理性，必要性は「正当な理由」に該当しないとした判示があり（育児用粉ミルク再販事件・最判昭和50年7月10日・百選66），事業上の合理性さえあれば「正当な理由」があるといえないのは公正競争阻害性の理解（⇒②）から当然である。しかし，事業上の合理性もそれが良質廉価な商品・役務を提供するという能率競争を促進することはあり，公正競争阻害性の判断と無関係ということはない（富士喜・資生堂東京販売事件，江川企画・花王化粧品事件・最判平成10年12月18日・百選71，東芝エレベータ事件・大阪高判平成5年7月30日・百選64）。安全性等の社会公共的目的も同様であり，たとえば安心して商品・役務の供給を受け利用することができることは競争の前提であり，安全性確保行為が競争促進効果をもつことも多い。

　行為の目的が合理的である場合，とりわけ競争促進的な目的であ

る場合には，その行為はそもそも公正競争阻害性をもたらさないことが多いであろう。仮にその行為が外形上，公正競争阻害性をもたらしそうな場合でも，その目的が競争促進的であり，目的を達成する方法および手段が相当である（より競争制限的でない方法がない）場合には，その競争促進効果とその行為がもたらしうる競争への悪影響とを総合評価（比較考量）した結果，公正競争阻害性がないとされうる。

　さらに，目的が直接には競争促進に関わらない合理性である場合にも，その行為のもたらす競争減殺効果とその目的が実現しようとする独禁法の究極目的（1条）とを比較考量して後者が上回る場合は，公正競争阻害性がないことになろう（⇒第2章*2*⑤）。

　　　　　　　　　　　平成21年改正前には，2条9項には2条9
法定の不公正な取引方　項6号に相当する規定のみが置かれており，
法と一般指定との関係　不公正な取引方法は特殊指定と一般指定に
よって定められていた。先に触れたように，平成21年改正は，不公正な取引方法のうちの一部の行為に課徴金制度を導入したことから，一般指定に列挙された行為の中で課徴金が課される行為が取り出され，基本的には要件に変更を加えることなく2条9項に移動された。それが2条9項1号〜5号である。

　平成21年改正において，2条9項1号〜5号に置かれた5つの行為類型について課徴金が課されるのは，立案担当者によれば次の理由による。支配型私的独占（一部）と排除型私的独占には課徴金が課されることから，これらの予防規制に位置づけられる行為にはある程度の抑止効果が期待できる。そこで，①私的独占の予防規制と位置づけられないもの，および②違法性が明確であるもの（あるいは要件を限定することにより違法性を明確にできるもの）に限定して課

徴金を課すこととした。①は優越的地位の濫用（5号）であり，②は共同の供給拒絶（1号），差別対価（2号），不当廉売（3号），再販売価格の拘束（4号）である。②のうち差別対価以外は「正当な理由がないのに」と規定され違法性が比較的明確であるのに対し，差別対価は「不当に」と規定されてはいるが，不当廉売と密接な関係があるからここに置かれたと説明されている。ただし，②については，事業活動を過度に萎縮させないよう，違反行為が繰り返された場合にのみ課徴金が課される（以上は，藤井宣明＝稲熊克紀編著『逐条解説平成21年改正独占禁止法』〔商事法務，2009年〕15頁）。

　以上から，法定の不公正な取引方法と一般指定の関係を示すと**図4-1**のようになる。両者の相違は，前述の通り，課徴金が課されるか否かだけであり，同じまたは類似する行為を複数の箇所で説明することは読者に混乱をもたらしうることから，この図に列挙された行為を法定行為と一般指定で定められた行為をあわせて，上から順に見ていくこととする。また，一般指定は2条9項1号〜5号に該当する行為（6号イ〜ヘ）の中から指定されているので，この順序によることになる。ただし，競争者に対する取引妨害（一般指定14項）は説明の便宜上，この図のように一般指定12項の次ではなく，2条9項5号の次に説明する。

Column ㉒　**3つのタイプについてのホンネ** ━━━━━━━━━━━━━

　不公正な取引方法には本文にあるように3つのタイプの公正競争阻害性があるといわれ，「2条9項○号や一般指定○項の公正競争阻害性は○タイプだ」といった説明が行われるが，詳しくは各論で説明するように，すべてがきれいにこの3つに分けられるわけではない。昭和22年の独禁法（いわゆる原始独禁法）の制定および昭和28年の改正の過程で，もともと不公正な取引方法の中には本来的に独禁法で規制されるもののほか，不正競争防止法で（も）規制されるタイプのもの，消費者保護的な

図4-1　不公正な取引方法の規制概要

図4-1　不公正な取引方法の規制概要

（旧一般指定）

一般指定		2条9項
	【排除型私的独占の手段となるもの】	
1項	① 共同の取引拒絶	1号
2項	② その他の取引拒絶	
3項	③ 差別対価	2号
4項	④ 取引条件等の差別的取扱い	
5項	⑤ 事業者団体における差別的取扱い等	
6項	⑥ 不当廉売	3号
7項	⑦ 不当高価購入	
10項	⑩ 抱き合わせ販売等	
11項	⑪ 排他条件付取引	
12項	⑫ 再販売価格の拘束	4号
	⑬ 拘束条件付取引	
14項	⑮ 競争者に対する取引妨害	
	【排除型私的独占の手段とならないもの】	
8項	⑧ ぎまん的顧客誘引	
9項	⑨ 不当な利益による顧客誘引	
13項	⑭ 優越的地位の濫用	5号
15項	⑯ 競争会社に対する内部干渉	

排除措置命令　　　　　　　　　　　　　　　　排除措置命令／
　　　　　　　　　　　　　　　　　　　　　　課徴金納付命令

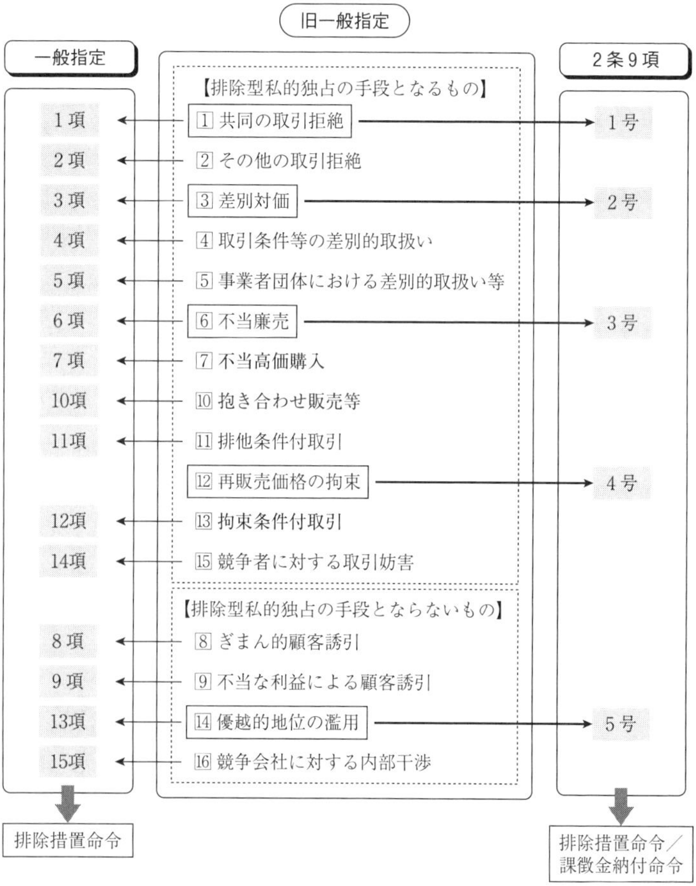

藤井宣明＝稲熊克紀編著『逐条解説平成21年改正独占禁止法』（商事法務，2009年）
18頁を参考に作成。

もの，取引相手との関係での相対的な力の濫用を規制するもの，英米法ではbusiness tortsといわれるものなど様々な行為類型が取り込まれた。行為類型の各々についても，指定された背景や理由は複数あるのであって，そう単純に割り切れるものではない。このことが不公正な取引方法の理解を難しくしている。それをあえてむりやり分類すればこの3つに分類して説明できそうだということである。しかし，本書では，にもかかわらず3つの区別は基本的には適切で独禁法の理解に有意義であるという理解に立ち，個々の行為類型についてその公正競争阻害性の中身をより緻密に検討する。

4 サンクション

　不公正な取引方法は排除措置命令の対象である（20条）。2条9項1号〜5号に該当する行為は，さらに課徴金が課される。③で見たように，2条9項5号の行為（優越的地位の濫用）は1回だけ行っても課徴金が課されるが（20条の6），1号〜4号の行為は10年以内に繰り返した場合にのみ課徴金が課される（20条の2〜20条の5）。被害を受けた私人は，通常の民法等に基づく民事訴訟のほか，無過失損害賠償請求訴訟（25条），差止請求訴訟（24条）を提起できる。なお，不公正な取引方法には，独禁法3条等と異なり刑事罰は用意されていない。

2 取引拒絶・差別的取扱い

　2条9項1号では共同の供給拒絶が，同2号では差別対価が，不公正な取引方法として規定されている。さらに，不当な差別的取扱い（2条9項6号イ）に基づいて，取引拒絶と差別に関する一連の行

為が不公正な取引方法として指定されている（一般指定1項〜5項）。取引拒絶が差別的取扱いに入っているのは、差別的取扱いには取引はするが条件に差を設けることのほか、はじめから取引をしないことを含むからである。

　一般社会では差別をしてはならないといわれるが、差別的取扱いは独禁法では自由競争減殺を懸念して指定された行為であり、規制を受ける差別は市場における産出量や価格などに何らかの影響を与えるおそれがあるものに限られる。

　取引拒絶には競争者が共同で行うもの（共同の取引拒絶、2条9項1号、一般指定1項）とその他の取引拒絶（一般指定2項）があり、後者には競争関係にない事業者間（取引相手など）が共同して行う取引拒絶、1つの事業者が単独で行うもの（単独の取引拒絶）がある。取引拒絶には、また、行為者自らがその直接の取引相手との取引を拒絶するものと（直接の取引拒絶）、行為者が他の事業者にその他の事業者との取引を拒絶させるもの（間接の取引拒絶）とがある。

　差別的取扱いには、差別対価（2条9項2号、一般指定3項）とその他の差別的取扱い（一般指定4項）、事業者団体による差別的取扱い（同5項）がある。

1　共同の取引拒絶（共同ボイコット）

2条9項1号と一般指定1項

　2条9項1号は、「正当な理由がないのに、競争者と共同して、次のいずれかに該当する行為をすること」を、一般指定1項は「正当な理由がないのに、自己と競争関係にある他の事業者……と共同して、次の各号のいずれかに該当する行為をすること」を不公正な取引方法としている。2条9項1号イは直接の供給拒絶を、同ロは間接の供給拒絶を、一般指定1項1号は供給を受けることの直

接の拒絶を，同2号は供給を受けることの間接の拒絶を規定する。2条9項1号と一般指定1項とでは，課徴金の対象となるかどうかに違いがある。2条9項1号には供給を受ける行為（購入行為等）は含めていないので，供給を受けることの拒絶は，課徴金の対象にされない。立案担当者によれば，これが排除型私的独占の予防規定の性格ももつところ，排除型私的独占では供給に係るもののみが課徴金の対象になることからこれにならったとされる。供給に係るものと購入に係るものとで違法性の程度が異なるとも考えにくく，立法論としては疑問がある。

共同の取引拒絶

2条9項1号および一般指定1項に共通する要件は，①競争関係にある事業者が（文言は若干異なるが同じ意味である），②共同して，③取引拒絶等を行い（2条9項1号イ，一般指定1項1号），または，行わせること（2条9項1号ロ，一般指定1項2号）である。

「共同して」とは，2条6項と同様に，意思の連絡を意味する。意思の連絡は，明示のみならず黙示に行われても足りる。

「取引」は，新規取引でも，すでに行われている取引でもこれにあたる。取引を拒絶するほか，希望にみたない数量の商品等を取引したり，希望されたのとは異なる内容のものを取引することにすること（または，させること）も，「数量若しくは内容を制限する」ものとして2条9項1号または一般指定1項に該当する。

公正競争阻害性

競争者間の共同の取引拒絶は，「正当な理由がないのに」行えば独禁法違反となる。つまり，これは原則として公正競争阻害性があるとされている。ここで考えられている公正競争阻害性は，自由競争減殺を意味する。

競争者間の共同の取引拒絶には，なぜ原則として公正競争阻害性があるのか。競争者間で共同して取引を拒絶すれば，取引を拒絶される事業者は市場から撤退を余儀なくされ，または事業を縮小せざるを得ないのが通常であろう。また，共同の取引拒絶は，長年取引してきた小売業者らが共同してメーカーや卸売業者に頼んでディスカウント・スーパーや革新的な販売方法をとる小売業者への出荷を停止させるという形で行われることも多いが，このような行為が行われたならば，本来下がるはずであった市場の価格が下がらず維持されるのが普通である。こうしたことから，共同の取引拒絶は，公正競争阻害性（自由競争減殺）をもつことが事実上推認されるという意味で「正当な理由がないのに」という文言が用いられている。

| 正当な理由 |

　　　　　　　　　　　　競争者間の共同の取引拒絶であっても「正
当な理由」があり，公正競争阻害性をもたない場合がある。それはいかなる場合であろうか。
　共同の取引拒絶の公正競争阻害性が否定される場合は現実にはそうあるものではないが，たとえば，複数の事業者がオンライン故障診断サービスを開始し，迅速な対応が必要なので，共同事業への参加を他社に対して拒んだ場合などには，正当な理由があるとされそうである。これらの問題は，不当な取引制限で述べたことが基本的に妥当する（⇒第2章 2 ⑤）。
　正当な理由によって公正競争阻害性が否定されるものの中には，そもそも市場支配力の前段階の力も形成されるおそれがない場合もある（⇒ 1 ③）。共同行為が安全・環境保護などの社会公共的目的のものであり，または一種のジョイントベンチャーである場合（メーカーによる技術標準設定のためのフォーラム等）などではそうした事例が多そうである。

ここで，取引希望者が破産しそうだとか，取引したくても商品がないなどの事情は，②で見る単独の取引拒絶では「正当な理由」になり得ても，競争者が共同して取引拒絶を行うための「正当な理由」になるとはいえないことに注意しよう。事業者が自らの判断で取引をやめれば足りる（より競争制限的でない方法がある）からである。

競争への影響の検討　上で見たような特段の事情があるときには，公正競争阻害性があることは自明ではないことになる。したがって，このときには，競争への影響を客観的状況に照らして，詳しく検討する必要がある。検討すべき事柄には，拒絶された取引の対象となる商品をめぐる状況（代替的な取引先があるか，自ら同等の商品を作ることができるか等）および取引希望者が行う事業をめぐる競争の状況（取引希望者および取引拒絶者はこの市場でどのような地位を占めるか，他者は活発な競争を行っているか，新規参入は容易か等）がある。

　競争に悪影響が生じるのは，取引拒絶により取引を希望する者が事業活動を行うことがある程度困難となる場合に限られるであろう。もっとも，取引を行わなければ事業活動を行うことができないというほどの重要性を帯びている必要はない。

**私的独占・不当な
取引制限との関係**　共同の取引拒絶によって他者が事業活動を行うことが困難となり，それにより一定の取引分野における競争が実質的に制限されれば，共同の取引拒絶行為は私的独占（排除型）にも該当することになる。その場合，取引拒絶を共同して行い，取引相手の選択を相互に拘束しているところに着目すれば，不当な取引制限に該当する

ことにもなる。

なお，19条の規制基準は競争の実質的制限より低いレベルの悪影響，すなわち公正競争阻害性であることから，競争の実質的制限があるとまではいえず3条には違反しない場合にも，19条に基づく規制は及ぶことになる（たとえば，下水管用のトンネル敷設に関する優れた工法を利用している事業者たちが共同で，別の劣るが代替的な工法を利用している他の敷設業者による当該工法の使用を締め出す場合。ロックマン工事施行業者事件・公取委勧告審決平成12年10月31日・百選52）。

| 市場の開放性 | さらに，公正競争阻害性については「市場の開放性」を妨げることや，市場の開放性 |

を妨げる力を形成することも自由競争減殺に含める立場がありうる。競争の実質的制限について，「市場の開放性」を妨げることなどを内容に含める立場があることは，上述した（⇒第1章**2**）。公正競争阻害性（自由競争減殺）についても，これが認められるのは，程度の低い市場支配力の形成等の効果がある場合に限るのか，市場の開放性を妨げることで足りるのかについて，議論がある。

市場の開放性を妨げれば，自由競争が減殺され，公正競争阻害性があるという立場をとれば，取引を拒絶される事業者は市場から排除されるが，排除される事業者は平凡で小さく市場への影響がほとんどない場合，したがって程度の低い市場支配力が形成等されるとは認められない場合についても，19条違反が認められることになる。

| 共同の取引拒絶の課徴金 | 共同の取引拒絶を行った事業者は，調査開始日（立入検査日）からさかのぼって10年 |

以内に共同の供給拒絶として排除措置命令等を受けている場合に，調査開始日からさかのぼって10年前から違反行為終了時までにおけ

る下記の売上額の３％について課徴金納付命令を受ける。きわめて複雑であるが，まとめれば，直接の共同の供給拒絶の場合は，被拒絶事業者の競争者へ供給した商品・役務の売上額，間接の共同の供給拒絶の場合は，①（直接の）拒絶事業者へ供給した商品・役務の売上額，②被拒絶事業者の競争者へ供給した商品・役務の売上額，③拒絶事業者が違反行為者へ供給した商品・役務の売上額が基礎となる。

② その他の取引拒絶

一般指定２項　　一般指定２項は，２条９項１号および一般指定１項に規定される以外の取引拒絶——その他の取引拒絶——を規制する。共同の取引拒絶と同様に，拒絶される取引は新規取引でも既存取引でもよい。つまり解約も，一般指定２項に該当しうる。取引拒絶だけでなく，数量・内容の制限も規制対象である。

　その他の取引拒絶には，競争関係にない事業者が共同して行う取引拒絶と単独の取引拒絶がある。単独の取引拒絶については，共同の取引拒絶と同様に，直接取引を拒絶する行為（直接の取引拒絶）と，他者に取引を拒絶させる行為（間接の取引拒絶）とがある。競争関係にない事業者が共同して行う取引拒絶とは，たとえば，メーカーと卸売業者とが共同して新規参入小売業者に対して行う取引拒絶である。間接の取引拒絶とは，たとえば，メーカーが小売業者に一定の新規参入メーカーとの取引を拒絶させることである。

　その他の取引拒絶が違法となるのは，「不当」である場合，すなわち公正競争阻害性をもつ場合である。公正競争阻害性の内容は，自由競争減殺と解されている。たとえば，上の例であげた行為により新規参入業者の参入が困難になり市場価格が維持されるなどすれ

ば，自由競争減殺（公正競争阻害性）が認められ，違法となる。

　一般指定２項の規制対象となる行為のうち，間接の取引拒絶については，一般指定11項（排他条件付取引）の考え方を用いて不当性を判断することができる。一般指定２項について難しいのは，一事業者が単独で行う直接の取引拒絶の不当性をどのように評価するかである。以下で詳しく検討しよう。

<blockquote>
Case 1

化粧品の新規販売契約

　Aは，Aの化粧品の販売を希望してきた小売業者Bに対して，理由を示すことなく，あるいはBが何となく嫌いなので販売契約の締結を拒否した。
</blockquote>

契約自由の原則・正当な理由と単独の取引拒絶　単独の事業者については，後で見る特殊な事情がない限り，基本的には契約自由の原則が妥当し，誰と取引するかしないかは事業者の自由である。代金を支払ってくれるか不安であるとか，実際に料金の支払を怠っている，または，取引すべき商品がないなどの理由があれば勿論のこと，このような理由の有無にかかわらず，事業者は，取引しないという選択を自由に行うことができる。

　Case 1 についても，Aが取引しないことの理由が正当かどうかは問題にならない。AがBとすでに販売契約を締結していてAが継続的契約を解約する場合も基本的には同じである。継続的取引関係がある場合に解約するには，民法上の解約の制限を受けないかどうかが問題となることはあるものの，独禁法には通常は違反しない。

化粧品の安売りを理由とする解除

①Aは，小売業者に対してAの化粧品の小売価格を定めこれを守らせていたが，Cはこれを守らず定価の6割で販売していたため，契約を解除した。②Aは，Aの化粧品の希望小売価格を定めていたが，販売契約を締結していたDは希望小売価格の6割もの安い価格で販売していたため，信頼関係が破壊されたとして，契約を解除し出荷を停止した。③Aは，大規模量販店EがAの化粧品を大量に安売りするので，小売価格が下がるのを嫌がった。そこで，小売価格を安定させるため，Eとの契約を解除し出荷を停止した。

公正競争阻害性①
──**実効性確保手段・価格協調手段**

単独の事業者の行う取引拒絶が例外的に不当となるのは，次の場合である。

まず，解約や更新拒絶が，その表向きの理由とは別に，たとえば再販売価格の拘束（以下「再販」という⇒7）などの独禁法違反行為の実効性確保手段として再販の拘束を守らない小売業者をねらい撃ちするものであれば，違法な再販として独禁法に違反する。 Case 2 の①はこれにあたるであろう。②③が実効性確保手段にあたるかどうかは，証拠の収集や事実認定によって結果が異なりうる。なお，この場合，再販として2条9項4号を適用すれば足りるとも思われようが，再販の実効性確保手段として取引が拒絶された場合に，取引拒絶を差し止める（24条）ためには，取引拒絶自体を不公正な取引方法とする必要がある場合があろう。

さらに事業者が価格カルテル，暗黙の協調などの協調的行動をしているときに，協調行動への裏切り（たとえば価格の引き下げ）をし

た事業者に対する制裁としてメーカーが取引を拒絶することも考えられる。協調的価格設定への裏切り（逸脱）に対して制裁を行い，協調的価格設定を回復させられる。これも自由競争を減殺する。ただし，このようなケースというには，過去における協調的行動の存在，その逸脱，逸脱への制裁としての取引拒絶，その制裁としての有効性など公正競争阻害性を個別具体的に証明することになろう。

Case 3

原料メーカーと取引拒絶

　Fは原材料の供給業者であるが，取引先の完成品製造業者Gが原料の一部を自ら製造しようとしたため，これを阻止しようとして，Gが製造できない，従来供給していた原材料の供給を停止した。

公正競争阻害性②
——拒絶者の市場における競争減殺

　次に，市場における有力な事業者が競争者を排除するなどの独禁法上，不当な目的を達成するための手段として取引拒絶を行い，これによって取引を拒絶される事業者の通常の事業活動が困難になるおそれがある場合には，公正競争阻害性（自由競争減殺）があるとされる。

　市場において有力かどうかを判断するためには，市場を画定してシェア等を計算する必要がある。有力な事業者については，排他条件付取引において詳しく説明するが（⇒ **6**②），流通・取引慣行ガイドラインは，「当該市場（……商品の市場をいい，基本的には，需要者にとっての代替性という観点から判断されるが，必要に応じて供給者にとっての代替性という観点も考慮される。）におけるシェアが20％を超えることが一応の目安となる」としている（第1部

3(4))。

　また，不当な目的達成の手段であって，被拒絶者の事業活動が困難になるおそれがあるかどうかは，ケースバイケースで，取引拒絶の経緯や競争の状況等に照らして客観的に判断する。たとえば，一定の製品と，この製品を製造するために必要な原材料の両方を供給する事業者が，原材料を販売すれば利益になるにもかかわらず，製品市場で有力になりはじめたライバルに対して突然，原材料供給をストップした場合には不当な目的がありそうである。

　具体例で検討しよう。 Case 3 について，仮に，Fがこの原料の供給においてシェア３％にすぎず，GはF以外の原料メーカーから原料を容易に購入できるとする。このときには Case 3 のような行為を市場の中で小さな事業者がしても市場への影響はなく（Gは原料市場へ参入できるし，F以外の者から入手することもできる。Gが参入しなくても原料の市場は競争的である），公正競争阻害性はないであろう。しかしもしF社が市場支配力や市場支配力の前段階の力をもっていれば，完成品製造業者は原料の製造市場への参入が排除され，または原料の費用が高くなり参入が困難になり，競争が減少して，Fのいる市場におけるFの力を維持・強化できる。本件はFのいる市場へのGの新規参入という競争行動を阻止する手段として取引拒絶を使っているのである。東洋製罐事件ではかかる事例（自家製缶の阻止）が，自由競争減殺のみならず競争の実質的制限があるとして，私的独占とされた（⇒第3章 2 Case 2 ）。

Case 4

光ファイバーの提供の拒絶

　N社は電力会社であり，市内の電力の供給においてシェア100％を占め，電力の供給に関連するサービスを提供するために

全顧客をカバーする光ファイバー網を（部分的には国の補助金を得ながら）付設しているとする。現在普及しつつある光ファイバーによるインターネット接続サービス（FTTH サービス）を提供するためには，事業者は光ファイバー網を利用することが必要である。FTTH サービスに参入しようとしている事業者OはN社の光ファイバー網に接続したいが，NはOの利用を拒否している。他者へ光ファイバー網の利用を強制する法律（事業法）はないとする。なお，N社は FTTH サービス事業を行っておらず，将来も行う可能性はなく，また，ケーブルテレビ等によるインターネット接続サービスは存在しないとする。また，NTT 東日本や西日本は光ファイバー網を保有していないと仮定する。

公正競争阻害性③
——拒絶される者の
市場における競争減殺

Case 4 において，OはNから光ファイバー網の利用を拒否されたため FTTH サービス事業を行うことができない。Oはナローバンドによるインターネットサービス（ISDN など）のプロバイダー（ISP）事業において重要な競争者であったと仮定しよう。Oはブロードバンドに移行しつつある状況でその主要なサービスである FTTH サービスを提供できなければ ISP 事業の継続が困難になるかもしれない。もしそうであれば，拒絶された取引相手の市場（FTTH サービスまたはブロードバンドインターネット接続市場，ISP 市場）においてOという競争圧力がなくなることで，安くなったであろうインターネットへの接続料金やプロバイダー料金が高止まりし，自由競争が減殺されるといえそうではある。

　もっとも，Nがなぜこのような嫌がらせを行っているのか，不思議な感じはする。費用を払わず，無料で設置したいといっているな

ら，「拒絶して当然だ」ということになるが，そうでないなら，取引した方がNの利益にもなるのではないか。この点，Case 4 の事実を変更し，Nまたはその関係事業者がFTTHサービス事業に進出しており，光ファイバー網の利用の拒絶によってNまたはその関係事業者の市場支配力またはその前段階の力が形成，維持，強化等されるとし，さらにNは国の補助金を得て光ファイバー網を敷設したことにも注目すれば，話は多少分かりやすくはなる。アクセス拒絶によって当該事業者または関係事業者の市場支配力が形成，維持，強化されて競争が実質的に制限されるならば，私的独占にもなるともいえるかもしれない。

　なお，Case 4 の場合であっても，Oに対価を支払う用意がなかったり，対価の支払いを怠っていれば取引拒絶に正当な理由がある。また，光ファイバーの容量がすべて使われて空き容量がない場合も同様である。

**エッセンシャル・
ファシリティ理論**

　Case 4 のように，N等が参入する見込みがない場合であって，さらに取引相手の市場が活発な競争下にあったり，Oが重要な競争者でないとすれば，Oの市場において市場支配力またはその前段階の力が形成，維持，強化等されるとはいえなくなる。もっとも，この取引拒絶によってOの事業活動は困難になることは確かである。上で述べた「正当な理由」も存在しないとしよう。このような場合の取引拒絶を独禁法上いかに評価すべきだろうか。

　Case 4 における光ファイバー網は，それへのアクセスなしには事業を展開できない必須の施設で，かつ競争者が独自に構築することが著しく困難な設備であるという特徴をもっている。アクセスなしでは，競争者は，競争ができないものである。このような特徴

をもつ投入要素はエッセンシャル・ファシリティと呼ばれることがある。そして，エッセンシャル・ファシリティを独占的に保有する事業者が，提供しようと思えば提供できるのに，合理的な理由なく，競争者のアクセスを拒否する場合については，単独の取引拒絶は，市場支配力を形成する効果をもつかどうかに関わりなく，独禁法上，不当と評価すべきであるとする理論がある（エッセンシャル・ファシリティ理論）。鉄道のジャンクションや川にかかった橋などが最初にエッセンシャル・ファシリティとして問題にされたというこの理論の沿革のために「ファシリティ（設備）」という単語を含んでいるが，現在では「エッセンシャル・ファシリティ」には，物理的な施設に限られず，知的財産なども含まれる。

　エッセンシャル・ファシリティ理論をどう考えるかは，①の共同の取引拒絶で述べた自由競争減殺についてどの立場によるかで変わる。また，もしNが特定の事業者に対してのみ取引を拒絶または不利な条件を付ければ，差別対価（⇒③）が問題になりうる。さらに，　Case 4　は競争の共通の基盤をなすインフラストラクチャーがボトルネックとなっている事案であるが，一般の施設（たとえば民間の新聞宅配システム）や知的財産権（たとえばコンピュータの基本ソフトやそのインターフェース情報）へのアクセス強制がどの範囲で違法となるかは，別の考慮がありうる。さらに，独禁法が介入するにしても，アクセス料金の算定も容易でないことが多く，またあまり広くアクセスを強制するとそのような施設等を自ら作るインセンティブが減少するという別の観点からの問題もある。

Case 5

共通リフト券発行拒否
　Hは3つの山にスキー場をもち，IはHに隣接する1つの山に

スキー場をもつ。H・Iは4つの山に共通のリフト券を共同で発行していた。両者のとり分はリフトの使用状況に応じた3対1であった。Hはとり分4対1にすることを求めたが，Iが拒否したためHは共通リフト券の発売をやめてしまった。IはHの行為は独禁法に違反する取引拒絶だとしてHを裁判所に提訴した。

アスペン・スキー場事件 競争相手（ライバル）と共同行為（共同販売，共同購入など）を行うことを拒絶する行為は，どのように評価すべきだろうか。 Case 5 はアスペン・スキー場事件判決という現在も賛否が分かれている有名な米国の最高裁判決をモデルとしており，最高裁は独禁法違反を認めた。しかし実はHの言い分にも理由がある。H・Iが別々にリフト券を発行していれば，スキー客は3つの山をもつHのスキー場の方がはるかに魅力的で，Iを選ぶスキー客はほとんどいないだろう。共通リフト券だからこそ3対1の利用率でIのスキー場が利用されたのである。しかし共通リフト券を発行することで，H・Iが別々にリフト券を発行する場合より全体として多くの利用客がやってきて，Hの収入も多くなる。にもかかわらず，Hが合理的な理由がなく（単独でリフト券を発行するとHの利用客が減り，配分が3対1の場合よりも収入は減少する）共通リフト券をやめたのは，Iを排除し，さらにその後Iのスキー場を確保しスキー場を独り占めしようという意図によったと推認するほかないと裁判所は考えたのだろう。

本判決については，判決の射程につき議論がある。本件事案と違って，もともとH・Iが別々にリフト券を販売していたとして，IがHに共通リフト券の販売を求めHが拒否した場合はどうか。本判決の射程について慎重に考える見解は，既存の契約を拒否した場合だけに限定し，この場合は適法だとする。また，4対1か，3対1

かといった事業者間の利益分配に結果として介入することになるような規制を行うのが妥当かといったことも問題になっている。

③ 差別対価

2条9項2号と
一般指定3項

2条9項2号は法定の差別対価を定義し、「不当に、地域又は相手方により差別的な対価をもつて、商品又は役務を継続して供給することであつて、他の事業者の事業活動を困難にさせるおそれのあるもの」を不公正な取引方法とする。

これに対し、一般指定3項は、「第2条第9項第2号に該当する行為のほか、不当に、地域又は相手方により差別的な対価をもつて、商品若しくは役務を供給し、又はこれらの供給を受けること」とする。

2条9項2号該当行為は課徴金の対象となるのに対して、一般指定3項該当行為には課徴金が課されない。2条9項2号と一般指定3項の規制の射程がそれぞれどこまでかが問題になる。どちらも、①地域または相手方により対価について差別があること、②不当であることが要件である。「不当に」とは公正競争阻害性をもつことであり、ここでは自由競争減殺を意味すると解されている。他方で、2条9項2号では、一般指定の要件に、③継続性および④他の事業者の事業活動を困難にするおそれの2つの要件が追加されている（もっとも、一般指定3項の場合も、④をみたさなければ、通常、自由競争減殺はないであろう）。また、2条9項2号は、差別的な価格をもって「供給を受けること」は含まないのに対して、一般指定3項は供給することと供給を受けることの両方が含まれる。これらの文言は、それぞれ、何を意味するのか。この点を見る前に、まず差別対価の規制の全体像を確認することにしよう。

　　　　差別対価とは，同じ事業者が，実質的に同一の商品について異なる地域または相手方により価格に差を設けることである。地域による差別対価と相手方による差別対価とがある。

　差を設ける商品は「実質的に同一」であればよいのであって，たとえば，地方欄の内容だけが異なっている新聞（全国紙）について地域により価格に差を設ければ，差別対価に該当しうる（北国新聞社事件・東京高決昭和32年3月18日）。

　では，大学生Aの経験した一連のケースを見て独禁法の差別対価規制を考えよう。

Case 6　　遊園地の飲み物代

　AはB遊園地に行った。B遊園地は飲食品のもち込みを禁止している。B遊園地の経営を行っているB会社はB遊園地において缶ジュースを300円で販売している。Aは，やむなく300円のジュースを買ったが，遊園地をでると外に自動販売機が設置してあり150円で販売されていた。

Case 7　　学　　　割

　Aは高校時代の友人Cと会った。Cは高校卒業後就職して働いている。Cは，Aに対して，「学生はいいな。おれはAと同じ年齢でしかも働いているのに，Aは安い定期で電車に乗れるし，映画も学割が使える。不公平ではないか。これは価格差別であり独禁法違反ではないか。」といわれ，Aは答えに窮した。

Case 8　　酒類の量販店

　Aが自宅に帰ると，酒類の販売店を営んでいる両親が浮かない

顔でいる。近所に酒の量販店Dができ，酒が売れなくなって店が
つぶれそうだという。理由は，Aの店ではビール1ケース4,000
円で売って採算ぎりぎり（仕入れ価格3,800円）であるが，量販店
Dは3,500円で売っているので，とても対抗できないのだという。
Aは，独禁法を思い出し，これは不当廉売であり，公取委に申告
するか（45条）裁判所に差止を求める（24条）べきだと考えた。
ところが両親がいうには，量販店Dの仕入価格は1ケース3,300
円くらいであり，量販店は3,500円でも黒字なのだという。そこ
でBは，量販店Dを不当廉売で，仕入れ価格を差別しているビー
ルメーカーYを差別対価として訴訟を提起しようと考えている。

Case 9 新聞社による安売り

Aは地方新聞E社でバイトをしている。隣県でシェア70%を占
める有力新聞F新聞がこの地域に進出し，地方版以外の全国的一
般的記事はF新聞とほとんど同じF′新聞を発行するようになっ
た。F新聞およびE新聞は月極めで3,800円であるが，F′新聞は
2,900円で発行する旨宣伝広告し，現に発行するようになった。
E新聞は顧客数が少なく，この地域でしか販売していないため
2,900円では販売できず，顧客を大量に失いつつある。Aは，F′
の料金設定は差別対価で違法なのではないかと考えている。

Case 10 新聞社の差別対価

さらにE新聞は定期講読のほか新聞広告の収入に大きく依存し
ている。ところが，F′新聞は，EおよびF′の広告主に対して，
もっぱらF′に対してのみ広告を載せれば1ページあたり50万円，
Eにも掲載するのであれば100万円としている。その結果，Eは
発行部数の多いF′に広告主を奪われつぶれそうになっている。
Aは，F′の料金設定は差別対価ではないかと考えている。

後輩Ｉのアドバイス

　Ａは，一連のできごとをサークルの後輩で経済学部生のＩに話したところ，Ｉは「学割などは価格差別といいます。価格差別は完全競争と同じだけの資源配分の効率性をもたらすので，社会にとっていいことですよ。どんどんやったらいいんです。学割もお情けで安くしてくれているのではなく，その方が電鉄会社や映画館にとって利益が上がるからしているのです。それにだいたい，価格差別が違法だなどというと，携帯電話の料金体系がいくつもあって，その中で好きなのを選ばせることだって価格差別ですよ。携帯電話の料金体系の設定が違法だなどとバカなことをいう人はいませんよ。」といわれて，少し安心したが，他方でますます頭が混乱してきた。

競争に影響しない対価の差別

　Case 6 ではＡは遊園地からでられないという状況を利用して缶ジュースを高く買わされた。Case 7 では，Ｃが学生であるＡよりも高い価格を支払わされた。後輩Ｉがいうことはその通りであり，*Column* ㉔ にあるように，この種の差別対価（独禁法にいう差別対価と区別して価格差別と呼ばれる）は世の中には様々な形で多く存在するが，それらに独禁法の規制がかかることはほとんどないのである。

　その理由は，Case 6 ・ Case 7 は競争に影響しないから，さらには自由競争の減殺がないからである。すなわち Case 6 ・ Case 7 では既存の市場支配力が行使されているにすぎず，この種の差別対価によっては市場支配力の形成，維持，強化または行使の促進は起こらない。Case 6 ・ Case 7 では，支払い意欲の高い買い手が，より高い対価を支払っている。このことからすると

買い手に損害は生じていそうである。しかしながら，このように，買い手段階の損害のみを与える差別対価（買い手段階の差別対価）の多くは，一物一価の場合より多くの利潤を得られる点を除けば，単なる独占価格の設定にすぎず，競争には影響がない。私的独占規制で見たように，市場支配力をもつ事業者が，独占的な価格設定を行うこと（市場支配力を単に「行使」すること）は私的独占にはあたらない。不公正な取引の問題としても，問題にならないのである。

費用の差と差別対価
（正当化理由）

費用の差を反映しただけの差別対価も，公正競争阻害性をもたない。たとえば，Case 8 でビールメーカーYにとって，大量に購入する量販店Dと購入数が少ないのに搬送などに手間のかかるAの店とでは1ケースあたりにかかる費用（搬送費，伝票などの事務費）が異なるのであれば，その費用差を反映して卸売価格が異なるのは当然である。費用（コスト）差に基づいて異なる価格がつけられている場合には，不当ではないし，そもそも差別がないと見ることもできる。

不当な差別対価

2条9項2号と一般指定3項のいずれも「不当に」とし差別対価は例外的場合にのみ公正競争阻害性をもつとしている。では差別対価はどういう場合に不当とされ規制されるのだろうか。

差別対価と取引拒絶

相手が取引に応じられないほど不利な取引条件を付ければ取引を拒絶するのと変わらない。差別対価は取引拒絶の一パターンという面をもつ。したがって，この場合の差別対価の自由競争減殺の生じ方は単独の取引拒絶

で述べたことがほぼ同様に妥当する。以下の公正競争阻害性①〜③がそれらである（以下，①〜③を「取引拒絶類似型」という）。

公正競争阻害性①
──実効性確保手段・
価格協調手段

独禁法違反行為の実効性確保手段として差別対価が行われる場合である。メーカーが小売価格を指定したところ，この価格を守らない小売業者がいたので，この小売業者に対してのみ高い価格で商品を供給したとしよう。この場合，違法な再販の実効性確保手段として差別対価が行われている。差別対価が実効性確保手段とされていればそれが許されないのは当然である。

公正競争阻害性②
──拒絶する者の
市場における競争減殺

取引拒絶の Case 3 （⇒2）において，取引はするものの，FがGを差別してGだけに高い価格を付けて原材料の購入価格（Gの費用）を引き上げれば，取引拒絶の場合と同様に，拒絶する者の市場において自由競争減殺が生じる。

公正競争阻害性③
──拒絶される者の
市場における競争減殺

取引拒絶の Case 4 （⇒2）において，Nが光ファイバー網の利用料金について差別対価を設定することで，Oの費用を引き上げて競争力を弱め，拒絶された取引相手の市場において自由競争が減殺される。ただし，取引拒絶の Case 4 Case 5 （⇒2）で見たように，自由競争が減殺されたとすべきかどうかは，慎重な判断を必要とする。

> **公正競争阻害性④**
> ——略奪型

以上に対し，差別対価は取引拒絶とは異なる形で公正競争を害することがある。効率の上では変わりのない競争者を，客や収入を奪うことにより市場から排除して，力の形成，維持，強化等を行うものである。 **Case 9** では，隣県で高いシェアをもちおそらく市場支配力ももっていたＦが，隣県で得た利益を投入して低い価格で継続して販売することができているが，この地域でのみ事業をしているＥはこのような戦略をとれない。仮にＥが1部あたり3,300円で売ると赤字になるのであれば，Ｆの戦略が長期間続けられれば，仮にＥはＦと同程度に効率的であったとしても，Ｅは市場から退出するほかない。Ｆもこの戦略によって隣県で得た利益を失うという損失を被るが，Ｅが退出した後に仮に新規参入がないとすれば，Ｆはその後この市場でシェアを拡大して市場支配力を獲得し，高い価格を付けて以前の損失を回収することができるであろう。このようなＦの価格差別は，Ｅの市場において市場支配力またはその前段階の力を形成・強化し，自由競争を減殺する。 **Case 10** は，広告料金を引き下げるという公正競争阻害性④と，Ｆの広告収入を奪い新聞発行のコストを引き上げるという公正競争阻害性②の2つの可能性がある。

実は，以上に述べた公正競争阻害性④は，後で見る不当廉売の公正競争阻害性にきわめて近い（⇒ **3 ①**）。これらは実質的にはほとんど同じ規制と考えられ，この差別対価が不当というためには，不当廉売規制との対比から不当廉売の費用基準を充足している必要があるとする解釈が唱えられている。

これに関係して，私的独占の事件であるが，差別的な低価格が違法とされた事件がある（有線ブロードネットワークス事件・公取委勧告審決平成16年10月13日・百選11⇒第3章 **2 ④**）。この審決では後述の不

当廉売の要件である原価を著しく下回るなどの事実は少なくとも明示的には認定されていない。公取委は，(1)このように競争者を「ねらい撃ち」にする差別的な低価格を略奪型の差別行為の一類型と捉えているという評価もありうるが，審決は，(2)不当廉売の費用の要件をみたさない場合でも，本件行為は長期にわたる料金の割引は競争者を排除する目的以外には説明のできない行為であり，効率の上では変わりのない競争者を排除する略奪型の差別行為だと捉えているという評価，さらに(3)本審決は明示的には述べていないが費用の要件を充足していることを前提として書かれているという評価もありうる。また，本件に関連した民事訴訟において従業員を大量に引き抜いた事実が認定されている。従業員の給与を費用（可変的性質をもつ費用）と捉えられれば，(3)の不当廉売の費用基準をみたすとも考えられる（百選11の解説3）。LPガスの供給において地域（中部地方と関東地方）による価格差が生じた事案に関する民事訴訟（24条訴訟）において，差別対価が「不当」であるためには，不当廉売規制で述べる総販売原価は下回っていなければならないとする判決が出ている（日本瓦斯事件・東京高判平成17年5月31日・百選56②）。「適正な電力取引についての指針」（令和元年9月27日公取委・経済産業省）では，差別対価において不当廉売の費用基準のうちより厳格な「供給に要する費用を著しく下回る料金」（⇒3①）を要件とする立場が示されている（第二部I2(1)①イi(ⅱ)）。

Column㉓　売り手段階の損害と買い手段階の損害

差別対価によって主として被害を受ける者が売り手段階にいるか買い手段階にいるかに注目する分類がある。本文で見るように，この区別は差別対価の公正競争阻害性を分析する上で重要な手がかりとなる。公正競争阻害性②④では，差別対価を行う事業者のライバル（競争者）が主として被害を受けている。 Case 9 ・ Case 10 では，競争関係にあ

る新聞社が被害を受けている。この被害を売り手段階の損害（プライマリーラインの損害）ということがある。これに対し Case 6 から Case 8 では，競争関係にある遊園地，他のビールメーカーはかかる売り手段階の損害を受けることは考えにくい。

Case 6 から Case 8 では，このように売り手段階の損害はないが，買い手が何らかの被害を受けている。これを買い手段階の損害（セカンダリーラインの損害）ということがある（もっとも公正競争阻害性②の取引拒絶の Case 3 〔⇒ 2〕ではGは売り手〔潜在的競争者〕としてのほか買い手としても原料が高くなるという被害を受けている）。この場合に公正競争阻害性がもしあるとすれば，公正競争阻害性の①を除けば③のみと考えられる。さらに，買い手といっても Case 6 と Case 7 では被害を受ける買い手は事業者ではなく消費者にすぎないことにも注意しよう。売り手段階の損害が生じる差別対価を売り手段階の差別対価，買い手段階の損害しか生じないそれを買い手段階の差別対価ということがある。

**公正競争阻害性②③
と注意事件等**

以上にあげた形で不当性が認められる場合に加えて，さらに公取委は，事業者が不利益を被ることを問題にしているようにも見

える。たとえば不当廉売ガイドラインを見てみよう。 Case 8 にあげたような行為について，ガイドラインは，「有力な事業者が同一の商品について，取引価格やその他の取引条件等について，合理的な理由なく差別的な取扱いをし，差別を受ける相手方の競争機能に直接かつ重大な影響を及ぼすことにより公正な競争秩序に悪影響を与える場合にも」独禁法上問題になるとする。これは買い手段階の差別対価のうち「差別を受ける相手方の競争機能に直接かつ重大な影響を及ぼす」場合について規制するとの立場を明らかにしたものである（不当廉売ガイドライン5(1)イ(ア)）。この差別対価に対して排除措置命令が出されたことはないが，酒類の卸売事業者3社が，大

手スーパーマーケット向けのビールの価格のみを引き下げた行為が不当廉売として警告が出された（平成24年警告事例）。ここでは，不当廉売とされているが，この差別対価に近いといえよう。

　不当廉売で見るように（⇒ **3** ①），公取委は法的措置でない警告や，行政指導でもない注意によってこの規制を発動することがある。差別対価の規制は，重要な競争手段である価格の決定に相当の制約を加えるものであり，自由競争減殺が本当に起こっているのか慎重に運用すべきであろう。

2条9項2号の射程　　　　*1* ③で見たように，公正競争阻害性を「不当に」と規定し違法性が明確とはいえない差別対価が2条9項2号に置かれたのは，立案担当者によれば，「不当廉売と差別対価は密接な関係にあり，ともに」「抑止力を強化すべきとの立法政策上の要請が強い」ためだという（藤井＝稲熊・前掲書16頁）。そうであれば，不当廉売に類似した規制である売り手段階の差別対価（略奪型）のみが2条9項2号の射程であるという解釈が合理的である。しかしながら，上記立案担当者は，買い手段階の差別対価を含めてこれに該当すると解するようである。2条9項2号は，一般指定3項の要件に，継続性および他の事業者の事業活動を困難にするおそれの2つの要件を追加しているが，公正競争阻害性を有する差別対価でこの2つの要件をみたさないものがあるとは考えにくい。立法趣旨からは疑問ではあるが，立案担当者の解釈によるならば，一般指定3項に該当する差別対価は，供給を受ける際の差別対価が中心となろう。

差別対価の課徴金　　　　差別対価を行った事業者は，調査開始日（立入検査日）からさかのぼって10年以内

に差別対価として排除措置命令等を受けている場合に，調査開始日からさかのぼって10年前から違反行為終了時までに当該事業者が供給した売上額の３％について課徴金納付命令を受ける。ここには興味深い論点があり，供給した売上額は，低い対価による供給に係る売上額か（①），高い対価によるそれか（②），両方か（③）が解釈上の問題になる。売り手段階の差別対価のみが本号の射程とする上述の理解からは①説となる。立案担当者も，売り手段階のそれ（競争者排除型と呼んでいる）では①とするが，買い手段階のそれ（取引事業者排除型と呼んでいる）では「有利差別」「不利差別」という概念を導入して区別をし，「有利差別」では①，「不利差別」では②とする。しかし，「有利差別」か「不利差別」は相対的な違いにすぎない場合も多く，この区別は説得的とはいいがたく，２条９項１号（被拒絶者の競争者へ供給した売上額＝①）との対比から，①とするのが妥当と考えるべきであろう。

Column ㉔　3種類の価格差別

　費用の差では説明のつかない異なる価格の設定を，経済学などでは，価格差別という。価格差別には次の３つがある。

　①　**完全価格差別**　第一種価格差別ともいわれ，事業者が，生産物の各単位に異なった価格をつけて異なる消費者に販売することである。完全価格差別は，(1)消費者余剰のすべてを生産者に移転し，所得分配のゆがみを最大にする一方で，(2)産出量が増大し死重損失を回復し，資源の最適配分をもたらす。これが成功するには，事業者がすべての需要者のこの財に対する評価を知っており，かつこの財を低く評価する需要者から高く評価する需要者への転売（裁定取引とかさや取りといわれる）を妨げられねばならない。したがって，完全価格差別を行うことは普通無理である。次の２つは価格差別の次善の手段である。

　②　**グループ別の価格差別**　第三種価格差別ともいわれ，事業者が消費者のタイプや市場の相違を識別して，それぞれに異なる価格を設定

することである。スキー場や遊園地での高い自動販売機（⇒ Case 6 ），
映画館の子供料金，各種の学割（⇒ Case 7 ），新幹線の普通車料金と
グリーン車料金，飛行機のエコノミー料金とビジネスクラス料金などは
これに属する。これが成功するには，この財に対して需要を異にする別
のグループがあること，および価格差別を行う者は個々の需要者がどち
らのグループに属するかを知っていること，裁定取引が困難なことが必
要である。

　　③　**非線形料金**　　第二種価格差別といわれ，購入料金が購入量に比
例しない価格設定である。たとえば，入場料金（固定料金）と従量料金
（乗り物に乗るごとにかかる料金）を組み合わせた昔のディズニーランドの
料金等は非線形料金，そのうち特に二部料金といわれる。たとえば，携
帯電話の通話料について，通話が少ないグループと多いグループで異な
る二部料金体系を設定し，事業者は消費者の特性（いずれに属するか）を
知らなくても，消費者に選ばせることができる（これを消費者の自己選択
〔self selection〕という）。事業者にとっては個々の消費者がいずれのグ
ループに属するか知っていなくても価格差別ができるという利点がある。

Column ㉕　**価格差別規制の比較法**

　外国の競争法や独禁法以外の法領域では価格差別規制がなされている。
第一に，米国の価格差別規制として，ロビンソン・パットマン法がある。
ロビンソン・パットマン法は厳格な価格差別規制をおいているが，現在
は，判例法によって，売り手段階の損害のタイプは不当廉売規制に吸収
され，買い手段階の損害のタイプについては，この規制の独自性を認め
る判例と不当廉売に吸収する下級審判決が対立している。第二に，米国
では州法の価格差別規制はある。第三に，国際経済法で取り上げられる
アンチ・ダンピング規制は，実質的には地域的価格差別規制に近いもの
である。

④ 取引条件等の差別的取扱い

一般指定4項は,「不当に,ある事業者に対し取引の条件又は実施について有利な又は不利な取扱いをすること」を不公正な取引方法としている。価格以外の取引条件の,たとえば代金の決済方法やリベートについて差別的取扱いをする場合である。リベートは,数量に応じて一定額を割り引いている場合のように値引きと同等である場合には差別対価にあたらないかどうかを検討し,そうでない場合(たとえば,全購入量のうち9割を自社から購入したらリベートを与えることとしている場合)には一般指定4項(差別取扱い)にあたらないかを検討することになる。「不当に」の意義については,基本的に差別対価のそれと同じである。

⑤ 事業者団体における差別的取扱い等

一般指定5項は,「事業者団体若しくは共同行為からある事業者を不当に排斥し,又は事業者団体の内部若しくは共同行為においてある事業者を不当に差別的に取り扱い,その事業者の事業活動を困難にさせること」を不公正な取引方法としている。

3 不当対価

不当な対価取引(2条9項6号ロ)には,不当廉売(同項3号,一般指定6項)と不当高価購入(一般指定7項)とがある。不当対価も自由競争減殺型の行為と考えられる。先に見た差別対価は独禁法2条9項6号イの差別的取扱いに含まれるが,実質的には不当廉売とも密接な関係にあることはすでに説明した。

1 不当廉売

そもそも不当廉売は独禁法でどう扱われるべきか考えてみよう。よりよい品質の物をより安く販売することは自由競争そのものであり，その結果品質の劣った商品や効率の悪い事業者が市場から退出せざるを得なくなることは自由競争の本来の姿である。価格引き下げ競争は独禁法によって保護されるべきものであって，不当廉売を厳しく規制するとかえって自由競争が損われる危険がある点に注意しておこう。

Case 11

地図の廉売

　住宅地図出版において唯一全国展開をしてシェア80%のAは，競争者が現れた仙台地区および北陸地区について，仙台市水道局とガス局がそれぞれ行った住宅地図購入の入札で，製造に要する平均総費用を大幅に下回る価格で落札し，競争者は仙台の営業所を閉鎖した。

廉売規制の意義①
──略奪的価格設定

なぜ廉売が規制されるのか。廉売を規制する目的は，まず第一に，略奪的価格設定といわれる行為を防止することにある。

略奪的価格設定の例は，差別対価で見た **Case 9** である。これは略奪的価格設定と呼ばれる行為である可能性がある。略奪的価格設定は2段階の行為からなり，第一段階では（おそらくは）市場支配力をもっている事業者が，継続的に原価を下回る価格を設定し，その市場にいる競争者を市場から退出させ，第二段階では，競争相手がいなくなったあと市場支配力を行使して高い価格を設定して第

一段階の低価格販売で被った損害を回収しさらに大きな利益を上げるのである（これを「埋め合わせ」という）。第一段階では，もっぱら競争者を排除することを目的として，採算を度外視して，自己の効率性を反映しない低い価格を設定する。第二段階において市場支配力が行使できるのは，第二段階で新規参入が起こらないような参入障壁（正確には，退出すると回収できない埋没費用〔サンクコスト〕）が高い場合である。したがって，差別対価の Case 9 は（次に述べる費用要件をみたしていれば）不当廉売の典型例でもある。 Case 9 ではこの参入障壁として宅配ネットワークなどの規模の経済が考えられる。このような戦略が市場支配力の前段階の力でも可能か，市場支配力が必要かどうかは争いがあるが，略奪的価格設定は典型的には市場支配力をもつ事業者が行い，多くの場合，私的独占にもあたる。

　なお，差別対価に関する Case 9 において，EがFより紙面等の質で優れているのであれば金融・資本市場から資金を調達して対抗したり，Eが退出した後で新規参入が起きるかもしれない。しかし実際にEが資金を調達することは難しく（これを金融・資本市場が不完全であるという），また新規参入が起こるためには相当数の顧客を獲得し宅配ネットワーク等を整備する必要があり新規参入も容易ではないであろう。

　 Case 11 は Case 9 の応用例であるが，より複雑である。 Case 11 では，Aは複数の（全国の）地域市場で活動しているので，仙台への参入者に対し安売りにより制裁を加えることで「評判」を形成し，東京や大阪で発生するであろう将来の競争者の参入を挫かせることもできる。この場合には，仙台の市場で第二段階において損失の回収（埋め合わせ）ができなくても，「評判」効果によって他の市場への参入を阻止するという利益によって損失を回収す

ることができる。

廉売規制の意義②
──参入阻止・協調維持

競争者を排除するというだけではなく，参
入阻止や協調維持を目的として廉売が行わ
れることもある。

Case 12

牛乳の廉売

　B市C地区にはDとEという2つのスーパーがあり，DとEと
は活発な競争をしている。Dは1リットル入りの紙パック牛乳を
目玉商品として130円で販売した。これに対抗してCは120円で販
売した。このような値下げが続けられ最終的にはDとEの価格は
1本目は90円，2本目から120円となり，両店はこの価格で継続
して販売している。なお，1本あたりの仕入価格はDでは115円，
Eでは125円である。

廉売規制の意義③
──競争に耐えられない
事業者の保護

Case 12 は略奪的価格設定の事案とは
いいにくい。スーパーであるDとEはいず
れも牛乳の廉売によってスーパーの市場か
ら退出するとは考えにくいし，仮に退出し

たとしても第二段階で価格引き上げをすれば新しいスーパーが参入
してくると考えられる。ところが本件に似た事件が実際に起こり不
当廉売にあたるとされた（マルエツ・ハローマート事件・公取委勧告審
決昭和57年5月28日）。この事件で事業活動が困難になるおそれがあ
る（⇒「2条9項3号の要件」の③）とされたのは，スーパーではな
く当時はかなり存在していた牛乳専売店である。牛乳専売店は，牛
乳しか販売しないので，このような価格設定に対抗できないのであ

る。かかる価格設定の結果，たしかに牛乳専売店の事業活動は困難になる。しかし，牛乳専売店がなくなっても，スーパー間の牛乳の販売競争はなお続くであろう。そうだとすると，本件の廉売によって市場支配力が形成，維持，強化され，または略奪的価格設定の第二段階の状況が発生するとは考えられない。略奪的価格設定とは別の牛乳専売店に着目した競争の減殺に基づく不当廉売規制がなされたと考えられる（⇒「その他の不当廉売①──酒類ガイドライン等」参照）。

　まえがきが長くなった。以下では，廉売を規制する2条9項3号と一般指定6項の規定を見ながら，いかなる行為が規制されるかを見ていこう。

**2条9項3号と
一般指定6項**

　2条9項3号は，「正当な理由がないのに，商品又は役務をその供給に要する費用を著しく下回る対価で継続して供給することであつて，他の事業者の事業活動を困難にさせるおそれがあるもの」を不公正な取引方法とする。これに対し，一般指定6項は，「法第2条第9項第3号に該当する行為のほか，不当に商品又は役務を低い対価で供給し，他の事業者の事業活動を困難にさせるおそれがあること」とする。

　2条9項3号は，供給に要する費用（原価）を著しく下回る販売をし，他の要件をみたせば，原則として公正競争阻害性があるとする。一般指定6項は，その他の低い対価，つまり原価を著しく下回らないが低い対価で販売し，他の要件をみたすならば，例外的に「不当」である場合に公正競争阻害性をもつとする。まず2条9項3号の不当廉売を見よう。

| 2条9項3号の要件)

原価を著しく下回る販売は，①その供給に要する費用（原価）を著しく下回る価格で，②継続して供給し，③他の事業者の事業活動を困難にさせるおそれがあること，④正当な理由がないことが要件である。「正当な理由がない」とは，公正競争阻害性があることを意味する。2条9項3号の公正競争阻害性は，自由競争減殺を意味すると解されている。

| 正当な理由)

どういった事情が正当な理由となるのだろうか。たとえば，季節商品，陳腐化した商品，新規参入の場合，市場価格が低くなっていて原価を下回っている場合などはどうだろうか。季節商品ではクリスマスをすぎたクリスマスケーキや夏冬の衣服のバーゲン，陳腐化した商品では旧型のタブレット端末などが分かりやすいであろう。これらは市場価格が下がり原価を下回ってしか市場では売れないとすれば，原価を下回った価格での販売を非難することはできない。新規参入の場合，継続性もないことが多く，一般に競争促進的であり，これらのことからして競争への悪影響は一般に小さいといえる。

「正当な理由がない」という文言が用いられているということは，特段の事情がない限り，他の要件をみたせば公正競争阻害性があることが事実上推定されるということを意味する（⇒ *1* ③「公正競争阻害性と『正当な理由』」）。上であげたような事情がある場合には公正競争阻害性があるとは推定できず，廉売の目的，態様，競争の実態，当事者の市場における地位などを考慮して自由競争減殺があるかどうかを判断する必要がある。

| 継続性)

「継続して」については，他者の事業活動に影響を与える程度に継続していればよい

と解される。商品によって，どの程度の期間継続すれば影響が及ぶのかは異なるので，一律に基準を立てることはできない。なお，毎日行われている必要はなく，毎週末に行われていても「継続して」いるといえる。

他の事業者の事業活動
を困難にさせるおそれ

不当廉売により競争に悪影響が及ぶのは，市場支配力に対する抑制要因として働いているライバル事業者の抑制力をそぐことを通じてである。つまり，他の事業者の事業活動を困難にすることにより悪影響は生じる。実際にライバル事業者の事業活動が困難になってからでは手遅れで，競争を再度活発化することは難しいことが多いために，困難になる「おそれ」があればよいとしている。また，「他の事業者」には限定がなく，廉売を行う者と同等に効率的である必要はない。新規参入者のように効率性が劣っている者であっても，競争的な抑制要因として働くことがあるという考え方に基づくのであろう。

Case 13

業務用プリンタの廉売

　業務用プリンタの販売店Ｆは借地に店舗を建て３人の従業員を雇っている。店舗と雇用の維持費に月あたり200万円がかかる。Ｆでは仕入れ価格15万円の業務用プリンタを20万円で売っており，月に40台売れて，赤字も黒字もでていない（200－40×（20－15）＝0）。ところが，業務用プリンタが売れなくなったので価格を下げたところ18万円で同じ台数売れた。Ｆと競争関係にあるＧ店は，Ｆはこれにより月あたり80万円（200－40×（18－15）＝80）の赤字を出していることから，Ｆが業務用プリンタを18万円で売ること

は「原価を著しく下回る販売」（平均総費用20万円より１台あたり２万円低い（(200＋15×40)÷40－18＝2）であり，その結果Ｇの顧客が減少しＧの事業活動を困難にしており，不当廉売であると主張している。

原価とは──平均総費用と平均可変費用

「供給に要する費用を著しく下回る対価」とは何か。「供給に要する費用」とは商品を供給するために必要な費用（原価）である総額（総販売原価）を意味し，これを「著しく下回る」価格とは原価のうちでも平均可変費用を下回る価格であるとされている。 Case 13 を参照しながら，詳しく説明しよう。

業務用プリンタの販売は競争が激しいので，実は Case 13 でもＦに市場支配力等の力がなく略奪的価格設定が成功しない可能性が高いのではあるが，その点は無視することとして，ここでは「供給に要する費用を著しく下回る対価」という費用に関する基準について検討しよう。「供給に要する費用」とは，原価のことである。「費用」というときには，ある事業（特定の商品の製造，販売など）を行うにあたって必要な費用の合計額（総費用）について述べられていることもあれば，商品１単位あたり費用の額（平均総費用，上記の総販売原価）について述べていることもある。２条９項３号は，商品１単位あたりの費用について規定している。「供給に要する費用」とは，平均総費用であると解することができる。

総費用には，工場の設備費，本社の維持管理費など，生産するかしないかに関係なく必ずかかる費用（固定費用，200万円）と，原材料費や仕入れ費用のように，生産しなければかからないが生産すればするだけ余計にかかる費用（可変費用，15×40＝600万円）とがある。業務用プリンタ１台あたりにして計算すると，固定費用と可変費用

との合計を販売量で割って平均総費用を，および可変費用を生産量で割って平均可変費用を計算することができる。 Case 13 では，平均総費用は1台あたり20万円であり，平均可変費用は約15万円である（仕入れ価格以外にも運送費・検収費等の可変費用がかかるので実際は15万円より高い）。

　Ｆは，20万円（平均総費用）を下回る18万円という価格で業務用プリンタを継続して販売し，Ｇ店の事業活動を困難にしている。Ｆは，独禁法に反する不当廉売をしていると見るべきか。

　 Case 13 では，Ｆは18万円で売ることにより売らなくてもかかる固定費用200万円の一部（40×(18−15)＝120万円）を回収して，固定費用の損失を80万円に減少させている。Ｆの行為を違法だというと，20万円で売っても1台も売れないため，Ｆはむざむざ200万円の赤字をかぶらせられる。Ｆのこのような行為を違法とするのは，不合理であろう。

　他方，もしＦが13万円という価格をつけていればどうか。平均可変費用を下回って売れば売るだけ損をする。さらに，Ｆが13万円で業務用プリンタを販売すると，Ｆが必要とする平均可変費用と同じ費用で業務用プリンタを販売することができる者（言い換えれば，Ｆと同等に効率的である事業者）すらも，Ｆに対抗できず事業活動が困難となるおそれがある。

　このような理由から，不当廉売で違法となる原価の基準を平均可変費用の額に設定することが適切だと考えられる（*Column* ㉖ にあるように，これは欧米では Areeda & Turner テストといわれ，欧米の判例でも採用されている）。そこで，2条9項3号の「供給に要する費用」（原価）は平均総費用をさし，「著しく下回る」とは平均可変費用（あるいは，*Column* ㉖ の回避可能費用）を下回ることと解するのである。

　不当廉売ガイドラインは，従来から，流通業について，平均可変

費用にきわめて近い費用基準である実質仕入価格基準を採用してきた。不当廉売ガイドラインは，不当廉売規制を「廉売行為者自らと同等又はそれ以上に効率的な事業者の事業活動を困難にさせるおそれがあるような廉売を規制することにある」とした上で，「可変的性質を持つ費用を下回る価格は，『供給に要する費用を著しく下回る対価』であると推定される」（3⑴ア⑷・㋑a）とし，上で説明したのと同様の立場をとることを明確にしている。

不当廉売の課徴金　不当廉売を行った事業者は，調査開始日（立入検査日）からさかのぼって10年以内に不当廉売として排除措置命令等を受けている場合に，調査開始日からさかのぼって10年前から違反行為終了時までにおいて当該事業者が不当廉売として供給した商品役務の売上額の3％について課徴金納付命令を受ける。

Column ㉖　**不当廉売の費用基準の歴史** ⬛⬛⬛⬛⬛⬛⬛⬛⬛⬛⬛⬛⬛⬛⬛⬛⬛⬛⬛⬛⬛⬛⬛⬛⬛⬛⬛⬛

　欧米における不当廉売規制では，その原価基準として平均可変費用基準が判例法として確立している。完全競争市場では企業は限界費用価格設定をすることが知られているが，にもかかわらず市場支配力をもつ企業が限界費用を下回る価格設定をするのはいかにも不自然であり，競争者（同等に効率的な事業者）をも追い出すなどの反競争的な目的から行われたとしか考えにくい。この限界費用に近く，より使いやすい費用概念として可変費用が使われる。この費用概念を用いたテストとして（若干のバリエーションはあるが），平均可変費用以下は違法，平均可変費用以上平均総費用以下は適法性を推定または意図の証拠が必要，平均総費用以上は適法とするというものがある。平均可変費用テストは，提唱者の名をとって「Areeda & Turner テスト」と呼ばれている。

　欧州裁判所では Akzo 判決，Tetra Pak II 判決でこの立場がとられた。米国の松下判決（カラーテレビ・ダンピング事件・1986年連邦最高裁判決），

Brooke 判決（1993年）では Areeda & Turner テストに加えて，赤字の回収のための埋め合わせの蓋然性の証明がさらに必要とされた。この費用基準は，私的独占の排除要件に関する同等に効率的な事業者基準（⇒第3章2③）と親和的であることも支持を集めてきた理由である。

　もっとも，短期的には平均総費用を下回る価格で販売することは合理的でも，ソフトウェアやインフラなど固定費用の比重が大きい産業では固定費用の投資ができず，このような価格設定は通常ではない。さらに，このような産業で短期可変費用テストを適用すると，同等に効率的な競争者を排除するものであっても，多くのケースが合法となってしまう。そこで，可変費用基準に対しては，問題とされている行為（廉売行為）を行わなければ免れるであろう費用を基準とする「回避可能費用テスト」，問題とされている行為を行うことによって増える費用を基準とする「（長期）増分費用テスト」など参入のコスト（固定費用）の一部を費用概念に入れるテストも提唱されている。

　不当廉売ガイドラインは「廉売対象商品を供給しなければ発生しない費用」（可変的性質を持つ費用。3⑴ア㈔a）とし，回避可能費用基準と短期可変費用基準はほぼ同じものとして両方の基準を採用している。排除ガイドラインも『『商品を供給しなければ発生しない費用』を下回る対価設定」の問題と捉えて，回避可能費用を基準に採用している（第2の2⑵ウ）。

一般指定6項　　その他の不当廉売（一般指定6項）は，①法定の不当廉売のほか，②不当に，③商品役務を低い対価で供給し，④他の事業者の事業活動を困難にさせるおそれがあることが要件である。「低い対価」とは，2条9項3号には該当しない「低い対価」であり，⑴2条9項3号の費用基準以上かつ原価（平均総費用であるが，総販売原価ともいわれる）を下回る対価，⑵2条9項3号の費用基準を下回る価格かつ単発的に供給する（継続的でない）場合の2つがある。「不当に」とあるので，①③

④をみたす場合にも，具体的事案において公正競争阻害性が証明されなければならない。(1)において，総販売原価を下回らなければならないとされるのは，対価が総販売原価を上回っていれば，同等に効率的な事業者は排除されないからである（ヤマト運輸郵政公社事件・東京高判平成19年11月28日・百選62・119）。ただし，次に述べる「その他の不当廉売②」の競争への悪影響は，同等に効率的な事業者を排除するものでない場合にも成立しうるので，例外はあると考えられる。

その他の不当廉売①
──酒類ガイドライン等

その他の不当廉売に対して法的措置がとられたのはこれまで１件がある。和歌山県のガソリンスタンドが，仕入れ価格（運送費を含む）に販売経費を加えた価格を下回る価格で106日間，普通揮発油を販売し，他の石油製品小売業者の事業活動を困難にさせるおそれがあるとされたが，仕入れ価格を下回る価格で80日間販売したともされており，２条９項３号の不当廉売もあわせて行われた事案である（濱口石油事件・公取委排除措置命令平成18年５月16日）。

差別対価の Case 8 を思い出そう。「酒類の流通における不当廉売，差別対価等への対応について」（平成12年11月24日公取委）では，その他の不当廉売について「廉売対象商品の特性，廉売行為者の意図・目的，廉売の効果，市場全体の状況等からみて，周辺の酒類販売業者の事業活動を困難にさせるおそれが生じ，公正な競争秩序に悪影響を与えるときは，不公正な取引方法第６項の規定に該当し，不当廉売として規制される」（第１の１(2)ウ(ア)）。「他の事業者の事業活動を困難にさせるおそれ」の有無は「個別事案ごとに判断することとなるが，例えば，周辺の酒類販売業者の経営上ビールが重要な商品である場合において，多店舗展開を行っている大規模な事

業者，一定の商圏において市場シェアの高い事業者等が，ビールを集中的に販売する場合は，一般的には，周辺の酒類販売業者の事業活動に影響を与えると考えられ」「6項の規定に該当する場合がある」とする（第1の1(2)ウ(1)）。他のガイドラインにも同様の記述をするものがある。

　2017年度において，公取委は不当廉売について457件の注意（迅速処理と呼ばれるもの）を行っている。1年でこれだけの自由競争減殺型の廉売行為が行われたとは信じがたい。不当廉売規制および差別対価規制は，通商におけるアンチ・ダンピング規制をあげるまでもなく，価格競争が活発である市場において弱い競争者を自由競争から保護するために用いる政治的な圧力を受けることがある。これだけの注意事件があるにもかかわらず，近年において法的措置がとられたのが，濱口石油事件ともう1件（小山市給油所事件・公取委排除措置命令平成19年11月27日・百選61，現行法では2条9項3号の事件）だけであることは，これらの注意が，このような政治的圧力に対して注意をすることで対応し法的措置だけはとらないでおきたいという妥協の結果であったのではないかとの疑問をもたせる。

その他の不当廉売②
——実効性確保手段・
価格協調手段

たとえば，価格カルテルがあり，カルテル破りをして安い価格で販売した者への制裁として価格競争を仕掛けることがある。これは，カルテルの実効性確保手段であり，この制裁は，価格が原価を下回っていなくても有効に機能しうる。これらのケースはその他の不当廉売として規制される。価格カルテルはなくても，協調的な価格設定をしていて，それに対する裏切りがなされたのに対し，制裁として同様の行為を行うことはある。

2 不当高価購入

一般指定7項　一般指定7項は，「不当に商品又は役務を高い対価で購入し，他の事業者の事業活動を困難にさせるおそれがあること」を不公正な取引方法とする。メーカーが川上の市場で市場価格を上回る価格で購入することで，競争者が必要とする不可欠な原材料などの入手を困難にし，メーカーの市場において自由競争を減殺するような場合がこれにあたる。

4 不当な顧客誘引・取引の強制

　不当な顧客誘引・取引の強制（2条9項6号ハ）には，ぎまん的顧客誘引（一般指定8項），不当な利益による顧客誘引（同9項）および抱き合わせ販売（同10項）がある。ぎまん的顧客誘引と不当な利益による顧客誘引の公正競争阻害性は競争手段の不当性にある。抱き合わせ販売等は自由競争減殺と競争手段の不公正の両面があるので，*5*で独立して取り扱う。

1 ぎまん的顧客誘引

　一般指定8項は「自己の供給する商品又は役務の内容又は取引条件その他これらの取引に関する事項について，実際のもの又は競争者に係るものよりも著しく優良又は有利であると顧客に誤認させることにより，競争者の顧客を自己と取引するように不当に誘引すること」を不公正な取引方法とする。

一般指定8項　ぎまん的顧客誘引の典型は不当表示である。このうち，消費者に対する不当表示は従来，

独禁法の特例法であった景品表示法によって規制されてきた。したがって、①事業者に対する不当表示および②表示以外のぎまん的顧客勧誘行為が一般指定8項の実質的な対象であった。この点は、景品表示法が平成21年に改正され消費者保護法へと法的性格が変わり、景品表示法が消費者庁に全面移管された現在も変わらない。

　このうち、①の例はフランチャイズ本店が加盟店を勧誘するにあたり、重要事項について虚偽または誇大な開示をし、または十分な開示をしないこと、②の例はいわゆるマルチ商法を用いて顧客を勧誘することなどである。

公正競争阻害性　消費者等を誤認させて顧客を獲得する行為が市場全体の産出量や価格へ与える影響はないかわずかであるのが普通である。しかし、競争者が良質廉価な商品を供給するという顧客獲得の努力（競争）をしているのに、嘘をついて顧客を誘引すると、①顧客の適切な商品選択ないし意思決定を歪めるとともに、②競争者が良質廉価な商品を供給する能率競争をできなくなり、そのような競争がなされなくなる。さらに、③消費者等を誤認させて取引をしても救済がなされないとすると、事業者に比べて十分な情報をもっていない（情報が非対称という）消費者等の取引相手は、だまされることをおそれて本来は望んでいる取引を断念し、社会的に望ましい取引がなされなくなるかもしれない。ぎまん的顧客誘引を禁止しだまされた取引相手を救済する制度を設けることは、社会的に望ましい取引の成立を促進し、能率競争を促進する。このような行為を放置しても、よいことは全くない。このことから、ぎまん的顧客誘引は、他の行為類型と異なり、そのような顧客誘引行為自体が競争手段として不公正であり、原則として公正競争阻害性をもつとするのが妥当なのである。

景品表示法による規制　景品表示法は、上記のように、消費者庁に移管されているが、一般指定8項のぎまん的顧客誘引と次に述べる9項の不当な利益による顧客誘引の規制の内容が重なるという点は従来通りであるので、一応、景品表示法の規制を概観しておく。景品表示法は、不当表示と不当な景品類の提供を簡易迅速に規制するために作られた。

　不当表示については、景品表示法5条が一般消費者に対する不当表示を禁止し、①商品等の内容について実際のものまたは他の事業者のものよりも著しく優良と一般消費者に誤認させる表示（優良誤認表示、景表5条1号）、②商品等の取引条件について同様に著しく有利であると誤認させる表示（有利誤認表示、同条2号）、③取引に関する事項について一般消費者に誤認させる表示で、消費者庁長官が指定する表示（同条3号）の3つを禁止している。①については、消費者庁は、事業者に対し、合理的な根拠を示す資料の提出を求めることができ、資料を提出しないときは不当表示とみなされる（不実証表示規制、景表7条2項。なお、8条3項）。エンフォースメント面では、景品表示法は、消費者庁長官が措置命令をだし、都道府県知事にも措置命令をする権限を与え、消費者庁の委任を受けて公取委の地方事務所等も審査をし、一種の自主規制である公正競争規約制度を設けるなど特別な制度を採用している。

② 不当な利益による顧客誘引

　一般指定9項は、「正常な商慣習に照らして不当な利益をもつて、競争者の顧客を自己と取引するように誘引すること」を不公正な取引方法とする。

不当な利益による顧客誘引は，景品その他の経済的利益によって顧客を不当に誘引することである。ただし，景品の提供は景品表示法によって一律の規制がなされているので，景品以外の不当な利益による顧客誘引，たとえば取引付随性がないもの，取引の直接の相手方でない者への提供などが実質的には一般指定9項によって規制する意味があることになる。

公正競争阻害性

自動車を買うと付属品がおまけで付けられるとか，チョコレート菓子やラムネ菓子におもちゃが付いているということはよくある。商品を販売する際に景品やおまけを付けることは普通に行われている。競争の観点から見ても，自動車に付属品を付けるのは実際には自動車の販売価格を引き下げるのと同じかもしれず，そうであれば価格競争そのものである。もしカルテルまたは協調的行動があったなら，おまけの提供はカルテルや協調行動の裏切りとして競争を回復する手段である。

しかし，たとえば菓子を買うと抽選（懸賞）によりテレビで大人気のキャラクター人形があたるとすれば，子供はキャラクター人形目当てに買いたくもない菓子を大量に買うかもしれない。大人ならば冷静な（合理的な）判断ができるかもしれないが，子供に冷静な判断を期待することはできない。競争者が良質廉価な商品を供給するという顧客獲得の努力（競争）をしているのに，商品の価格に比べて高額の景品または懸賞を付けて消費者を勧誘すると，①顧客の適切な商品選択ないし意思決定を歪めるとともに，②良質廉価な商品（上の例では菓子）を供給する競争者の商品が選択されず，良質廉価な商品を供給するという能率競争をできなくなり，そのような競争がなされなくなる。

ただし，経済的利益による勧誘行為は，競争そのものであること
が少なくなく，また顧客が十分に合理的であれば①②の効果も普通
はないであろう。すると，経済的利益による勧誘行為が①②の観点
から公正競争阻害性をもち「不当」であるのは，ぎまん的顧客誘引
と異なり，例外的な場合に限られる。

「不当」とされた例

　実際に，経済的利益による顧客誘引が違法
とされた例は，景品表示法にあたるケース
を除けば，少ない。ディストリビュータに報奨金等を出して勧誘し
たマルチ商法の事件（ホリディ・マジック事件・公取委勧告審決昭和50
年6月13日），および証券取引で損害がでた後の大口顧客との交渉で
損失補塡による利益供与を行った大手証券会社による損失補塡事件
がある（野村證券事件・公取委勧告審決平成3年12月2日。この事後の損
失補塡は現在では金融商品取引法で禁止されており，現在は独禁法によ
らなくても規制できる）。

景品表示法による規制

　過大な景品付き販売については，景品表示
法4条に基づく消費者庁長官の告示によっ
て不当景品類の提供が禁止されている。

　この景品には，(1)チョコレート菓子のおまけのように，商品を購
入すれば必ず景品が提供されるもの（総付景品），(2)購入者の中の何
名に旅行があたるといった，商品を購入すると懸賞（くじ）によっ
て景品が提供されるもの（懸賞景品），(3)商店街が年末などに行う福
引きのような，共同懸賞がある。

　懸賞景品は，消費者の射倖心が強い場合は顧客誘引効果が高く，
また懸賞の総額は分かっても応募者数等が分からなければ当選確率
が分からないという点で表示（情報提供）が不十分という面もあり，

総付景品にくらべると厳しい規制がなされる。総付景品も子供のように合理的な行動が期待できないような場合は規制が必要である。

　日本の総付景品の規制は次第に緩くなっているが，諸外国に比べればなお厳しい。逆に，懸賞景品の規制は，諸外国ではほぼ全面禁止に近い例もあるが，日本ではオープン懸賞・総付景品に比べれば厳しいものの，比較的緩やかな規制にとどまっている。

5 抱き合わせ販売等

　2条9項6号ハの定める不当な顧客誘引・取引のうち，抱き合わせ販売等は，自由競争減殺（私的独占の予防規制）と競争手段の不公正の両面があることから，ここで独立して扱う。

① 行 為 類 型

一般指定10項は，「相手方に対し，不当に，商品又は役務の供給に併せて他の商品又は役務を自己又は自己の指定する事業者から購入させ，その他自己又は自己の指定する事業者と取引するように強制すること」を不公正な取引方法とする。

　抱き合わせとは，人気のある商品（役務すなわちサービスを含む，以下同じ）の購入等の際に，不人気の商品の購入等を強制することである。人気商品は抱き合わせ商品（tying product），不人気商品は被抱き合わせ商品（tied product）と呼ばれる。しかし抱き合わせ商品，被抱き合わせ商品という言葉は混乱しやすいので，以下では，抱き合わせ商品を主たる商品と，被抱き合わせ商品を従たる商品と呼ぼう。以下では，Aの経験した一連のケースを見て独禁法の抱き合わせ規制を考えよう。

Case 14 ランチとジュース・靴の左右

　Aは違法な抱き合わせの例を見つけるよう独禁法のゼミで宿題を出された。Aは駅前のカフェテリアで，ランチを注文したが，ランチのセットメニューに入っているジュースはいらないのでジュースを除いてその分安くするよういったが，断られた。さらに，Aは靴屋を訪れ，Aは靴の片方が犬にかまれて穴が空いたので，片方だけ売ってくれるよういったが，靴は両方一緒でなければ売らないといわれた。Aはこれらは違法な抱き合わせではないかと思っている。

Case 15 コンピュータとパンチカード

　Aは自宅に帰って父親に聞いた。コンピュータの歴史に詳しい父親は，「そういえば，昔，業務用のコンピュータはⅠ社製大型コンピュータが広く使われていた。当時コンピュータは入力装置に紙に穴を開けたパンチカードを使っていたが，他社のパンチカードは安かったのに，Ⅰは自社製のパンチカードの使用しか認めなかった。これは抱き合わせではないか。」といった。

Case 16 エレベータの交換部品と取替え調整工事

　Aの叔母Bはビルのオーナーであり，Bのビルではエレベータ・メーカーC社のエレベータを設置している。C社は業界3位のエレベータ・メーカーである。エレベータについては定期点検が法律により義務づけられている。CはC社製のエレベータの部品を独占的に供給しており，CはC社製エレベータのユーザーの80％との間でメンテナンス契約を締結している。しかしBは，メンテナンス料金の安い独立系のメンテナンス業者Dとメンテナンス契約を締結している。ある日，Bのエレベータに故障が生じ，

コンピュータ・パネルの取替えが必要になった。BとDとがCに部品の供給を求めたところ、Cは、メンテナンス契約を締結していないBに対する部品の供給は3ヶ月後になり、その場合にもC自身が取替え調整工事を行うのでなければ供給しない旨の返答をした。Bは、このような事態が続いたためやむなくDとの契約を解除し、Cとメンテナンス契約を締結した。BはAに何とかならないかといってきた。

Case 17　パソコンの基本ソフトとブラウザ

　Aはパソコンを愛用している。①コンピュータの基本ソフト（OS）において90%のシェアを占めるM社が、コンピュータ・メーカーに対して、OSの供給に際して、自社製のインターネットの閲覧ソフト（ブラウザ）のみを搭載するよう求めた。この結果、ブラウザ市場において80%のシェアを占めていたN社はシェアを落とし、ついにブラウザの有料での販売を放棄せざるを得なくなった。②M社のOSはM社のブラウザと一体となってはじめてその機能を十分に発揮できる場合はどうか。③逆に、M社の上記戦略は、実は、競合ブラウザに搭載されているアプリケーション・インターフェース・プロトコルが普及するとどのOSでも応用ソフトが動くようになり、M社のOS市場の独占が崩れるのをおそれ、ブラウザ市場で有力であるN社を排除する意図で行われたとする。

違法な抱き合わせとは　　Case 14 ～ Case 17 は独禁法上どのように評価されるだろうか。抱き合わせが違法であるためには、①主たる商品と従たる商品という別個の商品があること（二商品性、「他の商品」）、②別個の商品を購入させ（強制）、③公正競争阻害性があること（「不当に」）が必要である。

二商品性

まず，抱き合わせは，主たる商品と従たる商品の2つの商品がなければならない。2つの商品があるかどうかは，基本的には，主たる商品と従たる商品それぞれについて別個の需要があるかどうか，または，独立の取引の対象とされているかどうかにより判断される。1つの商品としての需要がある商品を一緒に売るのは当たり前である。ランチ，靴の左右（さらに靴と靴ひも）は常識的にはセット商品または1つの商品であって，別に買おうという人は通常はいないだろう。Aのように別々に買おうという人は，例外的だろう。靴の左右に対して独立に別個の需要が存在する，あるいは顧客から見てそれぞれ独立の取引の対象とされている（別個の市場を形成している）とは通常考えにくい。

では，2つの商品に別個の需要があり，独立の取引の対象とされているものの，供給者がこの2つの商品を機能的に一体として統合することで1つの商品として販売している場合はどうか。このような場合に二商品がある（したがって，違法な抱き合わせにあたりうる）とすると，新商品開発活動を妨げてしまう可能性がある。

しかし，たとえば Case 17 では供給者が OS にブラウザの機能を統合してしまえば1つの商品になり抱き合わせではないとすると，抱き合わせをする代わりに技術的に機能を統合すれば規制を逃れることもできるという問題がでてくる。このような場合には，二商品性はあって抱き合わせといえそうではあるものの「不当」といえるかどうかを丁寧に検討すればよいのかもしれない。

購入させること（強制） 次に，一般指定10項の要件から，別の商品を購入させること，すなわち購入の「強制」が必要である。顧客が自発的に２つの商品を同時に購入するときには，抱き合わせは行われていない。逆にいえば，主たる商品には強制ができるだけの力ないし地位がなければならない。顧客が従たる商品を買いたくないのに買わせたのであれば，通常，このような力はあるであろう。

不当性と正当化
事由について 抱き合わせが19条に反するのは，不当な場合，すなわち公正競争阻害性をもつ場合である。この公正競争阻害性は，下で詳しく見るように，自由競争減殺と競争手段の不公正のいずれかにあると考えられている。

　公正競争阻害性の観点から正当な理由に基づいて抱き合わせが行われていれば，通常は，抱き合わせは違法にならない。

　Case 16 においてエレベータ部品とその取替え調整工事の抱き合わせも，技術力のない者が据え付けるとエレベータの運行が危険になり，安全が害されるかもしれない。もしそうなら安全性という正当な理由に基づく抱き合わせであることになり，不当ではないことになりそうである。

　もっとも，もし法的な資格のある者が取替え調整工事を行えば，独立業者でも安全に取替えられるというように，より競争制限的でない代替的方法があるかもしれない。そうであれば，安全性を理由に公正競争阻害性があることを否定することはできない（⇒ *1*③「公正競争阻害性と『正当な理由』」）。

| 自由競争減殺 | 抱き合わせはいかにして自由競争を減殺するのだろうか。以下の可能性が考えられる。 |

(1) **従たる商品市場への悪影響**　第一は，従たる商品の購入を強制してライバル商品に対する需要を減らすことにより，ライバル商品を従たる商品市場から排除して，この市場における市場支配力を形成等するというものである。このようにして自由競争減殺効果（以下「市場閉鎖効果」ともいう）を発生させるには，抱き合わせによって，市場支配力が形成されるか，そこまではいえなくても，従たる商品市場の相当部分が悪影響を受けることが必要である。たとえば，公取委によって，マイクロソフトによる抱き合わせが違法とされたケースを見てみよう（公取委勧告審決平成10年12月14日・百選63・98）。

このケースでは，マイクロソフト社がパソコン製造販売業者向けの応用ソフトのライセンスにおいて，パソコン製造販売業者は表計算ソフトであるエクセルとワープロソフトである一太郎を搭載したパソコンの販売を要請したがこれを拒否し，表計算ソフトとしてシェア1位のエクセル（主たる商品）とワープロソフトであるワード（従たる商品），スケジュール管理ソフトであるアウトルック（従たる商品）とを抱き合わせた。その結果，ワープロソフトで1位の一太郎，およびスケジュール管理ソフトで1位のオーガナイザーに代わり，ワード，アウトルックのシェアが拡大し，それぞれ1位になった。

このように抱き合わせによって従たる商品市場において相当のシェアを獲得できれば，従たる商品市場における自由競争が減殺される（市場が閉鎖される）と考えられている。

もっとも，従たる商品市場への悪影響だけでは，抱き合わせをする理由が分かりにくくはある。1つの商品を独占していれば，それ

とともに一定比率で用いられる商品の市場へ力を拡張しても，得られる利潤は変わらないということが，理由の説明は省くが，実は知られているのである。

(2)　主たる商品市場での市場支配力の維持　　この点，状況が，Case 17 のようなものであれば，話が変わってくる。これは米国におけるマイクロソフト事件を単純化したものである。この事例では，従たる商品市場での競争によって主たる商品における市場支配力が浸食されるおそれがある場合に，主たる商品市場における市場支配力を維持するために従たる商品を抱き合わせ，従たる商品市場でのライバルの成長が阻止されている。このような影響をもつ抱き合わせは，行う者に大いに利益をもたらすものといえるだろう。このほか，主たる商品市場，正確には従たる商品市場の川上または川下の市場において，すでに見た排他条件付取引における市場閉鎖効果およびライバルの費用引き上げ効果と同じ効果（⇒ *6* ②）をねらうこともある。

――――――――――――
価格への公的規制，価格・
物価統制の回避手段

価格規制が行われているときには，特殊なかたちで，市場支配力が形成等される場合がある。

　たとえば，電気通信会社が，固定電話サービスを行う際に自社の電話機を購入し設置することを義務づけたとしよう。電話サービスを購入するには電話回線（加入者回線）使用契約と電話の設置が必要であり，両者は 1 対 1 の関係にある補完財である。この場合，電話回線は総務省の認可制度になっていて独占価格を付けられないが（価格への公的規制がある），電話機は自由に価格設定できるとする。こうなると，この電気通信会社は，規制分野（加入者回線サービス）では不可能だった値上げを，非規制分野の商品（電話機）を抱き合

表4-1

	顧客X	顧客Y
コンピュータの評価（支払意欲）	1000万円	300万円
利用回数	1,000回	300回
パンチカードの市場価格	1円	1円

わせることによって，できるようになったということになる。このような公的規制を回避する抱き合わせは，規制によって抑制されている市場支配力を解放する行為であり，自由競争減殺といえるだろう。

市場支配力をテコにした利潤の拡大

Case 15 を考えよう。Ⅰは大型コンピュータ市場で市場支配力をもっていただろう。パンチカードは製法が簡単なので，パンチカード市場は競争的であり，1枚1円で購入できると仮定する。Ⅰはパンチカードを抱き合わせることで利潤を拡大できるか。**表4-1**のように，顧客Xはコンピュータを高く評価し，1000万円までコンピュータの利用に支払ってよいと考えている。Ⅰとしては，抱き合わせをしないでコンピュータの価格を1000万円とすることもできるし，パンチカードを競争市場から購入してパンチカードを抱き合わせてコンピュータとパンチカードをあわせた価格を付けることもできる。抱き合わせることでⅠの利潤は増えるだろうか。実はⅠの利潤は変わらない。なぜなら，抱き合わせた場合にも，Xの支払意欲は変わらないので，コンピュータ本体の価格は支払意欲からパンチカード代を引いた価格になり，コンピュータの価格を下げざるを得ないからである。利用回数が1,000回のとき，抱き合わせなければ，コンピュータの価格は1000万円だが，抱き合わせるとコンピュータが999万9,000円，パンチカードが1,000円になる。パンチ

カード代を1枚5,000円に引き上げると，コンピュータは500万円でしか売れない。

　では，Ⅰはなぜパンチカードの抱き合わせをするのか。**表4－1**のように，Xはコンピュータをよく利用し，コンピュータに高い価値（支払意欲）を置き，Yはコンピュータをあまり利用せず，コンピュータに低い価値しか置かないとする。ⅠがXから利益を上げるためコンピュータを1000万円または500万円で販売すると，コンピュータに低い価値しか置かないYにとってコンピュータが高すぎてYに売ることができない。しかしYにコンピュータを販売する費用が300万円未満であれば，ⅠにとってYに販売することは利益になる。そこで，Ⅰはコンピュータを無料で提供し，パンチカード代金を1枚あたり1万円とする。このような抱き合わせは，コンピュータをよく利用しコンピュータに高い価値を置く顧客には高いコンピュータ代金を設定し，コンピュータをあまり利用せずコンピュータに比較的低い価値しか置かない顧客には低いコンピュータ代金を設定し，両者へコンピュータを異なる価格（1000万円と300万円）で売るのと同じである。つまり，コンピュータとパンチカードのような関連した商品（補完財という）を抱き合わせることで，差別対価で見た二部料金制と同じ機能をもたせることができ（⇒ *Column㉔*），価格差別を行っているのである。パソコンで使用するプリンタについて，本体が安くて，消耗品（純正品）のインクが高いのも，メーカーとしては価格差別をしようとしている面もあろう（ただし，Case 16 について後に述べる「ロックイン」による弊害が起こっている可能性もある）。

　このような抱き合わせは，実質的に二部料金制をとっているものであって，すでにもっている市場支配力を単に有効に利用しているだけといえなくもない。「抱き合わせることで，商品に低い価値を

おく顧客へも販売がされるようになったのだから，よいことではないか」といった政策論もあり，議論のあるところである。他方，このような抱き合わせは，市場支配力の行使を促進するもので，自由競争を減殺するという考え方もありうる。

カルテル破り・再販破り　電気店などで，人気商品の価格が高く，どの店に行っても価格がほとんど変わらないが，特定の商品やサービスがおまけでついていたり，特別に安い料金になっているということがある。これは，この商品は協調的な価格設定がなされているが，おまけという形で実質的な値引きが行われているという場合がある。また，小売店が違法な再販売価格の拘束を受けていて価格引き上げができない場合に，他の商品との抱き合わせによって再販を回避して事実上小売価格を引き上げることができる。たとえば，人気のあるゲームソフトの販売にあたり不人気のソフトを抱き合わせるのはこういう理由に基づくことがあるだろう。

再販破りやカルテル破りは，独禁法違反行為を自力救済しているともいえ，自由競争減殺がないケースが多いかもしれない。

不公正な競争手段（顧客の商品選択の自由の侵害）　抱き合わせは，競争手段として不公正であることから公正競争阻害性をもち不当だとされることもある。主たる商品を購入したいという顧客の意欲に乗じて従たる商品を購入させるという方法により競争をしていることが，不公正と評価される。このような競争手段が放置されれば，従たる商品について良質廉価な商品を供給するという能率競争を妨げられてしまい，公正な競争が阻害されると見る。顧客としては，どの事業者から商品を購入するかという選択

の自由が侵害されているのであって，このことからしても不公正であるといえる。この観点から公正競争阻害性を認めるときには，従たる商品市場への影響が問題にされなかったり，問題にされるにしても比較的緩やかに認定できることになる。

　抱き合わせについては，さらに，優越的地位の濫用（⇒ **9**）と同型の不当性をもつことがあると捉える見解もある。

判例・審決の立場　裁判所や公取委が抱き合わせを違法とした事例においては，どちらかといえば自由競争減殺よりも，顧客の商品選択の自由の侵害や，能率競争阻害に着目して不当性を認めた事例が多い。公取委は人気ゲームソフトと不人気ゲームソフトの抱き合わせ事件について独禁法違反の審判審決をだしている（ドラクエⅣ・藤田屋事件・公取委審判審決平成4年2月28日）。公取委審決は自由競争減殺と商品選択の自由の侵害のいずれにも言及しているが，従たる商品市場への悪影響の論点へは深く立ち入らずに違法だとしている。

　Case 16 のモデルである事件では民事訴訟が提起され，高裁によって抱き合わせが違法だとされている（東芝エレベータ事件・大阪高判平成5年7月30日・百選64）。公正競争阻害性（不当性）が自由競争減殺にあるとするならば，Case 16 ではCは第3位のメーカーにすぎず，従たる商品市場へ相当程度の悪影響があったかが問題になりうる。製品販売後のブランドごとの修理サービス市場を独立の市場（「ロックイン」された市場と呼ばれる）として認め，ここでの市場支配力の形成，維持，強化を独立に問題にすべきだと考えるかどうかによって，結論は異なったものになりうる。たとえばエレベータの設置後にはじめて取替え調整工事やメンテナンス料金が高いことが分かり（情報の非対称性），かつ高いことが分かった後では

他のメーカーのエレベータに乗り換えられない場合（転換コストが高い場合）には，その修理サービス等を「アフターマーケット」として他のメーカー向け修理サービスの市場とは独立の市場とした上で，部品と修理サービスを抱き合わせ自由競争を減殺したとして規制してよいかもしれない。しかし，大阪高裁はこのような論点には立ち入ることなく，部品と取替え調整工事が抱き合わせられているとし，この抱き合わせは商品選択の自由を失わせ能率競争を阻害し不当だとした。

流通・取引慣行
ガイドライン

平成29年の流通・取引慣行ガイドラインの改訂で「抱き合わせ販売」の項目（第2の7）が新たに置かれた。その内容はこれまでの本書の説明とほぼ同じである。

すなわち，ガイドラインは，抱き合わせ販売の公正競争阻害性について，「従たる商品の市場において市場閉鎖効果が生じる場合」とする（第1部第2の7(2)）。また，市場閉鎖効果を「非価格制限行為により，新規参入者や既存の競争者にとって，代替的な取引先を容易に確保することができなくなり，事業活動に要する費用が引き上げられる，新規参入や新商品開発等の意欲が損なわれるといった，新規参入者や既存の競争者が排除される又はこれらの取引機会が減少するような状態をもたらすおそれが生じる場合」としている（第1部3(2)ア）。

ただし，ガイドラインは，注10において，「抱き合わせ販売は，顧客の選択の自由を妨げるおそれがあり，価格，品質，サービスを中心とする能率競争の観点から，競争手段として不当である場合にも」違法となるとし，競争手段の不公正も補完的には問題となることを明らかにしている。

そのほか，「他の商品」については，「組み合わされた商品がそれぞれ独自性を有し，独立して取引の対象とされているか否かという観点から判断される」とし，具体的には，「それぞれの商品について，需要者が異なるか，内容・機能が異なるか……，需要者が単品で購入することができるか……等の点が総合的に考慮される」とする。また，市場閉鎖効果を判断する市場については，アフターマーケットも含まれることを確認している（第1部第2の7(3)）。

6 事業活動の不当拘束(1)──排他条件付取引

事業活動の不当拘束（2条9項6号ニ）には，排他条件付取引（一般指定11項），再販売価格の拘束（2条9項4号），および拘束条件付取引（一般指定12項）がある。一般指定12項が「事業活動の不当拘束」を広くカバーする一般条項であり，一般指定11項と2条9項4号は，競争排除（市場閉鎖），競争回避（価格維持）の典型的な行為類型である排他条件付取引と再販売価格の拘束とを独立させて違法となる行為をより明確に示している。なお，平成21年改正までは，2条9項4号に規定される行為（再販売価格の拘束）は一般指定12項であって，一般指定11項と並んで，2条9項6号ニに対応する指定であることが示されていた。平成21年改正において再販売価格の拘束が課徴金の対象となり，2条9項4号に移動した。

① 行 為 類 型

一般指定11項

一般指定11項は，「不当に，相手方が競争者と取引しないことを条件として当該相手方と取引し，競争者の取引の機会を減少させるおそれがあること」を排他条件付取引とする。一般指定11項にあたるというためには，

①競争者と取引しないという拘束があること，②競争者の取引機会を減少させるおそれがあること，③不当であることが必要である。不当とは，公正競争阻害性をもつことであり，自由競争減殺を意味する。ここでの自由競争減殺は，**5** ② 「流通・取引慣行ガイドライン」で述べた市場閉鎖効果と同じである。

　一般指定11項により規制されるのは，およそ競争者と取引しない（すべての競争者と取引しない）という内容の拘束である。特定の競争者と取引しないという内容の拘束は，一般指定12項または２項により規制される。

　排他条件付取引により自由な競争が減殺されるのは，競争者の取引が困難となることを通じてである。このことから，不当であるときには競争者の取引機会が減少しているのであって，②についての判断と，③についての判断は，相当部分が重複している。もっとも，②があることで，競争者の取引機会がおよそ減少しないのであれば，不当かどうかを検討するまでもなく，一般指定11項にあたらないと判断できる。

行 為 類 型　排他条件付取引には，買い手に対して自己の競争者から購入しないことを条件として販売する排他的供給契約と，売り手に対して自己の競争者に販売しないことを条件として購入する排他的受入契約がある。これは，拘束する事業者が売り手か買い手かの違いにすぎず，自己の競争者と取引しないことを条件として取引をするという行為の実質は同じである。排他的供給契約には専売店制（⇒ Case 18 ），特約店制，全量購入義務（⇒ Case 19 ）などがある。排他的受入契約には，特定地域の販売の独占権を与える一手販売契約，輸入総代理店契約（⇒第６章 **5**）などがある。

2 　排他的供給契約

Case 18

精米機と専売店制

　A社は，精米機を製造して特約店を通じて米穀小売業者（お米屋さん）へ供給している。A社は，特約店との間で，①A社と競合する他社製品を取り扱わないこと，②特約店は特約店以外の販売業者にA社製品を販売しない旨の特約店契約を締結して取引している。A社のシェアは米穀小売業者用の精米機で28%である。

専売店制　　　　　**Case 18** でとられた流通制度は専売店制と呼ばれる。専売店制は排他的供給契約の典型であり，たとえばメーカーが販売業者に対し，自己の商品のみを取り扱い競争者の商品を取り扱わないという条件を付けて取引をするものである。専売店のほか，**Case 18** のように特約店と呼ばれ，またはチェーン店と呼ばれることもある。

　たとえばメーカーが内装・外装，宣伝広告，情報・ノウハウの提供など系列店の販売を支援するために支出することがある。この場合に，その小売店が競争者の商品も扱っていれば，競争者は当該メーカーの支出にただ乗りをすることができる。このようなただ乗りを排除するために排他条件付取引をすれば，メーカーは安心して支出をして当該商品の流通を効率化し，さらにブランド間の競争も活発になるかもしれない。1つのメーカーが単独で系列店との間で排他条件付取引をしてもただ乗り排除の効果がある。

　このように，専売店制は競争に悪影響を与えるというのとは異なる目的をもって行われることが多い。そして，実際にも，競争に対する悪影響をもたないことが多い。このことから，一般指定11項で

は「不当に」という文言を用いて、例外的な場合にのみ公正競争阻害性が認められるとしているのである。それはどういう場合だろうか。

公正競争阻害性
——市場閉鎖効果

排他条件付取引は、競争者の流通経路を閉鎖することにより自由競争を減殺する。英語では foreclosure といわれる。 Case 18 では、このような効果が生じる可能性がある。排他条件付取引によって競争者が川下市場（ Case 18 では流通市場）から締め出されるならば、競争者が川上市場で競争するには、競争者は川上市場（精米機製造市場）だけでなく川下市場（流通市場）にも同時に参入しなければならなくなる。しかし、競争者が精米機市場に参入し、かつ川下の市場で流通ネットワークをも自ら構築し、または新規の流通業者を募集・育成することは通常は困難であり（埋没費用が禁止的に高い）、したがって、事業者は排他条件付取引を行うことによって川上市場において競争者を締め出して（「顧客閉鎖」という。川上と川下を入れ替えることもできる。この場合「投入物閉鎖」という）、川上市場において市場支配力またはその前段階の力を形成、維持、強化できるのである。

ライバルの費用
引き上げ（RRC）

市場を閉鎖するとは、競争者（ライバル）のコストを引き上げることを意味する。有力事業者が排他条件付取引を行うことによって、競争者を締め出したり競争者を完全に締め出さなくても、その費用を引き上げることにより、有力事業者は価格を高く設定することができ（⇒第3章2）、自由競争が減殺される。たとえば、有力事業者が、排他条件付取引により最も優れた流通チャネルまたは優

れた技術を確保し，それらをライバルに使わせなくさせたとしよう。これによりライバルはより高コストの流通チャネルや技術を使わなければならない。また，川下の産業において規模の経済やネットワーク効果が大きければ，川下で一定のシェアを確保することで，規模の経済等によってコストを引き下げられるが，ライバルは規模の経済等を享受できず高い流通コストを負担せざるを得ない。RRC に注目すれば，排他条件付取引は，市場閉鎖とともに，それよりも広範に自由競争を減殺する可能性がある。流通・取引慣行ガイドラインは，こういう場合をも含めていると考えられる。

　流通・取引慣行ガイドラインは，市場閉鎖効果を，「新規参入者や既存の競争者にとって，代替的な取引先を容易に確保することができなくなり，事業活動に要する費用が引き上げられる，新規参入や新商品開発等の意欲が損なわれるといった，新規参入者や既存の競争者が排除される又はこれらの取引機会が減少するような状態をもたらすおそれが生じる場合」とするが（第1部3(2)ア。⇒ **5** ②「流通・取引慣行ガイドライン」），「事業活動に要する費用が引き上げられる」はこの RRC を意味している。なお，「新規参入や新商品開発等の意欲が損なわれる」は，後述（⇒ **8** ③）の非係争条項等の自由競争減殺効果を意味している。

市場閉鎖効果が 生じるための条件

市場閉鎖の問題に戻ろう。市場閉鎖ができるのは，競争者を締め出し，または競争者（ライバル）の費用を引き上げることができるだけの力をもち，かつ実際に相当数の川下業者を確保して競争者を締め出しまたは費用を引き上げた場合であろう。東京高裁は，排他条件付取引の公正競争阻害性は「競争関係にある事業者の利用しうる流通経路がどの程度閉鎖的な状態におかれることとなるかに

よつて決定されるべきであ」るとした（東洋精米機事件・東京高判昭和59年2月17日・百選65）。同時に，東京高裁は，①有力な地位をもつ者が②相当数の販売業者と排他的取引を行えば，原則的に，公正競争阻害性が認められるとしている。かかる場合は，自由競争減殺効果の事実上の推認をしていることが注目される。

並列実施・累積効果と市場閉鎖

一事業者だけでなく，競争関係にある事業者が並列的に排他条件付取引を実施しているとどうか。すべてのメーカーが排他条件付取引を並列的に実施していると，それぞれの事業者のシェアは小さく，単独では市場を閉鎖できない場合であっても，新規参入者には流通経路が閉鎖され，代替的な流通経路を確保できない。並列実施がなされれば公正競争阻害性をもちやすいというべきである。流通・取引慣行ガイドラインも，「複数の事業者がそれぞれ並行的にこのような制限を行う場合には，一事業者のみが制限を行う場合と比べ市場全体として市場閉鎖効果が生じる可能性が高くなる」（第1部第2の2(1)イ）と述べている。

並列実施・累積効果と東洋精米機事件判決

Case 18 は東洋精米機事件の東京高裁判決の事案を単純化したものである。公取委は東洋精米機の専売店制を不公正な取引方法にあたるとしたが，東洋精米機は公取委の審決を不服として審決取消訴訟を提起した。東京高裁は，排他条件付取引の公正競争阻害性について，上に述べた立場を示した。さらに，「一定の取引の分野の市場構造の特殊性等からして，すでに各販売業者が事実上特定の事業者の系列に組み込まれており，その事業者の製品だけしか取り扱わないという事態になつているなど特段の事情が認められる

場合は，排他条件付取引に公正競争阻害性が認められないとされる余地が生ずるものと解される」とした。その上で，東京高裁は，上記の考え方に基づいて公正競争阻害性が推認できる場合であったとしても，全国の販売業者数や系列化の実情を認定判断するのに必要な証拠を収集することなく，公正競争阻害性の存在を肯定したとして，差し戻した（東京高判昭和59年2月17日・百選65）。

このうち東京高裁判決の並列実施の考え方に対しては，批判がある。東京高裁は，競争関係にある事業者が並列的に排他条件付取引を実施していれば，それぞれの系列の間でブランド間競争が活発になると考えたのかもしれない。しかし，すでに述べたように，市場閉鎖という観点からは，妥当ではない。

流通・取引慣行ガイドラインにおける市場閉鎖効果と有力事業者の判断基準

流通・取引慣行ガイドラインは，「自己の競争者との取引等の制限」の中で，「市場における有力な事業者が，例えば次のように，取引先事業者に対し自己又は自己と密接な関係にある事業者……の競争者と取引しないよう拘束する条件を付けて取引する行為，……競争品……の取扱いを制限するよう拘束する条件を付けて取引する行為を行うことにより，市場閉鎖効果が生じる場合には，当該行為は不公正な取引方法に該当し，違法となる」とし，「『市場閉鎖効果が生じる場合』に当たるかどうか」は，*5* ②「流通・取引慣行ガイドライン」でも一部触れた第1部3(1)(2)アを引用している（第1部第2の2(1)イ）。ガイドラインの(1)は市場閉鎖効果等の違法判断基準，ガイドラインの(2)は有力な事業者の判断基準である。

まず(1)は，市場閉鎖効果だけでなく価格維持効果とも共通の判断基準とされ，次の5つを総合的に考慮して判断するとしている（第

1 部 3⑴)。

① ブランド間競争の状況（市場集中度，商品特性，製品差別化の程度，流通経路，新規参入の難易性等）

② ブランド内競争の状況（価格のバラツキの状況，当該商品を取り扱っている流通業者等の業態等）

③ 垂直的制限行為を行う事業者の市場における地位（市場シェア，順位，ブランド力等）

④ 垂直的制限行為の対象となる取引先事業者の事業活動に及ぼす影響（制限の程度・態様等）

⑤ 垂直的制限行為の対象となる取引先事業者の数および市場における地位

③と④⑤はそれぞれ，東京高裁のいう「有力事業者」，「相当数のもの」に対応し，①②は市場の競争状況に関する考慮要素といえよう。

次に⑵の市場における有力な事業者（有力事業者）かどうかは，「当該市場（……商品の市場をいい，基本的には，需要者にとっての代替性という観点から判断されるが，必要に応じて供給者にとっての代替性という観点も考慮される。）におけるシェアが20％を超えることが一応の目安となる」とする（第1部3⑷）。

ガイドラインは，東京高裁判決を受けて有力事業者基準を採用したと考えられる。しかし，シェアが20％を超えればつねに市場閉鎖が起きるだろうか。たとえば，シェア20％で，他の競争者が排他条件付取引をしていなければ，新規参入者は理論上80％の川下業者と交渉する余地がある。

実は，ガイドラインのシェア20％基準は，「一応の目安」にすぎ

ず，商品の市場全体での状況，メーカーの地位，制限を受ける流通業者の数・市場での地位などを総合的に考慮するとしている。東京高裁がいう事情がない限り公正競争阻害性が認められるという意味での有力な地位は，このような総合的考慮をした後のものであり，ガイドラインのこの基準は実質的にはこの基準をみたさなければまず問題にならないというセーフハーバー（安全港）の機能をもつと考えられる。なお，東洋精米機事件では，公取委はＡは28％のシェアをもつと認定したが，東京高裁はこの数字を裏づける実質的証拠がないとした。一方，並列実施の場合にも，各事業者のシェアが20％以下であれば問題ないと言い切ってよいのかには異論がありえよう。

フリーライドの防止
（正当化事由）

専売店制がただ乗り排除を目的として採用されることがあることについては，上述した。このようにして，ただ乗りの排除によりメーカーと専売店との協力が促進されれば，競争も促進されるかもしれない。ただ乗り防止は，自由競争減殺効果を否定する理由（つまり，不当ではないとする理由）となることがある。ただし，反競争効果があるときには，これを打ち消すに十分な競争促進効果を生じさせるものでなければならない。

Case 19

全量購入義務・ノーディオン事件
　私的独占で取り上げたノーディオン事件を思い出そう（⇒第3章 2 ④ Case 6 ）。

全量購入義務　Case 19 を見よう。世界にはモリブデン99のメーカーがもう1社ベルギーにある。長期購入契約により長期間の全量購入義務が課されると，日本の2社など川下の事業者は競争者（ベルギー会社）への転換コストが高くなり，乗り換えが難しくなる。こうして全量購入義務を課す事業者が川下市場から競争者を締め出せるだけの川下業者とこの契約を締結できれば，競争者の流通経路が閉鎖され（顧客閉鎖），専売店制で述べたのと同じく市場閉鎖効果が生じる。さらに，この商品の製造・販売に規模の経済があるとすると，全量購入義務によって競争者は製造・販売量を効率的に製造販売を行うことができる水準まで増やすことができず，費用を引き上げられ，全量購入義務を課した事業者は高い価格を設定できるようになる。こうして，全量購入義務も自由競争を減殺することがある。

　以上，排他的供給契約について見てきたが，排他的受入契約の例に，大分県酪農業協同組合事件（公取委勧告審決昭和56年7月7日）がある。しかし，独禁法の考え方は排他的供給契約と同じである。

累進的リベート　メーカーが流通業者に対してリベートを供与することがある。リベートは取引高に応じて価格を修正したり，流通業者の販売促進をしたりする機能をもつ。リベートは様々な目的で行われるが，価格の一要素として市場の実態にあった柔軟な価格形成を促進し，競争を促進するという面ももつのである。

　しかし，リベートは反競争効果をもつ場合がある。累進的リベートとか忠誠度リベートといわれるものである。たとえば，流通業者の仕入れ高に応じて，年間500万円以上ならば仕入高の2％，700万円以上ならば5％，1000万円以上ならば10％というように，累進的

なリベートを設定する場合に，累進率が著しくなると排他条件付取引の性格・効果をもちうる。流通・取引慣行ガイドラインは，「市場における有力な事業者がこのようなリベートを供与し，これによって取引先事業者の競争品の取扱いを制限することとなり，その結果，市場閉鎖効果が生じる場合には，不公正な取引方法に該当し，違法となる（一般指定4項，11項又は12項）」としている（第1部第3の2⑵イ）。競争者との取引をおよそしないよう拘束する働きをしていれば一般指定11項が，競争者との取引を部分的にしないようにさせていれば一般指定12項が適用される。取引条件に差別を設けているという側面に着目して，2条9項2号，一般指定3項または一般指定4項を適用することもできる。私的独占の事件であるが，インテル事件（公取委勧告審決平成17年4月13日・百選12⇒第3章 2 ④）においては，インテルが，パソコンメーカーにインテル社製CPUの比率を90〜100％とした場合にリベートを供与する等を内容とするリベートを供与したことが違法であるとされた。

7 事業活動の不当拘束⑵——再販売価格の拘束

① 行為類型

| 2条9項4号 |

2条9項4号は，「自己の供給する商品を購入する相手方に，正当な理由がないのに，次のいずれかに掲げる拘束の条件を付けて，当該商品を供給すること」を不公正な取引方法とする。

　イ　相手方に対しその販売する当該商品の販売価格を定めてこれを維持させることその他相手方の当該商品の販売価格の自由な

決定を拘束すること。

ロ　相手方の販売する当該商品を購入する事業者の当該商品の販売価格を定めて相手方をして当該事業者にこれを維持させることその他相手方をして当該事業者の当該商品の販売価格の自由な決定を拘束させること。

これによれば，①商品の販売価格を拘束し（2条9項4号イ），または，拘束させること（同号ロ）を，②正当な理由がなく行えば，2条9項4号に該当して独禁法に反することになる。

| 再販売価格の拘束 | イは取引先の価格の直接的な拘束，ロは取引先の価格の間接的な拘束について規定している（以下では，これらの両方をあわせて「再販売価格の拘束」または「再販」という）。

イの典型は，メーカーや卸売業者が，その直接の取引先（相手方）である卸売業者や小売業者に対して，その再販売価格をいくらにしろと拘束することである。ロの典型は，これらの直接の取引先（相手方）に対してその取引先（再々販売先，「当該事業者」）の販売価格を拘束させることである。

ただし，「購入する相手方」（柱書）は，直接に購入する相手方のほか，間接的に購入する相手方も含まれ，さらに，「購入する事業者」（ロ）には間接の購入者も含まれる（日産化学工業事件・公取委排除措置命令平成18年5月22日・百選67）。この解釈によれば，直接の取引先（一次卸業者）でなく二次卸業者のような間接の取引先（相手方）を通じて二次卸売業者の取引先（当該事業者）を拘束する行為や，相手先を通じて相手先のさらにその先の購入者を拘束する行為（ロ）も含まれる。間接の拘束，再々々販，再々々々販等もロの対

象とされる。

　再販の典型は「定価」を付けそれを守らせることである。もっとも，価格の下限を決めたり，一定の幅を決めてその中で価格を設定するよう拘束することも，販売価格の拘束にあたる。

　「商品」の販売価格と規定されているから，役務について価格を拘束することは対象とならない。役務の販売価格の拘束は，一般指定12項によることになる。「当該商品」（2条9項4号イ・ロ）なので，メーカーが相手方に販売する商品と相手方が購入者に販売する商品とは同じ商品でなければならない。同じ商品でない場合も，一般指定12項によることになる。

　再販を行うのは，メーカーに限らない。総代理店や卸業者が行うこともある。以下では，分かりやすいように，メーカーが行うものとして説明する。

再販は原則違法　　2条9項4号は「正当な理由がないのに」とするから，再販は原則として公正競争阻害性をもつものとされている。2条9項4号における公正競争阻害性は，自由競争減殺にあると考えられている。再販がどのようにして自由競争を減殺するのかは，後で詳しく検討する。

> **Case 20**　育児用粉ミルクの再販
> 　Aは，B社製育児用ミルクの総販売元であり，粉ミルクの販売にあたり，小売業者の登録制をとり，指示価格を守らないと登録を取り消し，割戻金を払わないなど不利益な扱いをし，販売価格・販売先を確認するため商品の流通経路を明らかにさせるなどしている。

素朴な疑問①　商品価格の表示

　Cは再販は原則として禁止されていると学んだが，友人Dから，「実際にはメーカーが商品に希望小売価格，推奨価格，標準価格などをつけていることをよく見かける。これは違法なのか。」と問われた（⇒後述「拘束の意味」）。

素朴な疑問②　書籍・雑誌・大学生協など

　Cはさらに，Dから，「Cがもっている独禁法の教科書には定価がついているではないか，また音楽CDにも定価がついているではないか，独禁法の本の出版社やレコード会社は違法行為をしているのか，新聞，雑誌やマンガもそうだ。その上，大学生協の書籍部では独禁法の本に定価がついているにもかかわらずなぜ割引販売されているのか。」と問われた（⇒ ③）。

拘束の意味

　2条9項4号は拘束を要件とする。契約において，メーカーの指示に従った価格をつけることが定められていれば，拘束があることは明らかである。さらに，指示に従わない場合に経済上何らかの不利益が与えられることにより，実効性が確保されれば，拘束があるといえる（育児用粉ミルク再販事件・最判昭和50年7月10日・百選66）。

　公取委は，この拘束の有無は，事業者の何らかの人為的手段によって，流通業者が当該事業者の示した価格で販売することについての「実効性が確保されている」と認められるかどうかにより判断されるとし，事業者と流通業者との間の合意によって，当該事業者の示した価格で販売するようにさせている場合のほか，事業者の示した価格で販売しない場合に経済上の不利益を課し，または課すことを示唆する等，何らかの人為的手段を用いることによって，当該価格で販売するようにさせている場合も含まれるとしている（流通・

取引慣行ガイドライン第1部第1の2(3))。拘束が認められる典型的な場合は，店に備えておくことが必要な有力な商品の供給者が，価格に関する指示に従わなければ供給を停止する（つまり，取引を拒絶する）という手段を用いて一定の価格で販売させるようにする場合である。価格を守ることを条件としての販売促進の支援（サンプル提供など）もこの人為的手段にあたるとされている（資生堂事件・公取委同意審決平成7年11月30日）。

「希望小売価格」，「推奨価格」，「標準価格」などは，それが本当に希望，推奨等にすぎず，その価格を守ることが強制されていないのであれば，再販にあたらない。逆に，名称が何であっても，実際に拘束（強制）されていれば違法な再販である。

② 公正競争阻害性

自由競争減殺型

再販は，上述のように，原則として公正競争阻害性があるとされている。そして，再販の公正競争阻害性は，市場支配力の前段階の力を形成，維持，強化し，またはその行使を促進するという意味での自由競争減殺型にあると説明される。

Case 20 は育児用粉ミルク再販事件の最高裁判決（最判昭和50年7月10日・百選66）を単純化したものである。この事案ではA（和光堂）は，育児用粉ミルクのシェアが6～10％しかなかった。そこで，AはAの低いシェアを考慮しないのはおかしいと主張したが，シェアいかんにかかわらず（シェアが低くても）公正競争阻害性があるとした。これにより最高裁は再販価格の拘束を原則違法としたと考えられている。

競争の最も重要な手段である価格を拘束する再販が，競争に悪影響を与えるのは明らかなようである。メーカーが小売の販売価格を

制限すれば，小売事業者間の価格競争は不活発となるだろう。長年の経験から，このことは多くの国で認められてもいる。

　もっとも，メーカーとしては，小売業者が熱心に競争してくれた方が販売数が増え，結果としてメーカーの利益が増えそうなのに，なぜ競争を制限するのか，また小売業者もなぜ手足を縛られる拘束を受け入れるのか，不思議な感じがしないではない。原則違法とするほど，こうしたことが頻繁に起こるのかが問題になる。再販が市場へ悪影響を与えるのはメーカーが市場支配力をもっている場合に限られるのではないかなどといった疑問も生じる（⇒「自由競争減殺②」）。再販が，事業者には利益をもたらしつつ，社会には悪影響を与えるというのは，どういうふうにしてなのか，もう少し詳しく考えてみよう。

自由競争減殺①
──カルテルの偽装・実効性確保手段，価格協調手段

　小売業者間の価格カルテルがなされているとしよう。カルテルは裏切り（カルテル破り）を招き，カルテルが崩壊することがある。製造業者が複数の小売業者に対して小売価格を拘束すれば，小売業者による裏切りを阻止し，カルテルの実効性を確保することができる。同様に，小売業者が協調的行動をしていたとして，小売業者がメーカーに依頼して小売業者の価格を拘束すれば，小売業者は協調的価格設定をしやすくなり，自由競争を減殺する。

自由競争減殺②
──ブランド間競争の制限

　もっと広く再販が非難されるのは，メーカーは再販によってその商品の市場価格を直接引き上げられるからである。以下，その仕組みを見てみよう。

| 育児用粉ミルク
最高裁判決 | 育児用粉ミルクメーカーはBのほかに3社 あるとしよう。AがB社製粉ミルクの小売 価格を維持しAブランドの粉ミルクが他社 |

製品より高くなると，消費者は他社製品を買うかもしれない。再販はAブランドの粉ミルクについての小売業者間の価格競争を消滅させ，Aブランドの粉ミルクの価格を同じにするが（再販は「ブランド内競争」を制限する），他の3社（3ブランド）との間の価格競争が残っていれば，再販によって市場価格への影響はない（再販自体は「ブランド間競争」を直接には制限しない）ようにも思える。

なぜ最高裁はシェアが低くても違法だとしたのだろうか。最高裁は，消費者は粉ミルクのブランド（銘柄）を指定して購入すること，使用後に他のブランドに切り替えることは一般的でないこと，販売業者は量の多寡にかかわらず常備しなければならないという粉ミルクの商品特性を指摘している。シェアが低い事業者が再販を行っても原則違法だというのは，再販が行われるのは，①メーカー段階においてまたは小売（または流通）段階においてカルテルまたは協調的関係があってブランド間競争がもともと少ない場合，または②消費者はそのブランドが他のブランドよりも多少高くても買うという製品差別化が起こっている場合と考えられる。①の場合，さらに再販はメーカー段階では裏切りをしないとのコミットメントを与え，小売段階では裏切りを探知し，この協調関係等の維持・促進をもなしうる。そういう市場で再販をすれば市場価格も上がるし，価格を上げられる見込みがなければ価格の拘束はしないはずだと考えられるのである。最高裁判決は粉ミルクの商品特性として②を指摘したが，①の面もあった事案だと考えられる（同時期に起こった再販事件として，明治商事事件・最判昭和50年7月11日など）。

自由競争減殺③
—— 価格設定の自由の侵害

再販が原則として公正競争阻害性をもつのは，さらに，流通業者の価格設定の自由が競争の最も重要な手段だからである。流通・取引慣行ガイドラインは，「事業者が市場の状況に応じて自己の販売価格を自主的に決定することは，事業者の事業活動において最も基本的な事項であり，かつ，これによって事業者間の競争と消費者の選択が確保される」，「事業者がマーケティングの一環として，又は流通業者の要請を受けて，流通業者の販売価格を拘束する場合には，流通業者間の価格競争を減少・消滅させることになることから，このような行為は原則として不公正な取引方法として違法となる」としている（第1部第1の1(1)）。

正当な理由①
—— ただ乗りの防止？

再販が「正当な理由」により行われたという理由から合法とされた例は，これまでないようである。ブランドのイメージを保護するという目的が「正当な理由」になるという議論が行われることがあるが，高いブランドイメージは品質やサービスの良さにより維持すべきものであって，高い価格によって維持すべきかは疑問がある。また，価格がばらばらだと買い手が高い探索費用（サーチコスト）をかけなければならないところ，再販によりサーチコストを減らすことが正当な理由になるという議論があるが，価格が様々であるというのは競争が活発であれば自然に起こることであって，この削減をするのは正当な理由として認めることはできない。そもそも，高い価格を保つことでブランドイメージを高めたり，サーチコストを削減したりすることを目的として再販を行うということには，説得力がなく，認められたことはない。以下では，再販が自由競争減殺以外の目的，特に効率促進の目的で行われることがあるかどうか

を，詳しく検討してみよう。

　効率促進目的の再販であるという主張としては，次のようなものが考えられる。たとえば，パソコンメーカーがパソコンの小売価格を拘束したとしよう。Ｃはパソコンの購入を望んでいるが，パソコンの知識がなく，本を読んでもどのような機種，周辺機器およびソフトを購入したらよいか分からない。Ｃのような消費者が相当数いれば，小売店は商品知識のある店員をおいて顧客に説明サービスを行うことになる。その小売店では説明サービスのためのコストが高くなり，その分商品の小売価格が高くなる。Ｃとすればその小売店を訪れて説明を受け，機種等を決定して店を出て，その後，説明サービスは行わないがその分価格が安い小売店を訪れて目当てのパソコン等を買った方が得になる。これを説明サービスを行う店の側から見れば，安売り店は他の小売店の説明サービスに「ただ乗り（フリーライド）」していることになる。このただ乗りが相当数起こると，説明サービスを行う小売店ではパソコンが売れず，パソコン販売市場から退出し，安売り店だけが残るであろう。さらには，説明サービスを行う小売店がなくなり，パソコン購入者が激減し，最終的には安売り店も市場から退出するかもしれない。メーカーにとっても，このようなただ乗りにより産出量（購入量）が減り，その結果メーカーの利益が減るのは困ったことであり，説明サービスを提供させるために，再販により，安売り店に対しても説明サービスを行う小売店以上の価格で販売するよう強制することが必要だということになりそうである。

ただ乗り防止のための再販は本当にあるのか

しかしこの議論が成立する商品は，事前の説明が商品購入に不可欠であり，かつ購入後には顧客は小売店と接触する必要がない

商品に限られる。Cにパソコンに詳しい知人がいればはじめから安売り店で買うであろう。パソコンでは，このような素人は，購入後もトラブルに巻き込まれ頻繁に小売店に相談するのが普通であろう。そうであれば，Cは多少高くても事後的にも説明サービスを行う小売店から購入するであろう。また，小売店に相談しなくても，事前・事後の説明サービスをする独立の事業者もいるだろう。そうだとすれば，ただ乗り問題が起こる商品が多いとは考えにくいだろう。

正当な理由②
──二重独占問題の回避

メーカーと小売業者のような垂直的関係において，(1)メーカー段階，小売段階という2つの段階で独占（商品がブランドごとに差別化されている場合を含む）がある場合と，(2)メーカーが小売業者を垂直的に統合して1つの事業者になった場合とを比較しよう。(2)では統合したメーカーは利潤最大化行動として独占的な小売価格を付ける。(1)では，メーカーおよび小売業者のそれぞれが，自らの利潤を最大化して，独占価格を付け，独占的価格設定が二重になされる。

詳しい説明は省くが，こうした場合には，(2)の場合と比較して，価格が上がり，産出量が減少し，資源配分の効率性が悪化することが知られている。では，1事業者にならないまでも，小売業者を拘束して，小売業者を垂直統合した場合に付けただろう価格まで下げるように指示したらどうなるだろうか。

この場合，小売価格を1つの独占の場合の独占価格まで引き下げるよう拘束すれば，意外に思うかもしれないが，①メーカー・小売業者の利潤の合計は2つの独占の場合にメーカー・小売業者がそれぞれ独占価格を設定する場合よりも大きくなり，しかも②小売価格が下がり産出量が増えて消費者（および社会全体）の利益にもなる。たとえば自動車メーカーがディーラーの販売価格を拘束する場合に

こういうことが起こるかもしれない（差別化されたブランドごとに独占化がなされうる）。

二重独占問題と正当な理由	

二重独占問題を回避するための再販は許されるのだろうか。まず注意すべきは，この議論が成立するのは，二重独占問題が生じている場合で，かつ価格の拘束の仕方は価格の上限を定める「最高価格再販」に限られることである。この理論によって下限価格を定める最低価格再販や一般の再販価格の拘束を正当化することはできない。最高価格再販と称しながら，実質的に下限を設定する効果をもったり，協調を促進したりなどして，自由競争減殺効果をもつ場合にも，再販は許されない。

次に，この再販は自由競争を減殺しないといえるか。上限を定めるのであれ，価格設定の自由を制約していることは間違いない。この再販は少なくとも低いレベルの市場支配力があるからできたのであり，最高価格再販もその力の行使にほかならない。しかしながら，通常の再販は，市場支配力の行使を促進して価格の引き上げと産出量の削減をもたらすのに対し，最高価格再販は，すでに行使されている市場支配力の行使のレベルを引き下げ，価格を引き下げて産出量を増加させる。また最高価格再販は市場支配力を新たに形成，維持，強化するものでも，その力の行使を促進するものでもなく，むしろ力の行使を制約する。日本においては二重独占問題の回避のための最高価格再販を適法とする審判決はまだないが，解釈としては，これは例外的に公正競争阻害性をもたないと考えられる。ただし，通説はこの場合も公正競争阻害があるとしている。

流通・取引慣行ガイドラインは，平成27年改訂で，ただ乗りの防止（フリーライダー問題の解消）が，限定された範囲で再販の正当な

理由になりうることを明らかにしたが（第1部3(3)ア，第1部第1の2(2)），二重独占問題については触れていない。ただ，ガイドラインは「典型例」「例」を示すにすぎず，この二重独占問題を考慮することを排除するものではないと解される。

Column ㉗　再販規制の比較法

米国法は再販をもっぱら自由競争減殺型と捉えており，いわゆるシカゴ学派から批判も受けながらも，判例は，最高価格再販を除き，当然違法としてきた。EU競争法も，自由競争減殺型としつつ，原則違法としている。EUの加盟国法，たとえばドイツなど一部の国では，価格設定の自由の侵害と捉えて，原則違法としてきた。

ところが米国等では状況は変わる。最高価格再販について，米国ではカーン事件最高裁判決（1998年，最高価格再販を再販の当然違法ルールから除外），EUでは垂直的取引制限のガイドライン（1999年，最高価格再販を許容）によって，欧米では二重独占問題を回避するための最高価格再販は原則違法から除かれ，合理の原則といわれる方法で判断することになっている。さらに，米国ではリージン事件判決（2007年）において，本文で述べたただ乗りの防止を主たる理由として，再販の規制全体を原則違法から合理の原則で判断する形で判例変更している。

委託販売と再販　民法上の本人が代理人に販売代理権を与えるとすると，代理人は本人に代理して販売しているにすぎず，本人が代理人に販売価格を指示・拘束してもそれは本人の行為であり，独禁法に違反しないと考えられる。また，委託販売の場合で，その取引がすべて委託者の危険負担と計算で行われる場合にも（商551条以下参照）独禁法に違反しない。これを真性の委託販売は再販の規制を受けないという。

③ 再販の適用除外

適用除外①
——公取委の指定

再販の適用除外は２種類ある。独禁法23条
１項は，公取委の指定商品を適用除外とし
ている。過去には多くの指定があったが，
1997年に指定が取り消されて以降は指定はなく，23条１項に基づく
適用除外は現在は存在しない。

適用除外②
——著作物再販

もう１つの適用除外は，独禁法23条４項に
いう著作物についてのものである。４項は，
「著作物を発行する事業者又はその発行す
る物を販売する事業者が，その物の販売の相手方たる事業者とその
物の再販売価格を決定し，これを維持するためにする正当な行為に
ついても，第１項と同様」とする。書籍，雑誌，新聞，音楽CDに
定価がついていて，定価で販売されるのはこのためである。ただし，
この再販は，一般消費者の利益を不当に害することとなる場合，お
よび生産者の意に反してはできない（23条１項但書）。再販をするか
どうかは出版社の自由であり，取次業者が出版社の意に反して再販
の拘束をすれば原則に戻って違法となる。

Column ㉘　映画ビデオソフト，コンピュータ・プログラムは著作物か 〃〃〃〃

　再販禁止の適用除外を受ける「著作物」とは何か。著作権法は，書籍，
雑誌，新聞，音楽CDのほかにも，映画（映画著作物，著10条１項７号），
パソコンソフトやテレビゲームソフト（コンピュータ・プログラム，同項９
号）などを「著作物」として保護している。映画のDVD，コンピュー
タ・プログラム，書籍のCD-ROMやDVDに定価をつけることはでき
るのだろうか。

　公取委は，書籍，雑誌，新聞，レコード，音楽用テープ，音楽用CD

の6品目だけが独禁法23条4項にいう「著作物」であるとしている。この見解では，映画のDVD，コンピュータ・プログラム，音楽以外のCD-ROMなどはすべて再販できない。その実質的な根拠は，①この適用除外が作られた1953年当時，すでに再販の慣行のあった商品を追認したものであり（音楽用テープ，音楽用CDは当時のレコードに代わるものと理解される），1953年以降，著作権法が幾度も改正されコンピュータ・プログラムなど多くの新しい著作物が生まれたが，これらの改正は独禁法の適用除外制度とは無関係になされたこと，②映画のDVDや書籍のCD-ROMのような著作物の複製物を格納し流通させる，1953年当時には予想されなかった新たな手段が普及してきたこと，③これらは諸外国においては再販の規制を受けていること（書籍，雑誌の再販はフランス，ドイツなど限られた国でしか認められていない。CDやその他の著作物の再販は，音楽も含めてほとんどの国で違法である）などである。

解釈論としては，次の理由が指摘される（SCE事件・公取委審判審決平成13年8月1日・百選70も参照）。(1)独禁法23条4項は「発行」という文言を使っているが，この文言はコンピュータ・プログラムなどの新しい著作物にはなじまない。書籍，雑誌等の適用除外は文化の振興・普及にあるという説明があるが，この説明では著作権法にいう著作物は古い著作物に限定される。(2)独禁法23条4項は前述のように，1953年当時の再販の慣行を追認したにすぎない。(3)映画のDVD，コンピュータ・プログラム・パッケージ，CD-ROMなどは著作権法でいう著作物（映画著作物，コンピュータ・プログラム，小説など，著2条1項1号）ではなく，その著作物の「複製物」（同項7号など）にすぎないから，「著作物の複製物」の流通のあり方，つまり複製物に再販が許されるかどうかは独禁法の観点から判断すればよい。

Column ㉙ 　書籍・新聞と委託販売 *━━━━━━━━━━━*

　書店は売れ残った本を出版社に返品でき，これは委託販売によく似ている。真性の委託販売は再販にはならないことは，本文で説明したとおりである。従来から，公取委は書籍や新聞の再販適用除外を廃すべきと

主張し，業界はこれに反対してきた。しかし，もし書店や新聞販売店の販売行為が委託販売であれば，適用除外制度の廃止を論ずるまでもなく，独禁法に違反しないのではないかという疑問がでそうである。しかし書店や新聞販売店では返本制度等は行われているものの，書籍や新聞の売れ残りリスクや計算の少なくとも一部は書店や新聞販売店に残っており，真性の委託販売ではないと考えられている。

適用除外の例外　消費生活協同組合，中小企業等協同組合のような消費者や中小零細業者の相互扶助組織に対しては，適用除外を認めて再販ができるとなるとこれらの組織の設立の趣旨が損なわれることから，独禁法の適用除外は受けないとされている（23条5項）。大学生協などで書籍等が定価より安く売られるのはこの規定があるからである。

再販の課徴金　再販を行った事業者は，調査開始日からさかのぼって10年以内に再販として排除措置命令等を受けている場合に，調査開始日からさかのぼって10年前から違反行為がなくなるまでにおいて当該事業者が供給した売上額の3％について課徴金納付命令を受ける。この売上額は，2条9項4号イの価格の直接的な拘束が行われた場合には，価格拘束を行った事業者が価格拘束の対象商品を販売した事業者（相手方）に対する売上額（「直接的な拘束」の場合）であるが，同号ロの間接的な拘束が行われた場合には，価格拘束を行った事業者が価格拘束の対象商品を直接に販売した事業者（一次卸業者）に対する売上額となる。

8 事業活動の不当拘束(3)——拘束条件付取引

① 行 為 類 型

一般指定12項

一般指定12項は「相手方とその取引の相手方との取引その他相手方の事業活動を不当に拘束する条件をつけて，当該相手方と取引すること」を不公正な取引方法とする。排他条件付取引および再販売価格の拘束もこの要件をみたすが，この2つは拘束条件付取引の行為類型から独立して一般指定11項および独禁法2条9項4号に定められており，12項はこの2つの行為にあたらない拘束条件付取引を規制している。したがって，排他条件付取引や再販の定義をみたさないが類似の効果をもつ行為，たとえば特許権者がライセンスに際して特許製品の販売価格を拘束する行為は，拘束条件付取引として規制される。

一般指定12項においても，「拘束」することが必要である。拘束がどのような場合に認められるかについては，再販の拘束に書いた部分を見てほしい。不当とは公正競争阻害性をもつことである。この公正競争阻害性も，自由競争減殺を意味する。

競争回避と競争排除

拘束条件付取引には様々な行為があるが，代表的なものに，取引先の拘束，販売地域の拘束，販売方法の拘束，並行輸入の不当妨害（⇒第6章 *5*）がある。

自由競争を減殺する方法には，競争の実質的制限と同様に，競争の回避（価格維持）と競争の排除（市場閉鎖）の2つがある（⇒ *1* ③）。拘束条件付取引にもこの2つ，または2つの混合形態があり，上記

の行為の中では並行輸入の不当妨害を除くものは通常競争回避型であり，並行輸入の不当妨害は競争排除型である。並行輸入の不当妨害は第6章に譲り，ここでは競争回避を見よう。

② 販売地域の制限（テリトリー制）

様々な地域制限　　流通・取引慣行ガイドラインでは，販売地域の制限を4つに分けている。①メーカーが流通業者に対して，一定の地域を主たる責任地域として定め，当該地域内において，積極的な販売活動を行うことを義務づけること（責任地域制），②メーカーが流通業者に対して，店舗等の販売拠点の設置場所を一定地域内に限定したり，販売拠点の設置場所を指定すること（販売拠点制），③メーカーが流通業者に対して，一定の地域を割り当て，地域外での販売を制限すること（厳格な地域制限），④メーカーが流通業者に対して，一定の地域を割り当て，③に加えて地域外顧客からの求めに応じた販売をも制限すること（地域外顧客への受動的販売の制限）である（第1部第2の3(1)）。③は積極的販売の禁止，④は消極的販売の禁止ともいわれる。地域制限には，1つの地域に1つの流通業者しか置かないクロズド・テリトリー制と，複数の流通業者を置くオープン・テリトリー制の区別もある。

販売地域の制限の　　自動車メーカーAが自動車ディーラーに対
メリット　　して③の販売地域制限をしている例を考えよう。メーカーはなぜ販売地域の制限をするのか。ある地域にいるディーラーBは，新聞に新車の折り込み広告を出したり，店舗に新型モデルの車を展示して説明をし，地域内の顧客に対して車の点検や修理サービスをして，顧客を獲得し顧客を維持しようとするだろう。もしAの他のディーラーC等がその地

域で自由に販売できるのであれば，Bはせっかく販売促進活動をしても，販売促進活動をしない分安い価格を設定できるC等に顧客を奪われてしまう。Bは，C等のこのただ乗りをおそれて，販売促進活動をしなくなるかもしれない。メーカーAとしては，このような理由から販売促進活動がなされずA社製自動車の販売量が減り，その結果Aの利益が減るとすれば困った事態であり，Bが安心して販売促進活動をするように，Bに排他的な販売地域を提供する必要がある。

公正競争阻害性　しかし他方，メーカーがクロズド・テリトリー制をし，③または④の制限をすると，BC等の間のA社製自動車の販売競争がなくなる。販売地域の制限は，A社製品を販売するディーラー間の競争を回避しブランド内競争を制限し，さらにブランド間競争が弱ければ，自由競争を減殺する。

価格維持効果について，流通・取引慣行ガイドラインは，「価格維持効果が生じる場合」とは，「非価格制限行為により，当該行為の相手方とその競争者間の競争が妨げられ，当該行為の相手方がその意思で価格をある程度自由に左右し，当該商品の価格を維持し又は引き上げることができるような状態をもたらすおそれが生じる場合をいう」としている（第1部3⑵イ）。

このように，販売地域の制限は，一方で価格維持効果をもつが，他方では販売促進効果などもあるのである。

流通・取引慣行ガイドラインは，事業者が商品の効率的な販売拠点の構築やアフターサービス体制の確保等のため①②をとることは③④に該当しない限り，違法とならないとする。③は，市場における有力な事業者（定義は「専売店制」の説明を参照⇒ **6** ⑵）が行い，こ

れによって価格維持効果が生じる場合には，不公正な取引方法に該当し，違法となる（流通・取引慣行ガイドライン第1部第2の3）。④はこれによって価格維持効果が生じる場合には，不公正な取引方法に該当し，違法となる。④では「市場における有力な事業者」が要件となっていない点に注意が必要である。

価格維持効果，市場閉鎖効果の5つの判断基準

どのような場合に価格維持効果があるのか。流通・取引慣行ガイドラインは，価格維持効果の判断基準について，市場閉鎖効果と共通の5つの判断基準を示している（⇒ **6 2**）。

そして，価格維持効果については，「例えば，市場が寡占的であったり，ブランドごとの製品差別化が進んでいて，ブランド間競争が十分に機能しにくい状況の下で，市場における有力な事業者によって厳格な地域制限……が行われると，当該ブランドの商品を巡る価格競争が阻害され，価格維持効果が生じることとなる」としている（第1部3(2)イ）。

再販との違い

再販売価格の拘束には，原則として公正競争阻害性があった。同じくブランド内競争を制限し競争を回避する行為である販売地域の制限は，なぜ③では有力事業者が行い，価格維持効果がある場合に，④では行為主体の限定はないが，価格維持効果がある場合にのみ公正競争阻害性があるとされているのだろうか。

これは，第一に，再販は販売価格の拘束であり，競争の直接の手段の制限であるが，地域制限は価格を拘束しないので通常他のブランドからの価格競争が残存していること，第二に，再販は競争制限以外の目的は通常考えにくく（二重独占問題の回避はその例外である），

にもかかわらずなされたのは価格維持効果があるからであろうと推測できるが，地域制限はすでに見たようにメリットがあり，価格維持以外の一定の競争促進的な目的でもなされうるからである。

③ 販売方法の制限

メーカーが小売業者に対して販売方法の制限を加えることはよくある。たとえば，①商品の品質管理について指示し，②商品の販売コーナーや棚の位置を指示し，③商品の販売に際し説明の方法を指定し，または④商品や価格の広告の方法を拘束するなどである。商品の特質を最も知っているメーカーが品質管理や説明方法を指示することで適切な販売活動ができるようになり，またこのような販売方法の制限それ自体が，ただちに公正競争を阻害するわけではない。しかし販売方法の制限も場合によっては独禁法の問題がでてくる。

Case 21

化粧品の販売方法の制限

　化粧品メーカーＡと化粧品小売店との化粧品販売契約には，対面販売義務条項が入っていた。Ａの販売契約は，消費者以外には販売しないこと，すべての顧客に対面説明販売を行うことを義務づけている。Ｂは一般的には説明をしているが，説明は必要ないといった顧客には説明をしないで販売した。Ｃは通信販売で化粧品を販売した。ＡはＢＣに対して対面販売に関する契約違反を理由に契約を解除し，出荷を停止した。

　また，Ａは，対面販売義務を担保するために，小売店に対して，Ａが化粧品販売契約を締結していない事業者に対しては販売してはならないという義務を課している（卸取引の禁止）。Ａの取引先であるＤは化粧品の安売業者へ販売したので，卸取引禁止義務

違反を理由に販売契約を解除された。

対面販売義務の公正競争阻害性①──口実型

実は拘束条件付取引一般にいえることだが，拘束を課した事業者は拘束を遵守しなかった事業者に対して取引拒絶をする。販売方法の制限は違法な取引拒絶の口実として使われうる。たとえばAが小売業者に対して再販売価格の拘束をしていたとする。もしBがこの再販を守らず安売りしたために，対面販売義務違反を口実にして契約を解除したとする。これは違法な再販の実効性確保手段として販売方法の制限を使ったのであり，再販売価格の拘束（2条9項4号）にあたる。

対面販売義務の公正競争阻害性②──拘束自体の価格維持効果

では，対面販売義務は競争を回避することを通じて自由競争を減殺するだろうか。メーカーが小売業者に販売方法の制限を課せば，販売経費が増え，小売価格が安定するという意味で「価格維持効果」をもつようにも見える。これは自由競争減殺という意味での価格維持効果なのだろうか。しかし，この効果の発生は，通常は競争とは関係なさそうである。

Case 21 によく似た事案で，最高裁は，顧客への説明義務や品質管理の方法や陳列方法の指示などの形態の販売方法の制限は，①それなりの合理的理由に基づき（合理性），かつ②他の取引先にも同等の制限が課されていれば（同等性），「それ自体としては」公正競争阻害性をもたないとした。また，販売方法の制限を課すと販売経費の増大を招くことなどから多かれ少なかれ小売価格が安定する効果が生ずるが，このような効果が生ずるというだけで，価格維持

効果があるとはできないとした（富士喜・資生堂東京販売事件，江川企画・花王事件・最判平成10年12月18日・百選71）。この最高裁判決によれば，　Case 21　では①②の両方がみたされ，かつ再販等の手段でない場合には適法であることが事実上推認され，今度は違反行為の存在を主張する者が，いかに自由な競争を減殺したかを説明することになる。たとえば，イノベイティブな販売方法を競って提供しあうことが制限された，といった説明が考えられるかもしれない。

　ただし，この場合にも，拘束条件付取引が公正競争阻害性をもつのは自由競争を減殺する場合であるから，たとえば市場への影響がないような弱小メーカーが①②の両方またはいずれかをみたさない形で販売方法の制限を行ったとしても一般指定12項はみたさない。

　流通・取引慣行ガイドラインは，平成27年改訂で「選択的流通」について記述し，「消費者の利益の観点からそれなりの合理的な理由に基づくものと認められ，かつ，当該商品の取扱いを希望する他の流通業者に対しても同等の基準が適用される場合には」通常，問題とはならないとする（第1部第2の5）。ここでは，「消費者の利益の観点から」という限定がつけられている。

卸取引禁止の場合　次に卸取引の禁止はどうか。最高裁判決は，　Case 21　の後半の事案について，上の意味で適法な対面販売義務に「必然的に伴う義務」であり，対面販売の義務づけが独禁法に違反しない場合には，卸取引の禁止も，同様に違反しないとしている。

　では，必然的に伴うのではない卸取引の禁止はどうなるのだろうか。また　Case 21　の後半はAが閉鎖的流通経路（ネットワーク）を作り，ネットワークの外の事業者への転売を禁止しているが，ネットワーク内の事業者（Aが契約を締結している事業者）に対しても

販売を禁止したらどうなるのだろうか。これが次のケースである。

> **Case 22**
>
> ゲームソフトの流通制限
>
> 　S社は，家庭用テレビゲーム機で支配的な事業者である。S社は，ゲーム機用ソフトとハード用周辺機器の販売にあたり小売業者・卸売業者との関係で，①ソフト値引き販売禁止，②ソフトの中古品取扱い禁止，③ハード，ソフト，周辺機器の横流し禁止の３つの販売方針を採用し，この３つの販売方針を遵守する要請を受け入れた業者とのみ取引を行っている。

卸取引禁止の
公正競争阻害性

　Case 22 によく似た事案において公取委の審判審決（SCE事件・公取委審判審決平成13年8月1日・百選70）は，①は再販にあたり，②もその実効性確保手段として再販にあたるとした（なお，①が消滅したあとも続いた②は，①の実効性確保手段としてはその後は問題にならない〔百選70参照〕）。これに対し，③について，**Case 21** 最高裁判決の事案と異なり，適法な販売方法の制限に必然的に伴うものではないと認定したあと，このような閉鎖的流通経路外への流出防止は原則として公正競争阻害性が認められるとの判断をしている。

　公取委の審決では，閉鎖的なネットワークを構築したあと，適法な販売方法の制限に必然的に伴わないにもかかわらず，外の事業者への卸取引を禁止すると原則として公正競争阻害性をもつと考えるようである。しかしこの場合も，価格維持効果があるというためには，市場支配力，またはその前段階の力をもつ事業者が，またはもともとブランド間で協調的行動がなされブランド間競争が弱い市場

にいる事業者が行うことが実際には前提とされているのであろう。その場合には，その事業者は，取引量や返品のコントロールなどを通じて，自らの販売政策に従う販売業者らからなる閉鎖的なネットワークを構築することで，顧客の購入価格が高止まりすることになるのである。

　先に述べた最高裁判決も，①②をみたさない販売方法の制限が，ブランド内における販売方法に係る競争を制限し，その結果，自由競争減殺という意味で価格維持効果をもつのは，このような事実が前提としてある場合と考えるのであろう。

非係争条項

特許権等の知的財産権のライセンス（使用許諾）において，ライセンサー（使用許諾者）がライセンシー（被許諾者）に対してライセンシーの所有する知的財産をライセンサーやライセンサーの指定する事業者（他のライセンシーや特許製品のユーザー）に対して行使しない義務を課すことがある。これは非係争条項と呼ばれる。「知的財産の利用に関する独占禁止法上の指針」（平成19年9月28日公取委）（以下「知的財産ガイドライン」という）は，「ライセンサーの技術市場若しくは製品市場における有力な地位を強化することにつながること」，または「ライセンシーの研究開発意欲を損ない，新たな技術の開発を阻害することにより」公正競争を阻害する場合には拘束条件付取引にあたるとしている（第4の5(6)）。マイクロソフト非係争条項事件・公取委審判審決平成20年9月16日・百選93は，マイクロソフト社がウィンドウズのライセンスの際に，日本のパソコンメーカーにこの義務を課したことを違法とした。これに対して，ほぼ知的財産ガイドラインに沿って不公正な取引方法に該当するとした排除措置命令が問題となったクアルコム事件・公取委審判審決平成31・3・13は，

被審人の主張に従って本契約の本質はクロスライセンス契約だとした上で，対価が無償であることや対価が不均衡だという審査官の主張は立証されていないとし，排除措置命令を取り消している。

9 取引上の地位の不当利用

　2条9項5号は優越的地位の濫用を規定している。優越的地位の濫用は，従来，取引上の地位の不当利用（2条9項6号ホ）の前身である規定（平成21年改正前独禁2条9項5号）に基づき平成21年改正前一般指定14項に置かれていたが，そのほとんどが平成21年改正により2条9項5号に移動した。旧一般指定14項の一部であった「取引の相手方の役員選任への不当干渉」のみが一般指定に残された（13項）。優越的地位の濫用の特例法として下請法が定められている。

　これらの公正競争阻害性は，自由かつ自主的に判断することによって取引が行われるという自由競争の基盤の侵害にあるとされている。

1　優越的地位の濫用とは

2条9項5号　　2条9項5号は，「自己の取引上の地位が相手方に優越していることを利用して，正常な商慣習に照らして不当に，次のいずれかに該当する行為をすること」を不公正な取引方法とし，次の3つをあげている。

　イ　継続して取引する相手方（新たに継続して取引しようとする相手方を含む。ロにおいて同じ。）に対して，当該取引に係る商品又は役務以外の商品又は役務を購入させること。

ロ　継続して取引する相手方に対して，自己のために金銭，役務
　その他の経済上の利益を提供させること。

ハ　取引の相手方からの取引に係る商品の受領を拒み，取引の相
　手方から取引に係る商品を受領した後当該商品を当該取引の相
　手方に引き取らせ，取引の相手方に対して取引の対価の支払い
　を遅らせ，若しくはその額を減じ，その他取引の相手方に不利
　益となるように取引の条件を設定し，若しくは変更し，又は取
　引を実施すること。

優越的地位とは
　　　　　　　　　優越的地位というには市場支配力は必要な
　　　　　　　　　く，取引の相手方との関係で相対的優越性
があれば足りる。後述の優越ガイドラインは，このような地位があ
るかどうかは，①当該取引先に対する取引依存度，②当該取引先の
市場における地位，③販売先の変更可能性，④その他取引する必要
性を総合的に考慮して判断するとしている（第2の2）。

　公取委審判審決平成31年2月20日（山陽マルナカ事件）は，優越的
地位について，取引依存度，市場における地位，販売先の変更可能
性，その他取引する必要性に加えて，イ・ロ・ハ（審決はこれを「不
利益行為」と呼ぶ）を受け入れた事実により認定している。

　多くは買い手側に優越性があるケースである。取引先全体にとっ
て代替的な販売先があれば市場支配力やその前段階の力はないが，
ある特定の取引先が転換できなくなるだけでその取引先との関係で
は優越的地位が認められるので，優越的地位は市場支配力やその前
段階の力とは本質的に異なる。

濫用とは
　　　　　　　　　どのような行為が濫用になるかは，公正競
　　　　　　　　　争阻害性をどう捉えるかによって分かれう

るが，②では，2条9項5号の規定にそって，一般に濫用となるといわれている行為をあげる。これらが常に濫用になるのではなく，正常な商慣行に照らして「不当」と評価される場合に限って濫用になる。典型的には，①あらかじめ計算・予測できないような不利益が与えられる場合，および②著しい不利益を与える場合に，不当とされうる。

② 優越的地位の濫用の態様

> **Case 23** 老舗百貨店と納入業者
>
> わが国百貨店業界で第1位の老舗百貨店Mは，Mとの取引を強く望んでいる納入業者に対し，Mが開発した高額な商品の購入，M製作が制作した映画前売り券の購入，M開催の花火大会入場券の購入，納入業者の商品と関係ない店舗・売り場の改装費用の負担などを合理的理由を示すことなく要請し購入等を余儀なくさせた。

> **Case 24** メーカーと下請業者
>
> 金属製品メーカーAは，新製品の部品Bの製造を下請業者Cに発注した。Cがこの部品を製造するには新たに他の用途には転用不能な金型の作成，機械の購入が必要であったが（必要な新規投資額は5000万円），この部品の発注量は多くCにとって魅力的な取引であり，取引に応じた。B製品を用いたA社製品の販売は好調であるが，1年後にAの他部門で大きな赤字がでてその塡補のため，AはCに対して納入価格を3分の2に引き下げるか，取引を停止するかの選択を迫った。Cはこれでは赤字になるが，投資額5000万円をすべて失うよりはましなので，やむなく納入価格の

> 引き下げに応じた。

　2条9項5号のイ〜ハで規定される行為を例示しよう。

　イ　商品・役務の購入強制

　Case 23 では高額な商品，M製作の映画前売り券，花火大会入場券が押し付け販売されている。

　ロ　金銭・役務，その他の経済的利益を提供させること

　Case 23 では，店舗・売り場の改装費用の負担がなされている。そのほか，大規模小売店による従業員の派遣要請などがこれにあたる（山陽マルナカ事件・公取委排除措置命令・課徴金納付命令平成23年6月22日）。

　ハ　受領拒否，不当な返品，支払遅延，不当な減額，その他取引の相手方に不利益となる取引条件の設定・変更・実施

　Case 24 も不当な減額がなされている。銀行が融資を継続する際に金融商品の購入を強制すること（三井住友銀行事件・公取委勧告審決平成17年12月26日・百選76），歩積・両建預金（金融機関が融資の条件として定期預金等をさせること），払込制（メーカーが卸売業者の販売代金を直接徴収し，あとで払い戻す制度），正当な理由のない返品制などもこれにあたる。イ・ロでは継続的な取引を要件としているが，ハでは要件としていない。

　なお，公取委は優越ガイドラインを公表し，濫用の具体例を示している（第4）。

優越的地位の濫用
の規制の特徴

　Case 23 におけるMは有力百貨店ではあるが，他にも百貨店や専門店があり，Mは市場支配力またはその前段階の力まではもっていないのが普通であろう。このMが納入業者に対してこのよ

うな行為を強制しても，それによって市場における商品の価格が高くなり，または供給量が減るとは通常は考えにくい。つまり，Mの行為は通常は自由競争を減殺しないと考えられる。 Case 24 のAの行為も同様である。

　Mの行為は競争手段として不公正だろうか。不公正な競争手段を用いたというときには，行為を行うことで競争上優位にたつか，行為により自己の取引量を増やすなどしていることが通常である。Mの行為は，このような働きをしたとは考えにくい。取引当事者間には取引上の地位に格差があるのが普通であり，納入業者はMと取引したいためにM以外の小売店に対するよりも不利な条件（たとえば安い納入価格）を受け入れることはある。取引上の地位の格差を反映して，取引相手によって取引条件が変わることは通常のことであり，それ自体が独禁法に違反するとは考えにくい。

　2条9項5号はそのような行為を優越的地位の濫用として規制している。では，優越的地位の濫用の公正競争阻害性（不当性）はどこにあるのだろうか。

公正競争阻害性
——自由競争の基盤の侵害

　優越的地位の濫用は，競争秩序の基盤を侵害するといわれる。つまり，取引主体が取引の諾否および取引の条件について，自由かつ自主的に判断することによって取引が行われるという，自由な競争の基盤が侵害される点に公正競争阻害性があるとする。ただし，どのような行為が自由競争の基盤を侵害するのかは，言葉の上からだけでは分からない。より具体的に見よう。

優越的地位の濫用が規制される場面は，
Case 24 に見られるように，不完備契
約において事後的に機会主義的行動をとり
取引相手に不利益が課されることを事前にコミットメントできない
ために，社会的に好ましい取引がなされなかったり，投資が過小に
なるという問題を，優越的地位の濫用規制によって回避できる点に
ある。これは優越的地位の濫用の規制についての説得力ある経済的
説明である（詳しくは⇒*Column*㉚）。しかし，これにより説明でき
る事例は多くない。

さらに，ある種の方法によって利益を獲得することは，市場支配
力と関係なくても，また商品選択の自由等を損なわなくても，さら
に過小投資問題が起こらなくても，許されないということがありう
る。 Case 23 （三越事件・公取委同意審決昭和57年6月17日）では，
事前に予測し得ない形態でかつ取引とは全く無関係な催物等につい
て，不利益を与えたことが，あるいは，コンビニエンスストアが各
商品の納入価格を1円にさせ，在庫処分のための13億円の費用を納
入業者に負担させようとしたのは（ローソン事件・公取委勧告審決平
成10年7月30日・百選77），1円という価格の極端さもさりながらそ
のような不利益の著しさが問題にされたのかもしれない。もっとも，
どの程度の規模までは許されるのかといった規制される行為の外延
は明確でない。

最後に，市場支配力の単なる行使は私的独占では規制されなかっ
た。しかしある種の状況においては，市場支配力の単なる行使が優
越的地位の濫用として規制されることがあるかもしれない。この場
合も，規制される外延は現段階では明確でない。

2条9項5号のイ・ロ・ハはこれらの外延を確定する作業の手が
かりになる。ただし，なお判決等の積み重ねが必要とされる。

これまで優越的地位の濫用規制が適用されたのは事業者を取引の相手方とする取引のみであった。消費者に対して優越的地位の濫用が成立するのかが問題になっている。「デジタル・プラットフォーム事業者と個人情報等を提供する消費者との取引における優越的地位の濫用に関する独占禁止法上の考え方」（令和元年12月17日公取委）は，いわゆる GAFA（Google, Apple, Facebook, Amazon）等が無料サービス等を行う際に個人情報等（属性，位置情報，ウェブ閲覧情報等）を提供させる場合にも，個人情報等は「経済的価値」を有し，それを提供する消費者も「取引の相手方」に該当し，消費者に対しても優越的地位の濫用が成立しうるとしている。そして，利用目的を知らせずに個人情報を取得することなど４つの行為を「個人情報等の不当な取得」とし，利用目的に必要な範囲を超えて消費者の意に反して個人情報を利用することなど２つの行為を「個人情報等の不当な利用」として，濫用行為の「例」としている。個人情報保護法で禁じられる行為や必ずしも禁じられていない行為をこの規制の対象としている点でも注目されている。

Column ㉚　不完備契約と事前のコミットメント

　これは Case 24 が典型とされる。Cは5000万円の回収不能な投資をしており（Aとの関係でのみ役に立つ関係特殊的投資），Aはこの5000万円をいわば人質にとって契約締結後に無理難題（機会主義的行動という）をいったとしても，Cは5000万円の投資を失うよりはましだと受け入れざるを得ない。このことは，さらに別の問題も引き起こす。 Case 24 ではCは実際に不利益を受け入れていたが，計算高いDはこのような事態が起こることを契約締結前に予想してAとの取引に入ることを躊躇するかもしれない。こうなると，A・D双方にとって，および社会全体にとっても好ましい取引ないし投資がなされない（過小投資）。Dはもちろんκ AとしてもこのようなDの危惧によって取引がなされないのは困るか

ら，このような事態を予想すればこれを回避するために，事前に契約の中でこのような機会主義的な行動ができないよう条項を整備することは，DのみならずAにとっても有益である。たとえば，単価の下限を決めておいて３分の２までは値下げできないようにすればよい。しかし今度は，Dは納入済みの部品の返品を求められるかもしれないし，契約後に予想外のインフレが起これば下限価格はなおDにとり不利であるかもしれない。事前に起こりうるあらゆる事態を想定して包括的な契約を書くことは難しい。経済学ではかかる性質をもつ契約を不完備契約という。Aは事前のこのような機会主義的な行動をしないことをDに確信させることができない場合があるのである。優越的地位の濫用規制は，不完備契約において事後的な機会主義的行動に対して法が介入することを示すことで，Dを安心して取引に入らせ，A・D双方および社会全体にとっても好ましい取引の成立または投資を促進するのである。

| 優越的地位の濫用の課徴金 | 優越的地位の濫用を行った事業者は，調査開始日からさかのぼって10年違反行為がなくなるまでの間における売上額（購入額を |

含む）の１％について課徴金納付命令を受ける（20条の６）。課徴金の対象となる違反行為（優越的地位の濫用）は，「継続してするもの」（継続的行為）に限られる（２条９項５号は，取引の継続性を要件とするが，ここでは違反行為の継続性を求める）。優越的地位の濫用に対する課徴金は，他の不公正な取引方法と異なっており，①１回目から課されること，②課徴金額が売上額の原則３％ではなく１％であることに加えて，③課徴金の算定の基礎となる売上額は，違反行為にかかる売上額（当該商品役務の売上額）ではなく，相手方との取引額全体のそれであること，④違反行為者が相手方の商品等を供給する場合の売上額（供給額）だけでなく，購入する場合の売上額（購入額）も含まれるという特徴をもつ。

立案担当者は，優越的地位の濫用に課徴金を導入したのは，①私的独占の予防規定と位置づけられないこと，②違反者に不当利得が生じる蓋然性が高く違反行為への誘引が強いこと，③法的措置事案が相当数あることをあげている。

一般指定13項
（取引の相手方の役員
選任への不当干渉）
一般指定13項は，「自己の取引上の地位が相手方に優越していることを利用して，正常な商慣習に照らして不当に，取引の相手方である会社に対し，当該会社の役員（法第2条第3項の役員をいう。以下同じ。）の選任についてあらかじめ自己の指示に従わせ，又は自己の承認を受けさせること」を不公正な取引方法とする。取引の相手方の役員選任への不当干渉である。平成21年改正前には2条9項5号に列挙された行為とともに優越的地位の濫用に該当するとされていたが，「近時，規制実績のない」ことから，課徴金の対象とされず，一般指定に残されたものである。

下 請 法
Case 24 に見られるように，下請取引では優越的地位の濫用が起こりやすいと考えられる。下請取引における優越的地位の濫用について，迅速かつ有効な規制をするため，独禁法の付属立法として下請法が制定されている。

下請法では，親事業者が下請事業者に物品の製造または修理を委託する場合に，親事業者に対し下請事業者への発注書面の交付（下請3条），下請取引に関する書類の作成・2年間の保存（同5条）を義務づけ，そのほか，4条1項，2項において，親事業者が，①委託した給付の受領拒絶，②下請代金の支払遅延，③下請代金の減額，④返品，買いたたき，⑥物品等の購入強制，⑦有償支給原料等の対

価の早期決済，⑧割引困難な手形の交付などすることを禁止行為とし，公取委はこれらの行為の取りやめ，下請事業者が被った不利益の原状回復措置（減額した代金の返金）等を講じるよう勧告でき，またその旨を公表することができる。平成15年の法改正は，下請法の対象範囲を，情報成果物作成委託（テレビ局がアニメの製作をアニメ会社に委託するなど），役務提供委託（運送会社がその業務の一部を他の業者に委託するなど）に拡大している。

下請法は，公取委が個別具体的な判断に代えて比較的画一に判断することを可能にするとともに，エンフォースメントは勧告と公表にとどめている。発注書面の交付などの最低限の制約を取引主体に課し，公取委が個々の取引の情報に乏しい場合にも迅速に規制を発動できるようにすることで，*Column* ㉚ にある過小投資を避け，取引相手双方および社会的にも望ましい下請取引の締結を促進するという規制手法がとられていると考えられる。また，代金の返済は，被害者の救済という点で，課徴金よりも役立とう。

10 競争者の事業活動の不当妨害

競争者の事業活動の不当妨害（2条9項6号）には，競争者に対する取引妨害（一般指定14項）および競争会社に対する内部干渉（同15項）がある。

1 競争者に対する取引妨害

一般指定14項
一般指定14項は，「自己又は自己が株主若しくは役員である会社と国内において競争関係にある他の事業者とその取引の相手方との取引について，契約の成立の阻止，契約の不履行の誘引その他いかなる方法をもつてす

るかを問わず，その取引を不当に妨害すること」を不公正な取引方法とする。これらの行為の不当性（公正競争阻害性）には競争手段の不公正と自由競争減殺型とがある。

Case 25

顧客の奪取

　Ａはハウスメーカーである。Ａは競争者であるハウスメーカーＢが消費者Ｃとの間で，Ｃが作成した設計図によるＣ宅の新築工事を2500万円で請け負うとの契約が成立直前であることを知り，ＡはＣを訪れ，同じ新築工事を2300万円で請け負う旨の申出をし，Ｃとの契約締結に成功した。

取引妨害の公正競争阻害性とは

取引妨害はどういう行為をいうのか。一般指定14項は，契約の成立の阻止，契約の不履行の誘引を例にあげている。**Case 25** ではＡはＢの契約の成立を阻止しているが，これは不公正な取引方法だろうか。**Case 25** に限らず，競争者との競争ないし競い合いの過程で，顧客により安い価格その他よりよい条件を提示することで競争者から顧客を奪い，または契約の成立を阻止することはよくある。もしＢがＣとたとえば仮契約を締結していれば，Ａによるよりよい条件の提示は，契約の不履行の誘引である。このような普通の競争が不公正な取引方法になるのでは，競争はあり得ない。ここで行われている「契約の成立の阻止」や「契約の不履行の誘引」は，（良質）廉価な商品を供給するという競争そのものである。

　競争者の事業活動の不当妨害の公正競争阻害性は競争手段の不公正にあるとされるが，どういう場合に競争手段が不公正なのだろうか。

Case 25 でAはBの契約を奪うため従
業員をBの事務所に忍び込ませ事務所を爆
破し，Bの業務をできなくしたとしよう
（物理的妨害）。これは極端であるにしても，
Bに対して威圧・強迫をしBにCとの契約を断念させ，またはBに
ついて匿名で誹謗中傷のビラをまき，Bの信用を落とすことで，C
との契約に成功したとしよう。あるいは， Case 25 で設計図は
Bが作成しており，Aがそれを密かにコピーして，設計コスト分安
く工事ができたとしてもよい。このほか，刑法，不正競争防止法に
違反し，または民法の不法行為にあたるような行為を手段とした場
合もありうる。

このような行為により取引を奪えば，良質廉価な商品を供給する
競争者の商品が選択されず，良質廉価な商品を供給するという能率
競争をできなくし，能率競争がなくなってしまう。こういう競争は
その意味で手段が不公正なのである。こういう不当性は市場支配力
やその前段階の力がなくても認められうる。

Case 26

積極的債権侵害

Case 25 を変更しよう。Aは，Bと予約販売契約をしてい
る契約者に対して，Bへの代金の払い込みをやめさせて購入先を
自己に変更するよう勧誘し，その際にBにすでに払い込まれてい
る予約金に相当する金額の値引きを申し出て，Bの相当数の契約
を解約させた。

この行為は，能率競争を妨げ，競争手段として不公正だろうか。
かつて，ミシンの製造販売業者が，ミシンの販売にあたり，競争者

が予約販売している契約者に対して払込済み金相当額の値引きを申し出て，同様に，相当数の契約を解約させた事案について，競争者に対する取引妨害にあたるとされたことがある（東京重機工業事件・公取委勧告審決昭和38年1月9日）。このような事案は物理的妨害，威圧・強迫，誹謗中傷，違法な複製行為が行われる場合に比べ，競争そのものとの限界が微妙となる。もし本件行為が公正競争を阻害するとすれば，ここで行われているのは民法の不法行為を構成する積極的債権侵害でもあることが，競争者の能率競争を侵害しているというための重要な要因になろう。

自由競争減殺型①
──実効性確保手段・価格協調手段

取引妨害は，自由競争減殺の観点から不当とされることがある。

たとえば，価格などで協調的な行動をしているときに，アウトサイダーが現れて価格を引き下げた場合に，アウトサイダーの得意客すべてに対して破格の低価格を提示し，アウトサイダーの取引先の大部分を奪い，ライバルを締め出しないしライバルの費用を引き上げ，または協調的行動からの逸脱への制裁をすることは，協調的行動の手段として自由競争減殺型の公正競争阻害性をもつ。フランチャイズ契約を解除し独立した加盟店に対して，フランチャイズ本部が独立した元加盟店の得意先に破格の低価格を提示し，取引先の大部分を奪う場合にも，このような公正競争阻害性をもつことがある。

自由競争減殺型②──自由競争減殺型，その補完

一般指定14項は次のような場合にも適用されている。

> **Case 27** 並行輸入の阻害
>
> 　第6章5で見る並行輸入の阻害には，かつては一般指定12項（拘束条件付取引）が適用されていたが，最近の公取委の運用では一般指定14項を適用することが多い。
>
> **Case 28** 抱き合わせ
>
> 　エレベータの交換部品と取替え調整工事の抱き合わせの事件（**Case 16** ⇒ 5 ①）で，大阪高裁は，別売りを求められて拒否されたのでなく，はじめからあきらめて両方まとめて注文した事例については，一般指定10項ではなく，14項を適用している。
>
> **Case 29** 取引拒絶・排他条件付取引
>
> 　生コン製造業者の協同組合が，市況の安定を目的として，①取引先販売店に対してアウトサイダーとの取引をしないことを条件に取引し，②これを守らなかった販売店への販売を停止したことが，①は一般指定11項（排他条件付取引）に，②が一般指定14項にあたるとしている（神奈川生コン協組事件・公取委勧告審決平成2年2月15日）。

　これらはいずれも自由競争減殺型の行為であり，それらが何らかの事情で他の自由競争減殺型の行為の要件をみたさないかまたはその証明が簡単でないと判断されたため，一般指定14項が適用されたと考えられる。

　たしかに，一般指定におかれている自由競争減殺型の行為類型には，その規定の行為要件はみたさないが自由競争を減殺するものがある。一般指定14項はこれらの行為をいわば補完的に規制するという役割がある。たとえば，流通・取引慣行ガイドラインは，並行輸

入の一般的な価格競争促進効果を根拠に，価格維持効果があるものだけでなく，価格維持「目的」の並行輸入阻害を規制するが（⇒第6章*5*），これは一般指定14項を12項の補完として使う例である。

　しかし，(Case 28)ははじめからあきらめて両方まとめて注文しても一般指定10項の要件をみたすという解釈は可能であろうし，(Case 29)は一般指定11項および1項・2項の取引拒絶にあたるといえば足りたであろう。一般指定14項に安易に頼るより，それぞれの規定の要件を精緻化すべきであろう（独立したフランチャイズ加盟店のケースも2条9項3号，一般指定6項の適用がまず問題となる⇒*3*①「その他の不当廉売②」）。

　より問題なのは(Case 27)であり，第6章で見るように，一般指定12項ではなく14項を適用することにより自由競争減殺があるというための市場支配力分析が省略されている可能性がある（ヤシロ事件・公取委勧告審決平成2年9月5日参照）。そうであるとすれば，自由競争減殺型の行為類型について，形成，維持，強化されまたは行使が促進される力のレベルを低め，または市場分析を省く方向に一般指定14項が使われる危険がある。一般指定14項においても自由競争減殺型の補完として規制される場合，他の一般指定と同程度に緻密な市場支配力分析がなされねばならない。

②　競争会社に対する内部干渉

一般指定15項　　一般指定15項は「自己又は自己が株主若しくは役員である会社と国内において競争関係にある会社の株主又は役員に対し，株主権の行使，株式の譲渡，秘密の漏えいその他いかなる方法をもつてするかを問わず，その会社の不利益となる行為をするように，不当に誘引し，そそのかし，又は強制すること」を不公正な取引方法とする。

ここで不当とは，競争手段として不公正であることである。競争会社の株主や社員に金銭を与えてそそのかすなどして，競争会社の意思決定や業務執行に影響を与えることで，良質廉価な商品を供給する競争会社の商品が選択されず，良質廉価な商品を供給するという能率競争をできなくして競争秩序へ悪影響を与える。一般指定15項の適用事例はまだない。

第5章

事業者団体の活動

> 事業者団体はカルテルや反競争的行為を行う場合があり，日本では経済の様々な面に大きな影響を及ぼしているために，事業者団体への独禁法適用は重要性が高く，例も多い。事業者団体規制が，カルテル規制にとどまらない広範な内容をもつのか，市場支配力規制の観点からどのように整理されるかを検討しよう。

1 事業者団体規制の目的と意義

規制の目的と概要　　事業者団体規制は，事業者団体の組織的活動を通じての競争制限や競争阻害行為およびその結果を禁止することを狙いとする。特に団体の組織等を通じてのカルテルの形成・実施規制に主たる狙いがあり，不当な取引制限規制の関連・補完的役割を果たす。8条が事業者団体の一定の行動を規制する。なお，2項以下に届出制度があったが平成21年改正で廃止されている。

規制対象行為　　独禁法8条による規制の構成は次のようになっている。

1号は，団体が一定の取引分野における競争を実質的に制限することを禁止する。構成事業者等に対してその商品価格を指示するな

どして，構成事業者の商品等に関わる一定の取引分野で市場支配力が形成，維持，強化される場合等が問題となる。2号は，事業者団体が独禁法6条規定の国際的協定または国際的契約を行うことを禁止し，内容は6条と同一である。3号は，団体が一定の事業分野における競争者の数を制限することを禁止する。参入阻止・阻害，市場からの既存事業者の排除等が典型である。4号は，団体が構成事業者の事業活動を不当に拘束することを禁止する。5号は，団体が事業者に対して不公正な取引方法に該当する行為を行わせることを禁止する。

　不当な取引制限規制が，独禁法3条後段の規定1つのみであるにもかかわらず，8条は5類型の行為を対象とし，3条後段には見られない行為類型を含んでいる。なぜであろうか。8条各号の規制は，競争への効果という観点から見て次のような意義をもつからである。

| 事業者団体の行為と競争への影響 | 事業者団体が（構成）事業者に対する指示・統制力を通じて競争に影響を及ぼすありようとしては次の3つのパターンが考えられ，独禁法8条各号が対応する。

　第一に，団体による構成事業者の活動制限を中心に捉えた競争制限・阻害効果である。これを主たる対象とした規定として1号，2号，4号がある。これらの規定の適用例の多くは競争回避効果に焦点をあてたものが多いが，競争排除効果をもつ場合も対象としうる。第二に，構成・非構成事業者の活動制限を通じた第三者の排除等競争排除効果である。これに主たる狙いをおいた規定として3号，5号がある。第三に，事業者の事業活動遂行上不可欠な投入要素としての側面を事業者団体がもつ場合，団体への加入が重要になる場合である。対応するものとして3号が設けられている（この類型は場

合によっては1号の適用も考えられる）。

独禁法8条は，3条後段で規制される共同
行為より広い内容の行為を扱っている。

独禁法3条と8条の事件数・適用数を見ると，適用数の多さ，事
業者団体が組織として競争制限に関わる活動の広さ・ウエイトから
8条の重要性は大きく，3条の補完という以上に独禁法において果
たした役割は大きい。

事業者団体規制は，多様な行為を取扱い，
規定の文言も一義的ではなく分かりにくい。
公取委は，公取委の法解釈や違反となる団体活動を具体的に示すた
めに，以下のようなガイドラインを設けている。

「事業者団体の活動に関する独占禁止法上の指針」（事業者団体ガ
イドライン），「医師会の活動に関する独占禁止法上の指針」（昭和56
年8月8日公取委）は事業者団体や医師会活動一般についてのもので
ある。「公共的な入札に係る事業者及び事業者団体の活動に関する
独占禁止法上の指針」（平成6年7月5日公取委）は，入札談合によ
る独禁法違反事件が多いことに鑑み設けられている。

2 事業者団体の概念

独禁法の適用対象の主たるものは，事業者と事業者団体である。
他にも規制の名宛人（対象）となっているものがあるが，この2つ
が最重要である。事業者団体は，○○連合会，○○工業会，○○組
合という名称をもつような企業（独禁法上は事業者）等の集まった団
体であるが，独禁法上は2条2項で定義されている。

事業者団体としての要件　独禁法2条2項は，事業者団体につき「事業者としての共通の利益を増進することを主たる目的とする」団体とし，「2以上の事業者の結合体又は連合体」の構成をもつ，という2要件の充足を求める。

「事業者としての共通の利益」に関する要件　「事業者としての」利益とは，事業者の事業活動遂行上の利益であり，それに関連しない利益の増進団体は事業者を構成員としていても事業者団体ではない（例：学術・社会事業・宗教団体等。なお事業者については⇒序章3④）。単なる親睦団体や情報交換団体は含まれないが，事業活動についての研究討議や統計資料の作成配布などで業界の発展などを目的とする団体も事業者団体である。

　また，「主たる目的」は利益増進でなければならないのであるが，団体の目的の1つが共通の利益の増進であればよいことを意味する。

　以上の各要件の有無は団体の定款や規約などの明文に拘束されず団体活動の実質により判断される。

　なお，営利事業を営んでいれば，事業者団体にはあたらないが（2条2項但書），かかる団体は「事業者」として規制対象となる。

事業者団体としての構成　構成員が事業者であり，構成員の独立性の存在が求められる。独自の名称，恒常的組織，規約・役員を有する団体は，事業者団体である。この条件をみたす団体の下部組織自体も事業者団体とされる場合がある。

3 事業者団体の禁止行為

事業者団体の行為　独禁法 8 条適用には事業者団体行為がなければならない。そのためには，団体機関の意思決定がなければならない（正式機関の決定に限定されないときもある）。その場合「決定」があるということは，構成員によって遵守されるべきと受け取られていればよい（大阪バス協会事件・公取委審判審決平成 7 年 7 月10日・百選36）。

　団体の正式機関の決定が明確でない場合でも団体による反競争的行為が行われている場合がある。その場合には，どのような事実を証拠として収集すればよいのか，会合の有無，会合での討議の内容等についてどのような証拠（たとえば，招集の有無，議事録の有無や内容，関係者のメモや証言など）でその事実を認定するのかが問題となる（これについては⇒第 2 章 *2* ③「意思の連絡の立証②──広島石油商組連合会事件」）。

反競争効果の程度と規制対象行為　事業者団体の行為は，行為の形態と競争への効果（競争効果要件）によって独禁法 8 条 1 号から 5 号までのいずれの規制を受けるか振り分けられる。各号で明文上規定された競争効果要件について触れておく（各号の規制対象行為類型は後述⇒① 以下）。ある行為が独禁法違反に問われる際の反競争効果には 2 つの場合がある。1 つは，一定の取引分野における競争の実質的制限であり，1 つは公正競争阻害性である（前者が後者よりも反競争効果の程度が高い場合であると考えられる）。1 号から 5 号のうち，1 号規制対象行為は，前者の効果をもつ場合であり，5 号規制対象行為は後者の効果をもつ不

公正な取引方法勧奨行為である。2号は，6条と同一の行為を規制するので，両者のうちいずれかの効果をもつ場合である。3号および4号違反行為の競争効果要件の捉え方が問題である。

3号および4号の反競争効果と補完的機能

条文では，どのような反競争効果を捉えるのかを明示していない。文言を見ると，3号は「数を制限」，4号では「不当に制限」とするだけである。一定の取引分野における競争の実質的制限は，特定企業や企業の集団が特定行為によって価格あるいは産出量などを左右することができる力（市場支配力）の形成，維持，強化を指す。3号または4号は，1号よりも程度の低い反競争効果，あるいはより弱い市場支配力をもつような状態を示すと解する。

独禁法8条3号・4号は違反行為の反競争効果が弱い市場支配力に対する規制であると捉えられる。これらの規制は，3条と8条1号による規制を補完するとともに，競争の実質的制限効果を要件とする規定の規制対象となる行為を予防的に規制するという意味ももちうる。

ガイドラインでの取扱い

「事業者団体の活動に関する独占禁止法上の指針」（事業者団体ガイドライン）では主要行為類型ごとの公取委の法運用経験をふまえた解釈・参考例が示されている。3号・4号・5号該当行為で，参照例に該当する価格，数量，顧客・販路，設備・技術，参入制限は反競争効果を内包する行為であり，行為の存在のみで原則として違反行為となると分類されている。価格・数量等の制限はハードコア型で強い反競争効果をもつためこの扱いになっている。他方，その他の協力行為につながるような類型については，各号で市場支配力の形成，維持，強化に

いたらない高い程度の反競争効果が要件となっていないため，立証要件が簡略化されている。

各号の執行力の差

適用条文の振り分けは，違法行為への法的効果でも差を生む。特に，1号・2号違反と他の場合および5号違反と他の場合に違いが大きい。排除措置に変わりはないが（8条の2），1号・2号違反には課徴金制度が用意されている（8条の3）。刑事罰は，1号違反の場合，他号に比べて重いが（89条・90条），5号は刑事罰の対象外である。各号違反行為が無過失損害賠償訴訟制度の対象となる反面（25条），5号違反行為のみが差止対象となることが明文化されている（24条）。

1 一定の取引分野における競争の実質的制限

8 条 1 号

本号の規制対象となるのは，事業者団体が構成事業者の商品の販売価格について指示・拘束を行う価格カルテル等，ハードコア行為にあたる場合が多い。その他非ハードコアの行為類型も規制対象となるが，独禁法8条には4号で反競争効果の弱い程度の行為を規制する仕組みが用意されており，非ハードコア行為は4号等で処理されてきた。ハードコア，非ハードコアの区分と競争制限効果の考慮方法等については第2章で説明した通りである（⇒第2章1②・2⑤）。

規 制 対 象

本号の規制対象行為は，個々の事業者が行う場合には3条後段違反となる。

規制対象行為については法文上の限定はなく，競争の実質的制限をもたらす団体の組織的行為すべてが規制されうる（⇒「規制の典型例」参照）。規制対象行為の多くは，事業者が行う場合には不当な

取引制限の禁止（3条後段）の対象となりうる行為であるが，私的独占の禁止（3条前段）対象行為へも8条1号が適用されうることを示した例がある（パチンコ機メーカー事件・公取委勧告審決平成9年8月6日・百選10に伴う，日本遊技機工業組合に対する警告・公取委平成9年6月20日付）。

| 規制の典型例 |

価格等のハードコア行為の規制例は次の場合である。①構成事業者の販売製品の基準価格を決定すること，また構成事業者の販売商品についての標準価格表を作成し，構成事業者に実施させること，そして料金引き上げについて組合員の意見を徴収し，結果を発表すること等によって組合員の料金を事実上決定する（情報交換と公表による制限の典型例）こと，②構成事業者の商品の生産数量を団体が調整すること，③協会が官庁の物品購入の受注予定者を決定する（入札談合）こと，また協会が会員の受注先別受注量および受注単価を決定し，会員に実施させる（入札談合）こと，である。

| 行為類型と「公共の利益に反して」 |

本号は，3条と比べると次の特徴をもっている。

第一に，本号違反には特定行為の存在（例：3条における排除・支配行為や相互拘束など）は要件ではない。3条後段の適用が困難な，取引当事者間での協定を含む場合なども規制対象となりうる。

第二に，本号では，公共の利益に反してという要件を欠いている。したがって，この要件に関連して最高裁が示した例外的な場合（競争の実質的制限効果が生じているが消費者の利益保護等と比較衡量して例外的に違法性が阻却される場合）がないことになる（⇒第2章 *2* ⑥）。し

かし，本号でも公共の利益による違法性阻却を認める他の規定の趣旨を鑑みる等して，違法性阻却を認めることが可能とする判決もある（デジコン電子事件・東京地判平成 9 年 4 月 9 日・百選 6・43・116⇒*4*）。

② 独禁法 6 条に規定する国際的協定または国際的契約をすること

8 条 2 号は，独禁法 6 条と同様の規制である。6 条の内容については第 6 章を参照。

③ 一定の事業分野における現在または将来の事業者の数を制限すること

8 条 3 号

事業者団体は，構成事業者の事業活動遂行において重要な役割を果たす場合がある。事業者団体が新規参入を制限し，団体への加入を制限することになれば，価格・数量等から見て市場支配力の発生を見るまでもなく，市場での競争への影響が大きい。本号の規制はそのような競争者排除に関わるような事業者団体行為を対象とする。次のような規制例がある。

①医師会に加入しなければ，開業困難な状況で，加入制限を行うことにより，医療事業分野での事業者数を制限すること，②生コン工業組合が，セメントの供給業者に対して非組合員との取引拒絶を強く要請し，非組合員による設備の新増設を拒絶することにより，生コン製造の事業分野での事業者数を制限すること，③港湾の公的施設の利用資格に関わる団体への加入制限により，商品輸入事業分野での事業者数を制限すること，である。

「一定の事業分野」

事業が将来にわたって成立する場所および分野であり，供給者群または需要者群のどちらか一方について画定されればよいとされている。しかし，一定の取引分野のように明確な理論的な定義はなされていない。同様の文言は，独占的状態の規制（定義：2条7項）でも使用されているが，独自の定義がなされており，本号の一定の事業分野とも異なる。

事業者の数の制限

本号該当の団体の行為は，新規参入の阻止や既存事業者の排除というような競争排除型にあたるものである。事業者の数の制限はその結果として事業分野でもたらされるものである。このような行為は，構成事業者および非構成事業者のいずれに対しても行われるものである。

競争への影響——1号または4号との適用関係

本号は，1号にいう競争の実質的制限にいたらない程度の競争阻害効果しかもたない行為を規制対象としうる。本号は数の制限を問題にするので，参加者のシェアや参入障壁，価格・数量への影響等について厳密な立証が求められない。3号規制事例の典型的なものは，事業者団体の構成事業者の競争者の排除または新規参入の阻止であり，一般には競争者排除としてまとめることができる（競争者排除が競争の実質的制限となる場合については⇒第1章 *3* 3。第1章の *Column* ⑧ も参考になる）。本号の規制は，1号該当行為の早い段階での規制や予防規制の意味をもちうる。

4号規制対象行為と本号規制対象行為の競争阻害効果は同等の場合もありうる。他方，4号が構成事業者の機能活動制限を捉えるのに対して本号はそのような限定がない。そのために事業者団体への加入制限・資格制限型の行為はもっぱら本号の対象となっている。

8 条 4 号

事業者団体による構成事業者に対する行為が規制対象であり，事業者の機能または活動についての定義はないが，価格設定，生産・販売数量の決定，販売先の選択等，通常の事業活動・競争行動すべてが含まれる。

規制行為類型

本号の規制対象となるのは，価格協定であるものの構成員の市場シェア合計が低いため団体構成員の機能・活動制限が競争の実質的制限にいたらない場合，制限対象事項が価格以外で市場全体での価格競争への影響が弱い場合，価格等が許認可等の公的規制対象となっておりその範囲内で可能な競争を制限した場合等である。たとえば次のようなものである。

①公的価格基準改訂に伴う価格引き下げに応じないこと等会員の価格決定への制限（価格決定の制限），②他の会員の取引先に対して販売した会員から保証金を徴収する制度（会員の顧客争奪制限），③車両の増車および代替の制限ならびに会員が会員以外から車両を賃借することの禁止，④認可事業の事業計画変更認可申請について協会での協議および申請の可否の決定，⑤組合員の安売り広告活動の制限，⑥会員である歯科医の医療機関開設について歯科医師会の承認を得ること，である。

競争への影響・不当性

事業者団体による構成事業者向けの制限すべてが問題となるわけではなく，「不当」性をもつものだけが問題となる。では，「不当」な制限とはどのようなものか。この点については特に 1 号の一定の取引分野における

競争の実質的制限要件と比較すると分かりやすい。以下で見てみよう。

1号との関係

本号の機能または活動制限は，価格や数量についての構成事業者の活動制限という面で，1号違反となる行為と重なる。4号が別に設けられているのは，団体による構成員の活動制限が一定の取引分野における競争の実質的制限，つまり市場支配力の形成，維持，強化にいたらない場合，1号よりも緩やかな反競争効果で規制することを狙いとする。このため市場シェアの厳密な算定や，市場シェア算定のための前提作業である一定の取引分野を画定する作業をしなくてよい。これは，本号での「不当な制限」という文言の使用によって示されており，1号にいう行為にあたるものでも反競争効果が異なることを意味する。

次に，「不当な」とはどのような競争制限効果を捉えようとするのか。前述のようにこの点についての法文上の定義はない。「不当」性は競争への悪影響としてどのようなものを内包するのか。不当性はしばしば公正かつ自由な競争を阻害する場合と説明されているがどういう場合なのだろうか。

「不当」とは，競争の実質的制限よりも弱い競争への影響（弱い市場支配力）であるという点で，公正競争阻害性と共通の内容をもつことがあろう。したがって，1号該当行為をより早い段階で規制することが可能になっている。

公正競争阻害性は多様な内容をもつ（⇒第4章 1 [2][3]）ので，本号の場合にもどのような内容で競争への影響を見るのかも問題となる。本号では，公正競争阻害性の内容を限定する規定はない。しかし，1号との関係を考えると，本号の違反行為の多くは，自由競争減殺（阻害）に焦点があてられることになろう。それ以外の公正競

争阻害性の内容をもつ不公正な取引方法該当行為を事業者に行わせる場合には次の5号の規制対象とすればよい。

⑤　事業者に不公正な取引方法に該当する行為を
　　させるようにすること

> 8条5号

本号は，団体が構成員であるか否かを問わず事業者に対し不公正な取引方法を勧奨する行為を規制する。勧奨対象となった事業者が行うのは不公正な取引方法に該当する行為である。（不公正な取引方法については⇒第4章）。

団体が勧奨した不公正な取引方法の類型は多岐にわたるものの，取引拒絶（2条9項1号，一般指定1項・2項）事案が多い（取引拒絶については⇒第4章2①②）。

> させるようにすること・推奨

本号の「させるようにする」とは，不公正な取引方法該当行為をさせるように働きかけることをいう。強制的要素が含まれているか否かおよび働きかけられた事業者の反応（実際に行為を行ったか）を問わない。

4 事業者団体による自主規制
——標準化・環境保護・安全確保など

Case 1

デジコン電子事件
　ある遊技用器具の安全基準が法令で定められていたが，安全基準をみたす場合でも基準値に近い商品では，人体に傷を与える危

険性などがあると認識した器具メーカーの事業者団体が，より安
全な商品の製造流通を狙いにして法令基準をみたした商品につい
てもその上限を定める自主基準を策定した。これを受け入れない
事業者に対して，団体は，関連流通業者に対して当該事業者商品
のボイコットを呼びかけた。

事業者団体による自主規制の設定・実施

商品やサービスの種類・内容・規格等につ
いて多様なものが提供され，消費者選択に
委ねられることが消費者利益になる。しか
し，商品によっては，商品規格等が統一されていた方が消費者にと
っては利便性が高い場合がある。一定水準の内容・品質・規格等を
維持することが消費者の衛生や安全性の確保，環境の保護のために
寄与することもある。この種の基準は，公的規制の形をとる場合以
外に，業界内で自主規制や自主認証・認定の形で行われることもあ
り，それに事業者団体が関与することがある。消費者の利便性向上
や社会的目的達成の必要性から行われる団体の自主規制等は，独禁
法上の問題がない場合も多い。

　しかし，このような行為に競争上全く問題がないかといえばそう
ではない。このような行為が，商品等の供給や価格等の制限につな
がることも考えられる。たとえば，特定種類の商品の開発や販売を
行わないよう団体が構成事業者に強制しようとするような場合であ
る。事業者団体が関与する場合には独禁法8条においてどのように
取り扱うかが問題となるのである。次に事業者団体による自主規制
について少し具体例で見てみよう。

デジコン電子事件

Case 1 は，デジコン電子事件といわれる（東京地判平成9年4月9日・百選6・43・116）。裁判所は，商品の安全性に関する自主基準の目的に不合理性がなく，規準の内容に合理性があり，危険未然防止のための他の適当な手段がない場合，自主規制のアウトサイダーが製造販売する商品の取扱いを，卸売業者に対して中止する要請は許容される，とした。ただし，この事件では，事業者団体の行為は，自主基準の目的達成のための相当性を欠き，競争維持という独禁法の目的を犠牲にして保護される安全性という法益保護のために必要不可欠な措置ではない，として独禁法違反にあたると扱われた。

広島石油商業組合事件

交通安全確保目的でなされる一定の販売方法の自主規制を事業者団体が指示した場合はどうか。これについて，広島石油商業組合事件（公取委審判審決平成8年6月13日）では，ガソリンスタンドでの旗振り行為などに対する自主規制について，安全確保という目的もあるが，その目的を超えて顧客呼び込みによる構成事業者間競争回避の目的で行われた場合には独禁法違反となると扱われた。

判断基準①──事業者団体ガイドラインより

さて，以上のような具体例をふまえて，自主規制等の取扱いを一般的に考えてみよう。

第一に，一定の事項に関する競争活動を制限・拘束する自主規制が容認される場合がある。詳細な審査基準は事業者団体ガイドラインにまとめられている。ガイドラインでは，自主規制審査について次の考慮要因を示している（事業者団体ガイドライン第2の7⑵ア）。

①競争手段を制限し需要者の利益を不当に阻害しないか，②事業

者間で不当に差別的でないか，③正当目的に基づき合理的に必要とされる範囲内のものであるか，④需要者・第三者からの十分な意見聴取の機会があるか，⑤強制でないか，である。これに加えて，自主認証・認定等については，(1)利用の任意性および(2)自主認証・認定が不可欠性を有している場合の開放性（正当な理由なき利用制限がない）が勘案される。

判断基準②——競争維持と公共の利益

第二に，以上のような基準で事業者団体等の私的団体により競争を制約する自主規制等を許容するとしても，その根拠づけやその範囲をどのように捉えるのかも問題になる。たとえば，先のデジコン電子事件判決で一部触れられているように，競争維持目的を犠牲にしてでも（すなわち市場支配力が発生していてもそれは許容して）維持されるべき安全性等の法益がある，と捉える立場もある。他方で，そのような立場をできるだけ回避する解釈を探る方向もある。たとえば，安全性や環境への配慮が商品等の評価基準となる場合や自主規制等によってはじめて取引が成立するような場合には，それらの行為を競争の前提と捉え，競争促進効果であるとする方法である。あるいは，デジコン電子事件や広島石油商業組合事件のように，自主規制が独禁法上問題となりうる競争制限効果を有するか否かを慎重に審査する方法も競争維持目的を犠牲にする解釈を回避することに役立つ。この問題は，独禁法の目的や公共の利益をいかに考えるのか，私的団体による公的規制の代替（民民規制ともいわれることがある）をどのように考えるのかという問題につながる。

5 違反行為への制裁

　事業者団体による違反行為へは，排除措置をはじめとして，3条後段違反と同様な対応が団体に対してなされる。ただ，1号から5号のように多様な効果をもつ行為を規制対象とし，団体が事業者に違反行為を実施させていることから，3条後段と異なる点もあることに留意を要するので，その点を触れておこう。

排　除　措　置

　8条の2により他と同様な排除措置が命令される。

課　徴　金

　1号および2号違反行為に対して，不当な取引制限に相当する行為をする場合と不当な取引制限に該当する事項を内容とする国際的協定または国際的契約をする場合について，課徴金が徴収される（8条の3）。課徴金の計算方法などの基本的仕組みは不当な取引制限と同様である。異なる点は，納付命令対象者が団体でなく構成事業者であり，減免制度も構成事業者に対し適用され，反復違反行為への加重制度の適用がないことである。

刑　事　罰

　1号～4号違反行為に対しては刑事罰規定が設けられている（89条1項2号，90条1号・2号）。5号違反行為は，不公正な取引方法に対応するものであり，刑罰の対象となっていない。

| 民事救済 | 　5号違反行為については，24条による差止訴訟が可能となっている。損害賠償などについては他と同様である。 |

企業はグローバルな経済活動を行っている。国際的な場面において独禁法はどのように適用されるのだろうか。各国の独禁法執行機関はどのように協力をするのだろうか。

1 独禁法の域外適用

考えてみよう

次の事例は一部を除いて仮定の事例である。公取委は排除措置命令・課徴金納付命令を課すことができるだろうか。できないとするとどのような障害があるのだろうか。できるとすると，どのような手続きをふむのだろうか。

Case 1　輸入カルテル

　難病甲の薬を製造し日本向けに販売している外国企業がＡ国に３社あったとする。この３社は日本向けの販売価格（日本から見れば輸入価格）について価格カルテルを行ったとする。その結果，日本にいる輸入元や消費者は難病甲の薬に対して高い価格を支払わされることになった。３社は日本に支店や駐在員をおいていな

い。

Case 2 国際カルテル

むかしむかしといっても1960年代のはじめ，日本の繊維メーカー 3 社（旭化成，クラレ，ユニチカ）は，レーヨン糸を欧州に大量に輸出し，欧州の繊維メーカーと紛争（貿易摩擦）になった。日本メーカー 3 社と欧州の主要な繊維メーカーとがミラノで会合し，①地域分割協定（日本を日本メーカーの，欧州を欧州メーカーの伝統市場とし，互いに輸出しない，日本，欧州および米国以外は共通市場とする）を締結し，②共通市場においては数量制限の割当，最低価格カルテルを行った。

Case 3 国際合併・ジョイントベンチャー

鉄鉱石の資源は，オーストラリアのA社（BHB ビリトン），B社（リオ・ティント）およびブラジルのC社が世界シェアの80%を占め，そのうちC社は20%を占めている。A社はB社の株式を取得し買収する計画を発表した。日本の鉄鋼メーカー各社は，A社およびB社から日本における総需要量の約80%を購入しており，日本の鉄鉱石の購入市場および鉄鋼製品の製造・販売市場への影響（価格上昇など）が心配される。

Case 4 外国でのカルテル⑴

A国においてA国のホテルの料金について価格カルテルが結ばれた。その結果，A国に滞在する日本人B氏は，高いホテル料金を支払うはめになった。A国にはカルテルを禁止する法律はない。

Case 5 外国でのカルテル⑵

東南アジア所在のブラウン管メーカー11社は，東南アジアでブラウン管の価格カルテルを締結した。一方，日本所在のブラウン

管テレビ製造業者の東南アジア所在の子会社等（以下「現地子会社等」という）は，上記11社から東南アジアでブラウン管を購入し，そのブラウン管を組み込んだブラウン管テレビを製造し，東南アジアで販売した。ブラウン管テレビは日本にほとんど輸入されていない。現地子会社等が東南アジアでブラウン管を購入する際には，日本所在のブラウン管テレビ製造業者が，上記11社と取引条件を交渉し価格等を決定し，現地子会社等にその条件で購入するよう指示していた。公取委は，東南アジアで現地子会社等に販売されたブラウン管の売上額の10%を課徴金とする納付命令を出した。

| 域外適用とは | 以上のケースでは，日本の独禁法が適用できるであろうか。これはこのように行為が |

外国で行われた場合，あるいは，行為の全部または一部は国内で行われたがその事業者が外国に所在する場合などに，その外国事業者に対して国内法である独禁法を適用して独禁法を執行できるのかという問題である。このような外国でなされた行為にまたは外国に所在する事業者に対して独禁法を適用することは，独禁法の域外適用といわれている。域外適用は，独禁法に限らない問題であり，他の法律でもある。また，公取委が排除措置命令・課徴金納付命令のほかに，刑罰を科したり，被害者が損害賠償請求をすればまた別の状況になる。以下では独禁法違反行為に対して科される行政措置に限定して域外適用の問題を考えてみよう。

| 問題の整理 | まずこれらの行為に対して実体法上独禁法が適用できるのかという法律の適用範囲の |

問題と，現実に手続きが実行できるのかという手続上の問題を区別

しなければならない。法律の適用範囲の問題は，立法管轄権とか事物管轄権などと，手続上の問題は手続管轄権とか執行管轄権などと呼ばれることもあるが，管轄権という言葉は誤解を招きやすいのでここでは使わない。

法律の適用範囲
──属地主義と効果主義

これは，問題とされている行為が，実体法上日本法の適用の対象なのかという問題である。独禁法はこの問題について明文の規定をおいておらず，解釈に委ねられている。大きく2つの考え方がある。第一は，属地主義（行為地主義）と呼ばれるもので，国内法は自国の領域内で行われた行為に対してのみ適用されるという国際法において伝統的な立場である。第二は，効果主義とか効果理論と呼ばれ，自国の領域外で行われた行為であっても，自国内に一定の効果ないし影響（effect）があれば国内法を適用するという立場である。

属 地 主 義

行為が行われる場所の法を適用するという立場である。域外適用という言葉が属地主義に対する例外を示す表現であることからも分かるように，伝統的な立場である。現在は次に述べる効果主義が世界的に優勢であるが，英国は現在でも属地主義を堅持している。EU では，EU 独禁法を運用・執行する欧州委員会は効果主義をとる立場を早くから表明したが，欧州裁判所は，1988年のウッド・パルプ事件判決において属地主義を維持する立場をとった。ただし，欧州裁判所は，契約が外国事業者と国内事業者との間で締結されて履行されたり，外国で行われた合併の結果国内にある子会社等の統合などが行われたりすれば，行為の一部は国内で行われたと解釈し（実施理論とも呼ばれる），

実質的には効果主義とほとんど変わらない立場となっている（客観的属地主義）。伝統的な属地主義は，客観的属地主義に対比して厳格な属地主義と呼ばれる。さらに，欧州司法裁判所2017年9月6日判決（Judgment of the Court, Case C-413/14P, 6 September 2017, para. 49.）は，支配的地位の濫用に係るインテル事件において効果主義を採用し，EUでも効果主義と客観的属地主義が並行的に存在するようになった。

効 果 主 義　効果主義を採用する立場では，たとえば米国の外国取引反トラスト改善法（FTAIA）（シャーマン法6a条）では，米国内の取引に「直接的（direct），実質的（substantial）かつ予見可能な（foreseeable）効果（effect）」が生じる場合に独禁法（反トラスト法）を適用する。

　日本の独禁法がどの立場をとるのかは，法律に規定はなく，判例もない。しかし，古い事件や，最近の一連の事件（ノーディオン事件・公取委勧告審決平成10年9月3日・百選88，マリンホース事件・公取委排除措置命令・課徴金納付命令平成20年2月20日・百選87，テレビ用ブラウン管国際カルテル事件・最判平成29年12月12日⇒第3章 **2** ④，第4章 **6** ②）などに関する公取委による一連の事件処理から見ると，厳格な属地主義はとられておらず，実質的な意味で効果主義または客観的属地主義に近い立場がとられていると考えられる。この点は，テレビ用ブラウン管国際カルテル事件最高裁判決について少し詳しく検討しよう。

仮定事例へのあてはめ　Case 1 から Case 5 までは日本の独禁法の適用範囲なのだろうか。Case 1 から Case 3 までは，効果主義の立場からは，何らかの形で日

本国内における競争が制限され顧客や消費者の購入する商品等の価格が高くなったり供給量が制限されていそうである。また，客観的属地主義の立場でも Case 1 や Case 2 では行為の一部は日本国内で行われたといえるかもしれない。

　もっとも，Case 2 は実際にあった事件をモデルにしているのであるが，国際カルテルの欧州側事業者が日本へ繊維を輸出する可能性はほとんどなかった事案であり，日本側事業者も外国への輸出についてのみカルテルを行っていた。この事例では，日本国内へ競争制限効果がなく，日本法が保護すべき法益侵害はないのではないかという疑問がでてくる（⇒ *2*）。

　以上に対して，Case 4 では日本人が高い価格を支払わされてはいるが，行為のすべてが外国で行われ，日本国内における価格の上昇等の効果も起きていない。どの立場をとっても Case 4 では日本の独禁法は適用できない。

　Case 5 では，行為のすべてが外国で行われ，また日本国内においてはブラウン管の価格の上昇等も起こってないものの，日本の事業者が外国でなされた競争制限行為によって被害を受けている。しかしこのような場合には，国内において顧客，消費者，輸入業者等が高く買わされることはなく，国内法は適用されないように思われよう。実は Case 5 はテレビ用ブラウン管国際カルテル事件を単純化したものである。最高裁判決等がどう判断したかについて後で検討しよう（⇒ *4*）。

手続上の問題 　公取委が排除措置命令や課徴金納付命令を出すには，それらの謄本を当該事業者に送達できなければならない。また排除措置命令等が確定しても，確定した排除措置命令等に基づいて排除措置を現実に実行または課徴

金を納付させられなければならない。その事業者が日本国内に支店や駐在員をおいていればそこ（連結点という）に送達することができる。このような連結点がない場合にも，私的独占で取り上げたノーディオン事件やテレビ用ブラウン管国際カルテル事件のように国内に受領権限を与えられた代理人弁護士がいればその代理人（送達受取人）に送達することができる。日本の市場に無関心である事業者であれば，代理人を選任しないであろうが，今後も日本で事業を続けることを望む事業者は代理人を選任するであろうし，多くの事案で選任されている。しかし，代理人が選任されない場合もある。このような場合はどうするのだろうか。

外国における送達・公示送達の導入

独禁法は，平成14年改正において，民事訴訟法108条（外国における送達）を準用し（独禁70条の7），公示送達（同70条の8）の規定を設けた。なお，民事訴訟法108条は「裁判長がその国の管轄官庁又はその国に駐在する日本の大使，公使若しくは領事に嘱託してする」とし，前者を管轄官庁送達，後者を領事送達と呼ぶ。もっとも，独禁法上の手続きにおいて管轄官庁送達，領事送達が利用された事例はないようである。これに対し，Case 3 は実際に計画されながら公取委が行政調査に入ろうとした段階において計画が断念された事例を参考にしているが，この事案では，公取委の報告命令をA社が受領しないため，公取委は公示送達をしている。テレビ用ブラウン管国際カルテル事件では代理人を解任した事業者に対して排除措置命令，課徴金納付命令の謄本の公示送達がなされている。

2 独禁法6条

独禁法6条

独禁法6条は「不当な取引制限又は不公正な取引方法に該当する事項を内容とする国際的協定又は国際的契約をしてはならない」としている。しかしながら，たとえば国際カルテル，不公正な取引方法を内容とする国際ライセンス契約や競争制限的な国際的な企業結合が行われたならば，公取委は先に見たように日本の独禁法を域外適用すればすむはずである。すなわち，3条後段，8条1号または第4章の規定を適用すれば足りるはずである。独禁法6条は何のために，3条後段等とは別に，このような規定をおいているのだろうか。

学　　説

独禁法6条の存在理由については，昔から学説が対立している。

(1)独禁法を域外適用しうることを「確認」した規定だという見解である。この見解では，6条には独立の意味はないことになる。(2)契約の履行前にも国際契約・協定に「参加」することを規制するものであるという見解である。この見解は，カルテルの既遂時期について，着手時説（以下の説については⇒第2章 *2* ⑤）や実施時説をとる場合には意味があるが，判例通説である合意時説では，少なくともハードコアカルテルについては，6条には独立の意味がなくなる。(3)域外適用のできない協定について独禁法3条等は適用できないが，少なくとも日本事業者がそのような契約・協定に参加することは禁止しようとした規定だとする見解である。(4)外国の事業者が日本の事業者等に不公正な取引方法を内容とする契約を締結させる（外国事業者が違反行為者であり，日本の事業者はいわばその被害者となる）こ

とをも禁止するものであるとする見解である。

(4)は(1)～(3)の見解と対立するものではない。行為者である外国事業者に19条を適用しないでも，6条により相手方となる国内事業者が契約締結することを禁止することでかかる不公正な取引方法を規制すると理解するものである。(4)については学説上も異論がない（⇒「他の事例」）。問題は(4)に加えて，(1)～(3)のいずれの説が適切かである。

レーヨン糸国際カルテル事件

 Case 2 のモデルはレーヨン糸国際カルテル事件であり，公取委は日本の事業者3社に対して独禁法6条に基づき審決を出している。審決は，3社と欧州事業者との米国を除く地域向けの輸出地域，輸入限度量および最低制限販売価格を決定することにより，「公共の利益に反してレーヨン糸の当該地域向けの輸出取引の競争を実質的に制限している」とし，輸出に関する国際協定の破棄等を命じている（公取委勧告審決昭和47年12月27日）。

公取委はなぜ独禁法3条後段ではなく6条を使ったのか。まず①「輸出取引の競争」の制限は国内の市場における価格上昇等をもたらさないことに注意しよう。国内に影響を及ぼす可能性があるのは，②日本向けの輸出の制限であるが，欧州の事業者が日本へ輸出した実績はなかったようであり，また貿易紛争から協定へいたった経緯からも，欧州事業者の日本向け輸出の制限が日本国内の価格等へ実際に影響を及ぼすとは考えにくい（ただし，この効果を問題にすべきだったとする有力な批判はある）。国内で行われた行為であっても国内への効果・影響がなければ3条等の国内法を適用できないのかは必ずしも明確ではないが，日本法が保護すべき法益侵害はない（法解釈としては，競争の実質的制限がない）といえそうである（国際カルテ

ルなど⇒ *4* ）。もしそうであるとすると，②には３条後段は適用でき
ず，①は国内の市場における競争制限とはいえそうにない。公取委
は(3)説に立って，──本件では日本向けの輸出制限の協定は締結さ
れており，国内への影響があったといえる事案だった可能性はある
ものの慎重な法運用を図り──３条を適用しないで，６条のもつ国
際契約や協定への「参加禁止」をしたと説明することが適切であろ
う。

　なお，本カルテルについては，まずドイツの競争当局（連邦カル
テル庁）がドイツ法によってドイツ国内の事業者を規制し，その後
日本に通報した。各国の競争当局の国際協力によって国際カルテル
が解体された比較的古い先例ということもできる（⇒ *3* ）。

他 の 事 例

　そのほかに，日本が外国から技術導入を受
けていた古い時代には，外国事業者との技
術導入契約や商品の購入契約において，弱い立場にある日本の事業
者が不公正な取引方法に該当する拘束を受け入れざるを得ないこと
があったようである。契約を拒否することはできるがそうすると技
術が導入できないのでやむを得ず受け入れていたものの，技術を獲
得した後も拘束が続いていることがあった。そこで，日本の事業者
が事件を公取委に持ち込み，公取委が日本の事業者のみを被審人と
して勧告審決をして日本の事業者をそれらの拘束から解放させると
いうことがあった。このような法運用が適切であったのかどうかは
ともかくとして，不公正な取引方法の拘束を受けている側の事業者の
みを被審人とするためには，(4)説により，独禁法６条を用いて，拘
束を受けている日本の事業者が，不公正な取引方法に該当する事項
を内容とする国際契約を締結しているとすることがなされたのであ
る。

(1)(2)説によれば，独禁法6条が適用でき
る場面では3条，19条や第4章規定によれ
ばよく，6条がおかれている実質的な理由
はほとんどない。ところが，レーヨン糸国際カルテル事件は3条に
よっては規制できない事例であった可能性がある。公取委の法運用
は，かつては(3)説を前提としていたと見えそうである。また，かつ
ては不公正な取引方法についても，上記のように(4)説によっていた
と考えられる。しかしこれらは随分昔の事例である。4でみるよう
に，最近の事例であるマリンホース事件，テレビ用ブラウン管国際
カルテル事件では3条後段のみが適用されており，現在は3条，19
条のみを用いていると考えられる。

3 競争政策の国際協力

第二次世界大戦後の米国独禁法は積極的に
域外適用を行ってきた。米国のこのような
政策には，独禁法をもたない国や米国より
規制の緩い独禁法しかもたない国の企業へ米国独禁法を積極的に適
用することにより，競争政策の世界的な浸透を図るという面もあっ
たが，このような政策は域外適用を受ける国の政府にとっては自国
の国家主権の侵害を意味し，国家間の深刻な紛争を生んだ。特に
EU諸国やカナダは，自国事業者に対して，国外への文書提出を禁
止しまたは外国判決に従うことを禁止する法律を制定し対抗する動
きに出た（対抗立法）。しかし当該事業者は，文書提出をしなければ
米国裁判における証拠開示手続き（ディスカバリー）を無視すること
になり，法廷侮辱罪に問われ，他方自国法に違反することもできず，
国家間の深刻な板挟みにあうことになる。

このような国家主権の衝突が起こるのは，
国家間で独禁法の内容が異なるからである。
そこで最も根本的な解決策は，実体法とし
ての独禁法を調和させ，最終的には統一的な独禁法を作ることであ
る。従来，WTO（世界貿易機関）や OECD（経済協力開発機構）の場
において統一的な独禁法を策定しようという試みが EU を中心に提
案されてきた。しかし統一独禁法の策定には，「弱い独禁法への平
準化」になることを危惧する米国が強く反対しており，比較的統一
が容易と予想されるハードコアカルテルについてもほとんど進展し
ていない。そこでより現実的なアプローチとして，国際礼譲，特に
二国間・多国間で独禁法の執行協力，さらにより緩やかで広範な協
議・技術支援が進められている。

上に見たような米国による積極的な域外適
用と国家間の紛争の経験から，国際法上の
国際礼譲（comity）の考え方に基づいて，相手国の国益を尊重する
ことが行われている。米国でも，1993年の連邦最高裁判決によって，
外国政府が採用している政策・方針が強制力を伴っており，それに
従うことを余儀なくしている場合には，域外適用を控えるという考
え方が形成されてきた。このように相手国の国益を十分に配慮し，
場合によっては域外適用を控えるのが国際礼譲という考え方である。

これに対し，国家間で積極的に独禁法の執行協力を行おうという
動きに対応して，1990年代には，域外適用を控えるだけでなく，国
際礼譲に基づいて相手国に対して独禁法の執行を積極的に要請する
という考え方が普及してきた。これは積極礼譲と呼ばれ，これに対
比して従来の国際礼譲は消極礼譲と呼ばれる。

二国間協定

二国間において独禁法の執行を協力する動きは，OECD の1967年勧告以来進み，米独（1976年），米加（1984年）などの間で協定が締結された。たとえば，米国と EC の間では，1991年に二国間協定が締結され，競争当局間で通報などを行うことが取り決められた（第1世代の協定）。すでにこの段階で積極礼譲の規定が入っていた。ただし，これはあくまで礼譲であり，要請を受けた国・地域には要請に応ずべき義務は課されなかった。この EC・米国の二国間協定は1998年に強化され，要請に応じることが義務となる事項があげられるとともに，要請を発動するための推定規定も導入された（第1.5世代の協定）。米国は，以上のほかオーストラリア，ブラジルなどとも二国間協定を締結している。特に1999年に締結された米国・オーストラリア間の相互執行援助協定は，事業者の秘密情報の交換もできるようになっており注目されている（第2世代の協定）。

　国際的企業結合などが計画されると，米欧の競争当局は二国間協定やその他の交渉において，情報の交換や執行の調整を行っている。EC・米国の二国間協定には秘密情報の交換制度はないが，企業結合当事者の同意を得た上で秘密情報の交換もなされている。別の条約に基づくものではあるが，米国・カナダ間では，競争当局が事前に立入調査の時期を調整し，一斉に国際カルテルの立入調査が行われた（ファクス用感熱紙国際カルテル事件）。最近は，日本，米国，EU等が一斉に立入調査をする例が増えている。

日米独禁協力協定など

日本も1999年に米国との間ではじめて二国間協定（日米独禁協力協定）を締結した。その中では，①執行活動に関する通報，②執行の協力・調整，③積極礼譲，④消極礼譲が規定されている。公取委の協力は現行の独禁法

に定められた権限の範囲内でなされるので，独禁法が適用できない事案について公取委が協力することはできないとされている。また積極礼譲はあっても，あくまでも礼譲にとどまり，要請に対して相手方競争当局が応じる義務はない。日米独禁協力協定は第1世代の協定と位置づけられる。その後ECとの間でもほぼ同じ内容の協定を結ぶべく交渉がなされ，2003年に日・EC独禁協力協定が締結され，2005年9月には日本・カナダ間でも協力協定が締結されている。

　今後，これらの協定を第1.5世代の協定とし，さらには米国・オーストラリア協定のように秘密情報の交換ができる第2世代の協定とするには法規制の整備が必要とされる。なお，独禁法43条の2は，外国競争当局に対する情報提供について，一定の法整備をしている。

| OECD等における協力・協議 |

OECDの競争委員会（COMP）においては，競争政策に関する調査研究が活発に行われている。特にOECD閣僚理事会では，WTOと異なり，先進国のみがメンバーのため比較的意見の調整がつきやすいことと，法的強制力がないことがかえって合意を得やすいといわれ，ハードコアカルテルに対する執行協力に関する勧告（1998年）以降，執行協力など多くの勧告等がだされている。TRIPs（知的財産権の貿易関連側面に関する協定）にも競争政策に関わる規定が入っている。また，APEC（アジア太平洋経済協力会議）などの地域経済統合が進んでおり，そこにおいて競争政策の実施や技術協力（研修など）がなされている。様々な自由貿易協定（FTA）においても競争条項が必ず入っている。

ICN ）ICN（国際競争法ネットワーク）は，126の国・地域から139の競争当局が参加している。ICN は，独禁法の執行当局を中心に，弁護士，研究者等の関係者が集まり，緩やかな形で広範な協議・意見交換・技術支援を行う場である。ICN は，独禁法の調和を実現するための担い手として期待されており，活発な動きをしている。

4 国際カルテルなど

国際市場分割カルテル ）日本企業が関わった事件にマリンホース事件（公取委排除措置命令・課徴金納付命令平成20年2月20日・百選87）がある。8社はマリンホース（原油をタンカーから陸地の貯蔵施設等に移すときに使用するゴム製ホース）の製造販売業者であり，そのうち2社は日本企業であり，6社は英国，フランス，イタリア，米国に本店を置く外国企業であった。8社は，マリンホースが使用される地（使用地。上記5ヶ国のうち米国を除く4ヶ国）ごとに，使用地となる国に本店を置く者を受注予定者とする等とし，受注価格は受注予定者が定め，他の者は受注予定者が受注できるように協力するとの合意をし，それを実施していた。公取委は，一定の取引分野を「特定マリンホースのうち我が国に所在するマリンホースの需要者が発注するものの取引分野」とし，8社に排除措置命令を出しつつ，課徴金納付命令は日本の A_1 のみに出した。A_2 は調査開始前の1番目で課徴金減免申請をして課徴金を免除されたのであるが（7条の4第1項。当時は7条の2第10項），外国企業6社も課徴金を免れている。本件は国際市場分割カルテルであるにもかかわらず，世界市場を画定せず，分割されたわが国の市場，つまりわが国所在の需要者向けの市場を切り取って市場画定したため，6社

は市場で売上額がないことになったのである。このように市場を画定したのは，外国での競争状況等について公取委は証拠を得られなかったためかもしれない。また，仮に世界市場を画定しても，6社にはわが国でのまたはわが国向けの売上額がなく，課徴金を課せなかったかもしれない。市場をどのように画定するかはともかく，6社も違反行為者であり，現にわが国で生じた競争制限に貢献している（わが国向けの販売を回避している）のであるから，EUで行われているように，国際市場分割カルテルでは，事業者の世界市場でのシェアを計算し，それの比率をもってわが国におけるシェアと擬制または推定することが考えられる。令和元年の独禁法改正のために法改正を検討した公取委の有識者会議「独占禁止法研究会」ではこのような改正が提案されたが，「法制上の理由」（憲法39条に違反する可能性）から見送られた。

| 国際価格カルテル |

Case 5 を取り上げよう。これは，最判平成29年12月12日（テレビ用ブラウン管国際カルテル事件）をモデルとしている。本件では，国外で行われた価格カルテルについてわが国独禁法を適用できるかが争点となった。本件は，カルテル（不当な取引制限）の行為者だけでなく，カルテル対象商品（ブラウン管）の購入者（現地子会社等）も外国に所在し，商品の引渡しおよびそれを組み込んだブラウン管テレビの製造も外国でのみ行われているという特徴がある。公取委は，排除措置命令を出すとともに，カルテル当事者が東南アジアにおいて現地子会社等に供給したブラウン管の売上額に課徴金を課した。いくつかの事業者は，本件は外国で行われた行為であり，効果も外国にしかなく，独禁法は適用されず，国内に売上額もないから課徴金納付命令も不当だとして審判開始請求をした。審決は，(i)「少なくとも，一定の

取引分野における競争が我が国に所在する需要者をめぐって行われるものであり」，かつ，(ii)「当該行為により一定の取引分野における競争が実質的に制限された場合には」，3条後段が適用されるとした（公取委審判審決平成27年5月22日）。これは日本を含む「一定の取引分野における競争が実質的に制限された場合」には，わが国の自由競争経済秩序（1条）が侵害され，わが国独禁法を適用でき，さらに課徴金も課せるという立場と考えられる。*1*で説明したように，公取委は，効果主義，属地主義等にはこれまでと同様に一切触れないで国際適用の問題を処理してきた。問題は，上記(i)(ii)の基準とそのあてはめが適切かである。

　3社はそれぞれ審決取消訴訟を提起した。原判決（東京高判平成28年1月29日）のほかに，東京高判平成28年4月13日（第二判決・百選89），東京高判平成28年4月22日（第三判決）が出されたが，最高裁は原判決のみ上告を受理した。原判決は，わが国ブラウン管テレビ製造販売業者との間で行われる本件交渉等を本件行為の「実行行為」とし，その自由競争を制限する実行行為には独禁法が適用できるとした。原判決は，EUにおいて客観的属地主義に属する実施理論をとり（⇒*1*「属地主義」），EUでもこの理論により同じ結論になると判示したが，交渉等の相手方がわが国に所在することを根拠にわが国を行為地とすることはEUでも行われていないと学説は批判していた。最高裁は本判決を出すことで原判決の法的構成を斥けたと考えられる。他の2つの判決と最高裁判決は(i)(ii)の基準に近い判断をするが，それぞれ内容が異なる。ここでは最高裁判決を見よう。

　最高裁は，(a)「我が国の自由競争経済秩序を侵害する場合には」独禁法が適用されるという一般論を述べ，(b)「一定の取引分野における競争を実質的に制限する」とは，「当該取引に係る市場が有する競争機能を損なうことをいう」とした上で，(c)「当該カルテルが

我が国に所在する者を取引の相手方とする競争を制限するものであるなど」，(d)「価格カルテルにより競争機能が損なわれることとなる市場に我が国が含まれる場合には」，当該カルテルは，わが国の自由競争経済秩序を侵害する（＝(a)。独禁法が適用される）とする。

　本件については，①わが国テレビ製造販売業者は，自社およびその子会社等が行う当該事業を統括し，遂行していたこと，現地製造子会社等は指示を受ける関係にあったこと，②ブラウン管テレビの製造販売業を統括し，遂行する一環として，基幹部品であるブラウン管の購入先，購入価格，購入数量等の重要な取引条件を決定し，その購入を現地製造子会社等に指示し，現地製造子会社等に本件ブラウン管を購入させていたこと，③取引条件に関する本件交渉等を自ら直接行っていたこと，④本件合意は，その本件交渉等においてA_1ほか4社が提示する価格を拘束するものであったことをあげ，この事実関係の下では「本件……取引は，我が国テレビ製造販売業者と現地製造子会社等が経済活動として一体となって行ったものと評価でき……我が国に所在する我が国テレビ製造販売業者をも相手方とする取引に係る市場が有する競争機能を損なう」とする（＝(c)(d)）。

　最高裁が，(c)「当該カルテルが我が国に所在する者を取引の相手方とする競争を制限するものであるなど」(d)に該当する場合には，当該カルテルはわが国の自由競争経済秩序を侵害するとするのは，原審決，第二，第三判決の(i)(ii)を(c)と構成し直し，(c)が成立すれば，(a)自由競争経済秩序を侵害するとしたと考えられる。この点は後述のように疑問があるが，それはともかく，最高裁は，原審決，第二，第三判決が用いた「我が国所在の需要者」という概念を用いず，原判決等で争点となった，「我が国所在の需要者」は本件のように意思決定者で足りるのか，そうではなく使用収益が必要かという論点

に触れなかった。その上で，本判決は，(c)「当該カルテルが我が国に所在する者を取引の相手方とする競争を制限するものである」に該当するかについて，本件の事実を詳しく掲げて，総合考慮する事例判決としたのである。

原判決および第二・第三判決に対しては，わが国に実質的な競争制限，「効果」，密接関連性等があるのかという指摘がなされていた。最高裁は，これに一定の対応をしたものと考えられる。そして，(b)「市場が有する競争機能が損なわれること」としたのは，わが国を「含む」市場の全体における競争機能が損なわれてはじめて「競争の制限」が「実質的」であると認められることを確認したと考えられるが，(c)が成立すればそのようにいえるのか，つまり(c)が成立すれば(d)が当然に成立するといえるのかはなお疑問がもたれるように思われる。また，この立場では，①カルテル等の当事者が，外国所在の日本企業グループを取引の相手方とし，その際，日本に所在する購入部門が実質的な決定権を有しているのであれば，世界中のいずれの場所で行われた日本企業グループ向け取引（部品の購入から完成品の製造・販売まですべて外国でのみ行われるものを含む）に対しても，日本の独禁法が適用され，②外国でなされた当該日本企業グループ向け取引の売上額に対しても課徴金が課される結論になる。逆にいえば，わが国でわが国事業者がカルテルを行い，わが国所在の日本法人（外国法人の子会社）に販売し，完成品もわが国でのみ販売されている場合に，外国競争当局がその外国法に基づいてわが国での売上額に制裁金を科しても，本判決を引き合いに出されれば，消極礼譲を主張する程度しかできなくなる。本判決でも過剰な域外適用がなされる懸念は消えるわけではない。

5 並 行 輸 入

並行輸入とは　並行輸入とは，輸入総代理店契約（自己の取り扱う商品を供給するにあたって，ある事業者に国内市場全域を対象とする一手販売権を付与する契約）の当事者以外の第三者が当該契約対象商品を契約当事者間のルートとは別のルートで輸入することである。たとえば，ルイ・ヴィトンのバッグを日本より安い香港で大量に仕入れて，日本にもってきて売ることが並行輸入である。並行輸入が起こるのは，国内の小売価格が，輸入に要する費用を加えてもなお外国の小売価格よりも高いからである。このような行為は「さや取り」といわれる（⇒ *Column* ㉔）。「さや取り」としての並行輸入が増えれば，そのブランド内の競争が活発になり，国内と外国との価格差は少なくなっていく。なお，その商品を日本で販売するには日本国内で広告などの販売促進活動が不可欠であることもある。その場合は，並行輸入は輸入総代理店が行う販売促進活動にただ乗りしているという面もある（⇒第4章 **8** ②）。

並行輸入の阻害と独禁法　輸入総代理店やその流通ルートで販売している小売店にとっては，商品の価格が下がり販売競争が激しくなるので，並行輸入を嫌い，並行輸入を阻害する行動にでる。並行輸入業者が輸入総代理店を経由しても商品を購入しているのであれば，輸入総代理店は直接・間接に取引を拒絶する。さらに輸入総代理店は，外国の取引先に対して，並行輸入業者が仕入れている外国の小売店に販売しないこと，または外国の小売業者に並行輸入業者には販売しないことを求めることもある。

　このような並行輸入を阻害する行為は，典型的には，単独の取引

拒絶（一般指定2項）や拘束条件付取引（同12項）にあたる。しかし公取委の実務では、競争者に対する取引妨害（同14項）として事件処理される。差別化された商品ごとに影響を受ける場（市場）（ルイ・ヴィトンのバッグという市場）を画定するのでなく、商品市場（たとえば、高級バッグ）を画定するならば、自由競争減殺型の公正競争阻害性を見出そうとすることは難しい。そのため、自由競争減殺型の公正競争阻害性を必要としない競争者に対する取引妨害の規制を使わざるを得なくなったのではないかと考えられる（⇒第4章 **10** ①）。ただし、流通・取引慣行ガイドラインは並行輸入の阻害が違法となるのを「価格を維持するために行われる場合」に限定しており（第3部第2の2）、一般指定14項の適用においても自由競争減殺型という縛りをかけていると見られる。

Column ㉛　並行輸入と知的財産権

　並行輸入は特許権、商標権、著作権など知的財産法上はどのように評価されるのだろうか。偽造品や海賊版であればともかく、真正商品の並行輸入は知的財産権の侵害とならないのだろうか。もし知的財産権の侵害となるならば、侵害行為は通常独禁法が保護すべき競争（1条参照）ではなく、侵害行為を排除する上で必要な範囲でかつ法律で認められる方法を使ってたとえば輸入（侵害行為）を差し止めることは許されるであろう。

　商標品の並行輸入は、商標保護の趣旨ないし商標の機能（出所認識機能、品質保証機能）を害さないことから、適法であるとされている（パーカー事件・大阪地判昭和45年2月27日）。しかし特許権や著作権はこのような機能論にはよれない。

　特許権については、最高裁判決は、国際取引における商品の流通の自由は最大限に尊重されるべきとの認識に立ち、特許権者が外国において特許製品を譲渡する場合にその製品の販売先・使用地域から日本を除外する旨を譲受人との間で合意し、これをその製品に表示しない限り、並

行輸入を特許権侵害として差し止めることはできないとしている（BBS事件・最判平成9年7月1日）。

　著作権のうち映画著作物については，並行輸入品の国内流通が差し止められるとされている（101匹ワンチャン事件・東京地判平成6年7月1日）。もっとも，101匹ワンチャン事件は映画著作物の事案であり，映画著作物については頒布権があるから頒布権に基づいて並行輸入を阻止できるのである。これに対し，映画以外の著作物，実演，コンピュータ・プログラムといった一般の著作物については頒布権はなく譲渡権があるだけであり，公衆に譲渡した段階で譲渡権は消尽するため（譲渡権の国内消尽，国際消尽。著26条の2第2項。ただし，レコードについては国際消尽を制限する規定〔還流防止措置〕がある。同113条5項），譲渡権に基づいて並行輸入を阻止することはできないと考えられる。また，映画著作物についても，ビデオカセット，DVDなどにより複製物が大量に流通することが予定されている場合には，その複製物に頒布権は認められるが，最初の譲渡によって消尽することが示唆されており（中古ゲームソフト事件・最判平成14年4月25日），この問題がどうなるのか，またさらにこのような流通形態をとるものは国内消尽のみならず国際消尽もするのかしないのか（101匹ワンチャン事件で東京地裁は国際消尽しないとする。ただし，前記平成14年最判より前の判決）など，未解決の問題は少なくない。

╺╺

国際的技術移転

日本事業者が外国事業者に対して特許やノウハウのライセンスを行うことがある。このような事例である旭電化事件・オキシラン化学事件（公取委勧告審決平成7年10月13日・百選90）では，両社が台湾の化学会社に対してエポキシ系可塑剤エルソのノウハウ供与契約を締結し，その中で契約終了後も日本向けの輸出を制限することとしていた。本件ではノウハウ・ライセンス契約において契約終了後も数年間に限定した競合技術や競合品取扱禁止が独禁法に違反するかどうかが1つの論点になりうるが，それはともかく，本件では日本国内の価格へ影響

があり，かつ日本国内での公正競争阻害性もあった事案であり，独禁法6条ではなく19条が適用されている（ただし，本件では違反行為が終了しており，当時は既往の行為への排除措置に関する規定のなかった6条はもともと使えなかった事案である）。

　それでは，本件で日本への輸出の制限がなく，もともと日本への輸出の可能性もなかった事案であったらどうか。または，日本への輸出の可能性がもともとない状況で，輸出地域や輸出数量，販売先の制限をすればどうか。日本国内において保護すべき競争について公正競争阻害性や競争の実質的制限のない競争制限行為は国内独禁法の対象外とされ，独禁法6条の適用のみが問題になると考えられよう（「知的財産の利用に関する独占禁止法上の指針」〔平成19年9月28日公取委〕第4の3(3)ア・イ参照）。

第 **7** 章 独禁法のドメイン──政府規制分野・知的財産など

独禁法は市場の機能を維持する上で基本的な役割を果たしている。もっとも，市場を成り立たせるためには他の法制度も必要であるし，市場には解決できない問題もある。本章では，独禁法以外の法制度，そしてそれらと独禁法との関係を検討する。その上で改革の進む政府規制分野と知的財産に関わる諸問題を重点的に論じる。

競争とその限界

前章まで競争を不当に制限し阻害する行為を，独禁法がいかに規制するかを見てきた。企業に自由に事業活動を行わせ，活発な競争を保つことで，よい商品やサービスを安く手に入れることができるようになるのであり，それはよいことだというのが，独禁法の基本的な考え方である。

しかし，企業や競争に委ねておくだけでは，不都合が生じることも多い。市場にはできないこと──いわゆる「市場の失敗」を補完すべく，様々な制度が設けられ規制が行われている。料金や品質の規制や参入制限がしばしば行われているし，この世の何もかもが取引の対象となっているわけでもない。取引を禁止されている財もあれば，空気や海水，美しい景色などのように，対価を払うことなく利用されている財もある。取引が行われるためには，民法をはじめとする法制度等も必要である。

独禁法以外の法や制度は，経済においてどのような役割を果たし

337

ているのだろうか。こうした法と独禁法はどのような関係に立つだろうか。

　こうしたことを知ることによって，経済や社会において，独禁法がどのような位置を占めるのかが，より具体的に分かるようになるだろう。そして，独禁法には何ができ，何ができないのか，その機能や限界をよりよく理解することができるようになるだろう。

　独禁法では，独禁法がどのような事柄に，どこまで適用されるかが，よく問題になる。「こうしたことは，独禁法を適用すべきではない」「競争になじまない」といった主張がされることがある。適用除外規定が設けられることもある。こうした問題を考える上でも，独禁法の限界をふまえて，他の法の役割を知ることが，必要になる。

1 市場の限界と政府の役割

　　　　市場の創出　　　　競争は放っておいたら自然に発生するものではない。事業活動や競争が行われるためには，そのための制度がまずできている必要がある。たとえば，第一に，土地などが割り振られ，財産権が設定されている必要がある。また，財産権を侵害から守り，契約を確実に履行させる制度も必要である。財を勝手に利用できるところや，約束が守られないところでは，取引は行われないのである。さらには，取引をする者の身許を確認する制度や紛争を解決する制度も必要となる。貨幣や度量衡，言語など，財を交換するための手段も整っていなければならない。

　これらの制度が整備されていることが，競争の前提となる。これらの制度の整備は，法を通じてなされたり，国をはじめとする公的機関によって行われることが多い。

|情　　報|誰が，どのような財を，どういう条件で売り出しているか，売り手が信頼でき，買い

手が支払いをきちんと行うかなどの情報が得られることも，事業活動が行われる上では重要である。

　しかし，信頼できる情報を入手することは容易ではないことがある。たとえば，薬，建物，食肉などの品質や欠陥についての正しい情報を買い手が得ることは容易ではない。買い手側の情報を売り手が入手することも簡単ではないのであって，たとえば，クレジット・カード会社に利用者が借金の状況を正直に説明するとは限らない。

　これらの情報は，広告や情報誌，インターネットなどを通じて，ある程度まで集めることができそうではある。正確な情報を提供することで顧客が得られるのであれば，事業者は進んで情報を提供するだろう。また，事業者は，評判効果を考えて，自発的に正確な情報を提供しようとするかもしれない。さらに，誤った情報によって損害を被るリスクに対して，保険などの手段により対処することも，ある程度までは可能である。

　しかし，これらの自然発生的な行動や自発的な努力だけでは，経済活動が円滑に行われないこともある。そこで，このような不備に対処するための制度が法や政府によって整備されている。たとえば，消費者法では，事業者に消費者に対する情報提供を義務づけるとともに，欠陥が見つかったときには情報を有する側に責任を負わせることなどによって，事業者に正確な情報を提供するように促している。危険な商品や役務について見られるように，政府自らが情報を収集して提供したり，政府が危険性の高いサービスを市場から予め排除しておくこともある。

民営化がいくら進んでも，警察や消防署，公共図書館がなくなることはないだろうし，外交活動や堤防の整備を政府がしなくなることはないだろう。これらの政府の活動は「安全」「災害予防・対策」「文化」などの利益を社会の構成員にもたらしている。

これらの活動や財には共通する特徴がある。1つが，一定の者に限って活動・財からの利益を受けることができるようにすることが非常に難しいことである。たとえば，外交活動の結果，達成される平和という利益を，誰か一定の者だけが享受できるようにすることは難しい。

もう1つの特徴が，誰かが利益を受けることで，他者が利益を受けることができなくなったり，財の効用が減ったりしない，ということである。ビールは誰かが飲んでしまえば，なくなってしまう。これに対して，核削減や洪水防止から得られる利益は，誰かが享受しても減りはしない。

公共財と政府の役割 このように，ある者の消費が他者の消費可能性を減らさず（消費の非競合性），支払いを行わない受益者を排除できない（排除不可能性）特徴をもつ財を，「公共財」という。

公共財の確保には，政府の関与が必要である。排他的な支配や利用が不可能であって，誰もが享受できる財を，費用を支払って供給する者は，そうたくさんはいないためである。

それでもなお受益者の一部に公共財を提供する役割を果たさせるようにすることが考えられないではないが，このようにすると公共財の供給量はあるべき水準（社会的に最適な水準）よりも低くなると考えられる。というのも，提供者は，他者に公共財がもたらすだろ

う利益を考慮することなく，公共財が提供者にもたらす利益だけを勘定に入れて公共財の供給量を決定するからである。公共財が社会全体にもたらす利益は，社会の成員の一部にもたらす利益よりも大きいので，提供者が享受する利益だけを考えて公共財の供給量を決定すると，供給量は社会的には過小となる。政府が，全体にもたらす利益を考慮して提供する量・程度を決定し，その通り提供されるようにした方がよいのである。

負の外部性

大気汚染物質などは，逆に，多くの人々に広く不利益を与える。そして，このために，立法，規制等の公的介入が必要となる。

汚染物質の拡散等により公害が発生するときには，公害を発生させた者自身も，公害の結果に苦しむ可能性はある。しかし，本人が引き受ける不利益は，公害が社会全体に生じさせた害全体のわずかな割合を占めるにすぎない。そして，このために，公害を発生させる者は，他人の迷惑を顧みず，大量の汚染物質を排出するという行動をとりがちになる。

ある者の活動が取引関係にない他の者に及ぼす影響を「外部効果」という。外部効果には，望ましいものと望ましくないものがあり，望ましくない外部効果を「負の外部効果」「外部不経済」という。

負の外部効果が発生するときには，たとえば過剰に汚染物質を排出しないよう，法規制を行う必要がある。あるいは，たとえば，大気汚染により生じた害を補償させるようにする必要がある。これらの法規制は，自己のもたらした被害の結果を引き受けるようにさせることを通じて，汚染物質排出量を削減するなどの対策を講じるよう促す効果をもっている。

公共負財と政府の役割 上に書いたような法制度の整備や政府の介入に対しては，別の解決策が提案されることがある。「被害を受けている人が，お金を払うなどして公害を発生させている者と交渉して，対策をとることを依頼・取引すればよい」「被害を受けている人が，自分たちで対策をとればよい」といった提案である。

こうした提案は，直感的に見て正しくないと感じる人が多いことだろう。経済的に考えても，このような提案には難がある。たとえば煤煙による被害は広く様々な人に及ぶために，被害を受ける人たちが集まって交渉にあたるとか，対策をとるための行動をとるとか，そのための調整・協力をするとかいうことには多額の費用がかかり不効率であるためである。負の外部効果を発生させる事柄であって，広く多くの人に影響を及ぼす財（「公共負財」といわれる）の対処には，政府の関与が不可欠なのである。

経済的困窮者との取引
（交渉能力格差） 一般的には，個人に自由に交渉，取引を行わせることが効率的な結果をもたらす。しかし，交渉力に著しく格差がある者の間においては，自由な交渉・取引が効率的な結果をもたらさないことがある。たとえば，飢えに瀕した人は，パンを目前に示されたとき，たとえ貧しくても，たとえそのパンの価格が数万円という法外なものであっても，そのパンが今手にすることができる唯一の食糧であれば数万円を支払ってパンを入手しようとするだろう。しかし，パンにそのような対価を払わせるのは不当である上に，不効率である。数百円という価格がつけられていたとしても，同じだけのパンが生産され取引されるのであれば，数万円という価格がつけられることによる効率性向上効果はないからである。加えて，貧しい人にとっ

てこそ貴重な意味をもっているだろう数万円というお金は，むしろその人が持ち続けたほうが有益だからである。

　交渉能力の著しい格差を背景として生じる不効率性・不公平性の問題については，たとえば，最低賃金や利息の上限を規制したり，病院や職業紹介サービスなど交渉能力格差が生じやすい事業を政府自らが運営したりすることにより，緩和することができる。また，労働組合や消費者団体のように交渉上の地位を高める役割を果たす団体を法的に保護することも交渉能力格差問題を緩和する上で重要である。

再 分 配

　競争が活発になると，資源は効率的に利用され，市場参加者は能力を発揮しようと努力するようになる。しかし資源や事業上必要な能力をたまたまもっていないために，競争に参加できなかったり，競争上不利になったりする場合もあるのであって，競争の結果によりすべてを決めるのは不公正である。競争の結果がどうあれ，人間としての尊厳を保ちながら社会生活への参加を続けることができるようになっているべきである。そして，このような状況が維持されることは，競争を活発に保つためにも必要である。というのも，競争の勝ち負けは運によるところが大きいのに，「負けたら，ひどいことになる」ということでは冒険精神をもった企業家が現れず，競争が停滞する可能性があるからである。

　生活保障は，政府の役割である。国や自治体は，税金を徴収し，各種の社会保障制度を設けて，支援の必要のある人たちに対する「再分配」を行っている。

競争・独禁法の役割　このように競争は万能ではない。上にあげた問題のほか，いわゆる自然独占産業や技術・情報に関わる分野でも，「市場の失敗」が生じるとして様々な制度が設けられている。この問題は **2** と **3** で検討する。

　ただし，政府の関与が必要な事柄については，企業活動や競争がおよそ不要だとか，有害だとかいうのではないことに，注意しておこう。

　上にあげた社会的・経済的必要は，政府と競争・独禁法とが補い合うことで，よりよい形でみたされることが多い。たとえば，市が緑地整備を行うとき，整備事業者らの間の競争が活発だと，より少ない費用で，よりよい結果を得ることができる。この結果，税金が有効に使われることにもなる。情報格差や搾取の問題も，競争が活発になると，緩和されることがある。

独禁法との関係　ここまでの検討で，独禁法以外の法規制が経済活動に深く関わっており，政府の活動が経済において重要な役割を果たしていることが分かった。次に，このような法規制や政府の活動により競争が制約される場合に，独禁法がどのように適用されるかを検討しよう。

　法律や条例の制定，外交・防衛活動，社会保障や環境に関わる政策決定は，事業活動ではない。こうした側面では，国や自治体には事業者性は認められない。したがって，独禁法は適用されない。

　国や自治体が自ら事業活動を行っていれば，話は別であり，独禁法が適用される（⇒序章3 **4**）。ただし，問題となる行為が独禁法に違反しているのか，なかでも競争を制限，阻害したり，独禁法に反する不当な排除にあたるのかどうかを検討する上では，国や自治体がそうした行為を行った理由――公益目的に出た行為ではないのか

等を考慮することにはなる。過去には，東京都がと畜場使用料を安く設定したことが不当廉売にあたるかどうかについて争われた事件において，東京都が小売価格を抑制するという目的を有していたことが不当性の判断において考慮されたことがある（東京都と畜場事件・最判平成元年12月14日・百選1・59）。

労働者や消費者は事業者ではなく，独禁法の規制対象ではない。なかでも，憲法上認められた権利を行使する行為であるとともに，労働組合法上，保護されている労働組合を結成し，団体で交渉し，ストライキを行う行為は，これらの行為により賃金水準にいかなる影響が及ぶことになっても，独禁法違反になることはない。

小規模事業者については，事業活動の一部を共同して行うことではじめて競争単位として機能する場合がある。このようなことを考慮して，独禁法では，一定の要件を備えた協同組合の行為には原則として独禁法の規定を適用しないことにしている（22条）。

企業らが法令を遵守しようとすると，独禁法により禁止されている行為を行うこととなってしまう場合がある。このような場合には，当該行為を行っても独禁法違反に問われることはない。たとえば，取扱いが禁止されている物品（ヘロインなど）について事業者との取引を拒んだからといって，独禁法違反の取引拒絶を行ったとして19条違反に問われることはない。

2 規制分野における独禁法

① 自然独占と事業法

規制分野　電気通信，交通，電力などの事業は，競争に委ねるのは適当でないと考えられ，参入

が規制されたり，独占が法律によって認められたりしてきた（法定独占）。そして，その一方で，価格や品質が規制され，あまねく公平にサービスを提供することが義務づけられ，政府機関がこれらの規制を行う専門の官庁として日常的にこれらの事業の監督・規制を行ってきた。

こうした特定の事業分野に向けられた法は「事業法」，事業法の規制下におかれている事業分野は「規制分野」と呼ばれる。なぜこのような法と事業分野が存在してきたのだろうか。

規模の経済
（劣加法性）

複数の企業が供給するより，企業1社がすべてを供給した方が，費用が少なくすむことがある。このような特徴をもつ事業は，「劣加法性」をもつという。劣加法性は，典型的には，供給量が多くなるに従って，1単位あたりの費用が下がる効果（「規模の経済」という）が著しいときに生じる。著しい規模の経済が生じるのは，たとえば，最初に巨額の投資をして大きな供給設備を設ければ，その後には無視できるほどの安い費用で大量に供給できる場合である。

1社がすべてを供給した方が費用が安くつくなら，そうさせるのがよさそうである。規模の経済が顕著なときには，参入を制限しない限り事業が成立しないともいわれる。参入者があると，これに対抗しようとして値下げをし，作れば作るほど価格を安くできるので，どんどん作ることになる。こうなると，誰も投資を回収できなくなる。投資を回収できる見込みがないため，そもそも投資を行う者が現れない――だから参入を制限する必要があるというのである。

ネットワーク効果

世の中には，統一されていた方が便利であって，「みんなが使っているから，私も使

う」「業界で使われているから，わが社も採用する」という具合に利用者を増やしてきた財がある。英語やA4サイズの紙，Googleを，このような財の例としてあげることができる。

多くの人が利用している財を利用すると，よいことが2つある。1つがより多くの人との間で交換や取引，コミュニケーションすることができること，もう1つが，アプリケーションや補完品，関連サービスが充実していることである。

利用者が増えるほど，その財の利用から得られる効用が増す効果を「ネットワーク効果」という（⇒第1章 *Column* ⑰参照）。ネットワーク効果の存在も1社が市場を独占する原因になる。

「自然独占」　規模の経済やネットワーク効果が著しく，そのために独占させることが経済的に見て理にかなっている（「自然」である）ことを，「自然独占」性があるという。

規模の経済やネットワーク効果は，多かれ少なかれ，ほとんどの財に見られるが，多くの場合には，さほど顕著ではない。通常は一定の規模を超えると，資材や部品の値段が上がって単位あたりの生産費用が増えはじめたり，設備の増強や修理が必要になってきたりするものである。ネットワーク効果にしても，混雑するなどの負の効果が大きくなりはじめたり，多様なニーズにこたえきれなくなったりするものである。

本項（①）の冒頭でふれた電気通信，交通，電力などは，こうした混雑効果などを考えても，なお事業者の数を制限した方がよいと考えられた特殊な事業である。

価格その他の規制　参入規制や法定独占は，価格・生産量・品質の規制を伴う。参入規制等によって競争にさらされないでいる事業者が，競争にさらされないのをよいことに，高い価格をつけたり品質を下げたりする可能性があるからである。

　参入を制限し，価格等を規制するには，特別の根拠が必要である。そこで，事業法が設けられている。

　また，競争が活発でない市場で価格等を適切に規制するためには，需給状況や技術についての専門的知識をもち，事業の計画と実施状況を監督することのできる機関が必要となる。そこで，電気通信については総務省，交通は国土交通省というように，専門の政府機関が事業規制を行っている。

② 規 制 改 革

「規制の失敗」　ここまでに見たように，規制分野においては，それなりの理由があって事業規制が行われてきた。しかし，20世紀末になって規制分野において品質向上や費用削減が十分に行われないことが明らかになり問題視されるようになった。競争が活発なら，より安く，よりよいものを作らないと，競争に負けてしまうので，品質を向上させ費用を削減させなければならないという圧力が自然と働く。これに対して，競争のない規制分野では，品質改善等の努力を怠りがちになる。費用にしても，事業法上の規制の下では，規制分野においては，経費が生じれば生じた分を料金に上乗せして収入を得ることができたために，事業者としては苦労して費用を削減する必要はない。

　これらの問題が生じたとき，規制機関が直接事業者に努力を促すことができればよいのであるが，規制機関には入手・利用できる情

報が不十分であるという限界がある。規制機関にとって，事業に関係する技術や費用，市場動向を把握するのは，容易でない。また，規制機関はこれらの情報を事業者，つまり，規制を受ける者から得ることが多いのだが，このようにして得られる情報は事業者によって操作されていることがある。操作されてはいなくとも，常に事業者から得られる情報をもとに判断をする結果，知らないうちに規制機関が事業者に有利な見方をするようになり偏った判断をしてしまうことも多い。

競争の導入
これらの「規制の失敗」が深刻なものとして認識されるようになり，規制の見直しがはじまった。そして，参入規制を改廃して，できる限り市場メカニズムと競争圧力を利用しようということになった（規制改革）。

　イノベーションや市場の変化も，規制改革を進める原動力となった。たとえば，通信分野では光ファイバーや安価な情報処理システム，電力分野では小型の発電機の開発が進み，初期投資の額が下がり，1社に独占させる必要性が薄れた。また，市場規模が拡大し，ニーズが多様化した結果，複数の多様な事業者が存続できるようになった。

③ 事業規制と独禁法

規制分野における独禁法の適用──一般
独禁法は規制分野においても適用される。独禁法が適用される「事業者」は，序章で確認したとおり，広い範囲の者を含むように解釈されている。そして，規制分野においては，たとえば価格が法定されていても，サービスに関しては競争がありうるのであって，競争が制限されれば独禁法違反になるなどとされてきた。実際にも，

運賃や路線などについて認可制がとられていたバス会社間の株式取得・役員兼任が，「競争を実質的に制限することとなる」として，独禁法違反とされたことがある（広島電鉄事件・公取委同意審決昭和48年7月17日・百選44）。

　ただ，すでに述べた通り，明示的に独禁法を適用しないことが定められていれば，独禁法は適用されない。また，事業法によって明示的に命じられた行為が，独禁法違反となることはない。さらに，過去の公取委審決には，価格カルテル行為が行われた場合であっても，当該カルテルによって制限しようとする競争が刑事罰等をもって禁止されている違法な取引や違法な取引条件（たとえば，法規制により定められた運賃と異なる運賃）に関するものである場合には，原則として合法であるとした例がある（大阪バス協会事件・公取委審判審決平成7年7月10日・百選36）。

| 規制改革下の
独禁法の役割 |

規制改革が進められている事業分野においては，独禁法による規制を効果的に行う必要性は特に高い。かつて事業を独占しており，規制改革，自由化の後にも強い力を占める事業者が新規参入者を不当に排除する行為を，独禁法により規制する必要があるためである。たとえば，通信網や送電網などの，事業を行う上でアクセスすることが必要なインフラストラクチャーを支配する事業者が，インフラを支配していることを利用して他者を排除しないよう規制することが，独禁法の課題となっている。

　規制改革がはじまってから，独禁法には，こうした規制を積極的に行って，規制改革を推進することが期待されてきた。公取委はこうした期待にこたえて，電気通信，電力，ガス分野などでの独禁法の適用に関する指針を公表してきた。指針の中では，他社サービス

について不当な情報を流して契約を妨害することや，事業を行うにあたって不可欠な施設やサービスの提供を差別的に拒むこと，自己のサービスと併せて関係事業者と契約すると値引きすることにする「セット割引」などが，独禁法に違反する可能性のある例としてあげられている。

| 事業法と独禁法 の役割分担 |

規制改革が進むと，事業法と独禁法との関係が改めて問題になる。規制改革の結果，かつてのような参入規制や，価格，品質の規制は，徐々に行われなくなり，これに代わってかつての独占者による参入妨害行為の規制が事業法の主要な役割となるようになった。こうなると，事業法と独禁法とが重なり合うことになる。すると，事業法と独禁法とがどのような関係に立つかが問題となる。

　事業法と独禁法の役割分担の仕方としては，独禁法に一本化し事業法は廃止する方法，独禁法の適用は除外することにして事業法に一本化する方法，両方をともに適用する方法が考えられる。

　独禁法の利点は，規制を受ける事業者による操作や癒着の可能性が少なく，中立的で，私訴を含む透明な手続きが整備されているということである。競争政策に関する先例と経験が蓄積されており，事業者側の予測可能性も確保されている。公取委は基本的に競争維持・促進という1つの目的を追求しているために，実績の評価がしやすく，責任をもった競争政策の推進を期待できる。

　一方，事業法や規制官庁の強みは，それぞれの事業に合った規制を行うことができること，専門的知識が蓄積されていること，これらの事業に課される様々な要請をまとめて考慮し調整できることである。競争を導入し，定着させる上でも，事業法と規制機関のもつこれらの特徴は利点となる。

事業法等については，さらに，独禁法に縛られないことも，利点
となりうる。競争導入過程では，競争を実現するために，独禁法で
はおよそ要求しないようなことを命じたり，不当性や競争に与える
影響がはっきりしない行為を禁じたりしなければならない場合があ
るためである。

　事業法と独禁法，事業法を運用する規制機関と公取委とが，どの
ように役割を分担するかは，これらの特徴と事業・競争の状況をふ
まえて，考えていく必要がある。

3 情報・技術・知的財産と独禁法

① 情報と競争

情報の利用・流通・生産

　情報の多くは，誰もが自由に，無料で利用
できる。たとえば，言語や音楽，要領よい
仕事のやり方，庭のデザイン，数学の公式，
議会や裁判所などの社会制度など，人類の生み出してきた情報の多
くは，対価を支払うことなく，自由に楽しみ，利用し，模倣するこ
とができる。例外的に知的財産法によって保護され，権利者から許
可を得なければ使うことができない情報・技術はあるが，これらに
ついても知的財産権により保護される期間は限られている。情報は
創出や流通のされ方も独特であって，対価を得ないで行われる創造
的活動や国公立の研究機関や大学における研究活動の果たす役割が
大きい。

　情報についてこのように独特な創造と流通の制度が成立している
ことには，何か理由があるのだろうか。

自由利用の合理性　財を提供するには，通常は，費用がかかる。これに対して，情報は一度作り出してしまえば，その後同じ情報を提供するためにかかる費用はほとんどない。たとえば，音楽，数式，ゲームソフトは，一度作ってしまえば，紙に書いたりインターネットを通じてやり取りしたりして，同一のものを，いくらでも，費用をほとんどかけることなく提供することができる。また，新薬やペット・ロボットなどのアイディアも，一度発明されれば，その情報（技術）を同じ物を作るために使うことができる。こうした情報や技術については，通常の財と異なって，使う人が増えると，他の人が使えなくなるとか，利用から得られる効用が減ってしまうということもない。

　供給するために費用が必要なものや，利用すれば消耗する財については，野放図に提供することはできない。しかし，情報のように，追加的に供給するために費用がかからず，使っても消耗することなどがない財については，望む人の多くが利用できるようにするのが効率的だと考えられる。そして，このことからすると，情報の多くが対価を払わなくても利用できることになっているのは効率的なのである。

　さらに，情報が自由に利用できることは，文化や民主制度の維持，社会的情報格差の緩和などにも役立っている。情報や技術にははるか過去に先人が作り出したものが多いし，現在の知的活動もこれらの先人の努力の上に成り立っていることを思えば，情報を多くの人が利用できるのは，フェア（公正）であるともいえよう。

専有困難性　情報の自由な利用が認められていることには，ほかにも理由がある。情報は，一定の者に排他的に所有（専有）させたり排他的利用を認めたりすること

が難しいのである。

　専有等をさせるのが難しい理由の1つは，情報の質量をもたないという特徴（無体性という）にある。このような特徴をもつために，情報は，いつ，誰が，どこで利用しているのかが分かりにくい。これは，排他的利用権を設定しても，その侵害について知るのが難しく，排他的利用権が形骸化しやすいことを意味する。しかも，質量をもたないために，情報の流布，利用は簡単に行うことができる。これは，排他的利用権の侵害が容易であることを意味する。

　これらのことからすると，情報については自由利用が原則となっていることは，合理的であるし，やむを得ないところがあるといえる。

**情報を生み出す
インセンティブ**

しかし自由利用には，情報を生み出し，流通させるインセンティブが不十分になるという問題がある。

　知的活動は楽しく，社会的名誉などの源泉にもなるので，収入が得られなくても，ある程度は行われるだろう。コストを削減し，より魅力的な商品を開発すれば，より多くの顧客が得られるので，事業者も技術開発を続けるだろう。真っ先に新商品を市場に出すことによる「先行者利益」も大きい。

　しかし，自由利用体制の下では，十分な財産をもたない者や，知的活動で生計を立てている者が，継続して知的活動を行うのは難しくなるだろう。技術開発や研究にかかる費用やリスクは，年々，増加している。情報を使いたい人の所に届ける流通活動も，費用やスキルなしにはできない。このことから，一定の場合には知的財産の創作や流通に経済的な裏づけを与える必要がある。

　主に2種類の方法が，経済的裏づけを与えるために利用されてい

る。1つが，公的補助である。もう1つの方法が知的財産制度である。

② 知的財産制度

知的財産制度は，特許法，実用新案法，意匠法，種苗法，半導体集積回路法，著作権法，不正競争防止法をはじめとする複数の法制度からなっている。知的創作活動を促進する制度として特に重要なのが特許権，著作権そして営業秘密の保護制度である。

新規であり（新規性），容易に創り出すことができず（進歩性），産業上利用可能な，自然法則を用いた技術的思想（発明）には，特許権が成立しうる（特2条1項・29条）。特許権は，特許庁に特許出願を行い，審査を受け，設定登録を受けることによって発生する（同66条）。特許庁では，「発明」にあたるかどうかや，新規性・進歩性の有無などを審査する。出願にあたっては，同じ技術分野に属する人が実施できる程度に明確で，詳しい明細書などを提出することになっている（同36条）。願書は公開される（同64条）。

特許権が発生すると，権利者は，特許出願日から20年間（同67条1項），業として特許発明を実施する権利を専有できる（同68条）。「実施」とは，「物の発明」については，その物を生産し，使用し，譲渡し，輸入する等の行為をいい，「方法の発明」については，その方法を使用する行為をいう（同2条3項）。他者が許諾（ライセンスという）を得ることなく業として特許発明を実施すると，特許権侵害として，差止め（同100条）や損害賠償（民709条），刑事罰の対象になる（特196条）。

| 著 作 権 | 著作権法は，著作物をカバーする。著作物とは，思想または感情を創作的に表現したものであり（著2条1項1号），小説，音楽，絵画，コンピュータの |

著作権法は，著作物をカバーする。著作物とは，思想または感情を創作的に表現したものであり（著2条1項1号），小説，音楽，絵画，コンピュータのプログラム，ゲームソフトなど，様々なものが含まれる。「創作性」が必要だが，芸術性や優れているかどうかなどは問われない。個性が表れていればよい。児童の絵にも創作性が認められる。権利の発生に，審査や登録は必要でない（同17条2項）。

著作権法によって権利を与えられる者には2種類ある。まずは，作家，画家，建築家など，著作物を創作した者（著作者）に権利が与えられる。

著作者の得る権利は「著作者人格権」と「著作権」の2種に分けられる。著作者人格権とは，著作者の人格的利益を守る権利であり，未公表のものを公表する権利や，同一性保持権などである（同18条～20条）。これらの権利の侵害に対して，著作者（死後は遺族）は差止めや名誉回復措置を請求できる（同112条・115条・116条）。譲渡はできない。

「著作権」は，より経済的な性格をもつ権利である。複製権，上演・演奏・上映・公衆送信権，頒布権，貸与権，翻訳権などがこれに含まれる（同21条～28条）。侵害に対して，差止め（同112条）や損害賠償（民709条）を請求できる。権利期間は，原則として創作から著作者の死後70年を経過するまでの間である（著51条以下参照）。この権利は譲渡できる。

著作者以外に，それを広めるのに貢献した実演家，放送事業者，レコード製作者などにも，権利が与えられる（著第4章）。この権利は「著作隣接権」と呼ばれる。

| 営業秘密 | 事業活動をする上で有用な情報であって, 秘密として管理され, 公然と知られていない情報を「営業秘密（トレードシークレット）」という。営業秘密を不正に取得し, 開示し, 使用すること等は,「不正競争行為」として, 差止めと損害賠償の対象になる（不競3条・4条）。これも知的活動の成果の排他的利用を可能にする法律である。ノウハウや顧客情報などがこの法律によって保護されている。

| 創作インセンティブ確保 | これらの制度の主たる機能は, 知的活動の成果の排他的利用を可能にすることによって, 知的活動を行うインセンティブを確保することである。創作者は, その技術・情報を自分だけが用いて, 商品やサービスを提供し, 利益を得ることができる。他者に実施を許諾（ライセンス）し, ライセンス料という形で, 収入を得ることもできる。

| 公開促進 | 特許権や著作権制度は, 情報の公開・流通を促進する機能ももっている。これらの制度によって保護されているので, 発明者や著作者は, 利益を失うことを心配することなく, 発明を実施したり, ライセンスを募ったりすることが可能になっている。こうした制度がなければ, 情報は営業秘密として秘匿されるか, 秘伝として口頭伝授される程度で, 広く利用されることにならないかもしれないところ, 特許法や著作権法は権利を認めることで公開を促している。

特許法では, さらに, 明確かつ十分な明細書の提出を義務づけて, これを公開することで, 後続する技術開発を促進している。

流通促進

最近では，情報や技術が，物とは別に，それだけで取引されるようになってきている。読者もインターネットから音楽や動画をダウンロードしたことがあるだろう。大学やベンチャー企業が取得した特許の大企業へのライセンスや，企業間のライセンスも，ますます盛んとなっている。

　こうした技術の流通や，そのためのシステム作りには，費用がかかる。知的財産制度によって得られる収入は，技術を流通させる活動の原資にもなっている。

公正利用・裁定実施制度

知的財産法には知的財産権者の権利を抑制する特別の規定もおかれている。

　　たとえば，特許法は，試験・研究のための実施は侵害にならないとしている（特69条）。利用について当事者間で協議が整わない場合や，「特許発明の実施が公共の利益のため特に必要であるとき」に，行政庁の裁定により，強制的に実施権を設定する制度も備えられている（裁定実施制度。同93条等）。

　著作権法では，私的使用のための複製，図書館における複製，引用・転載，教科書への掲載，学校等における複製，点字による複製，時事の事件の報道のための利用などについて，著作権が及ばない場合があることを規定している（著30条以下）。

消　尽

物の流通との関係で，特に大きな意味をもっている知的財産法上の原則に「消尽」原則がある。この原則は，知的財産権によって保護されるものであっても，権利者の意思によって適法に拡布されたときには，その後の実施には特許権等の効力は及ばなくなるとする原則である。

　消尽原則がなければ，購入した特許品を使用することも，販売す

ることも，形式的に見れば「実施」にあたり，いちいち差止めの対象となる可能性がある。それでは，流通が混乱し，経済活動に支障をきたす。そこで，特許権者が適法に拡布した時点でその物にかかる特許権は使い尽くされ——つまり，消尽し，消尽後には実施行為に対して特許権の効力は及ばないと解されてきたのである。

このように，知的財産法では，権利の客体と効果の設定の仕方を工夫し，公正利用の規定を設けることなどを通じて，全体として，保護と利用のバランスをとろうとしている。

③ 知的財産制度と独禁法

知的財産制度と独禁法は，どのような関係にあるだろうか。「知的財産法は技術の独占を認める」のに対して，「独禁法は独占を禁じる」のであり，両者は対立する関係にあるのだろうか。

「独占」の保護

この問題を考えるにあたって，まず注意しなければならないのは，知的財産権を有していることと，独禁法の考える「市場の独占」とは，違うということである。知的財産権を有しているからといって，市場で力をもっているとは限らない。世の中には無数の特許権，著作権が氾濫している。知的財産の所有者が，市場では何らの地位も有していないことが多い。特許権は，新規で進歩性のあるものに限って認められることになっている。しかし，新しいものが市場で力をもつとは限らない。「創作性」があればよいとする著作権については，著作権で保護されるものが市場で力をもつことは，まして少ない。知的財産法は「技術の『独占』を認めるものだ」といわれることがあるが，この「独占」は特定の知的財産権を「独占的」「排他的に」利用できるということにすぎない。市場を独占していることを意味してい

るわけではない。

知的財産制度の競争促進効果

知的財産制度には，競争促進効果もある。

知的財産制度は，情報や技術を創出・開発し，提供する活動を促進する。情報や技術の創出・提供活動は，技術や情報がやり取りされる市場にあっては，財を生み出す競争行為そのものである。これらの活動が活発に行われ，その間で競争が行われることによって，より優れた技術や新しいデータを，より多くの人が入手できるようになる。競合技術が開発されることで，一定の技術に支払われる対価の水準が下がることもある。このように，知的財産制度は技術をめぐる競争（技術市場における競争）を活発にすることがある。

技術開発は商品・サービス間の競争も活発にする。技術開発により魅力的な商品や効率的な製造方法ができると，これらの商品を提供し製造方法を用いる事業者とそれ以外の者との競争は活発化する。新商品を強みにして，従来，競争力のなかった者が有力な競争者に育っていくこともある。寡占市場では，製造方法を効率化し，費用を低下させた結果として，それまで存在していた協調関係が破られて，競争が活発になることもある。こうして知的財産制度は，技術開発を促進することを通じて，商品・役務市場における競争を促進することがある。

独占の禁止？

一方，「独禁法が独占を禁じる」というのも，誤りである。独禁法は，独占それ自体を違法とするものではない。高いシェアを占めていることや，高い価格をつけていることは，それ自体では独禁法に違反する行為ではない（序章参照）。したがって，たとえば，特許法に基づいて特許を

取得して，強い力をもち，高いライセンス料を取っても，それだけでは独禁法違反とはならない。

独禁法が技術開発を促進することもある。

独禁法の創作促進効果

第一に，独禁法は事業者による技術開発競争の制限・阻害行為を規制することによって，技術開発を活発に保っている。

また，商品・サービス市場での競争を活発に保つことも，技術開発を促進する効果をもちうる。競争はよりよい商品やより効率的な技術を創出する原動力となるからである。

このように，知的財産制度と独禁法とは，手段は異なるものの，ともに競争と技術開発を促進し，それによって消費者の利益を

独禁法と知的財産制度の補完関係

確保・増大して，産業や経済の発展を図る機能をもっている。この点に着目して，独禁法と知的財産制度とは相互に補完しあう関係にあるといわれる。

しかし，独禁法と知的財産制度とが緊張関係に立つ場面もある。

独禁法と知的財産制度の緊張関係

知的財産権者が市場で強い力をもつことがないではない。たとえば，業界において広く通用している標準規格を採用する上で不可欠な特許権（標準規格必須特許）やその他の商品を作る上で不可欠な基本特許を所有したりする場合には，特許権者は，市場において強い地位に立つことになる。そして，このときには特許権者がライセンスを拒絶したり，ライセンシー（ライセンスを受ける者）の事業活動を拘束したりすると，競争に悪影響を与

える行為として独禁法の観点から問題になることになる。

　他方で，知的財産権者が市場で強い地位をもつようになったのは，優れた技術を作り出したためであり，知的財産制度の観点からいえば，こうした権利者こそ守られるべきものであるといえるかもしれない。

　このようにして，独禁法の観点からの評価と，知的財産制度の観点からの評価とが食い違い，独禁法と知的財産制度との間で緊張が生じているような状況が見られることがある。

独禁法21条①　　　　独禁法には，知的財産制度との間の緊張関係にかかわる規定がある。次の規定である。

　　独禁法21条　この法律の規定は，著作権法，特許法，実用新案法，意匠法又は商標法による権利の行使と認められる行為にはこれを適用しない。

　一見すると，これは，知的財産権者の行為には独禁法が適用されないことを定めているように見える。しかし，実際にはそのようには解釈されていない。もう少し複雑である。以下で説明しよう。

独禁法21条②
──「権利の行使」　　知的財産権者の行為には，「権利の行使」であるものと，およそ「権利の行使」にあたらないものとがある。「権利の行使」とは，通説的見解によれば，知的財産権侵害として差止めの対象となる行為を排除する行為である。具体的には，第一に，侵害訴訟の提起と遂行，ライセンス拒絶，警告，その他取引先などに対して侵害品の取扱いを禁じることである。さらに，ライセンスを技術分野や

地域を限定して許諾することも，権利の行使とされている。技術分野等を限定してライセンスすることはつまり，許諾しなかった部分については，特許の実施を排除するということであり，制限を破って実施すれば，その行為は特許権侵害にあたり侵害訴訟で差止めの対象となるからである。

これらに対して，ライセンシーに対する研究開発活動の制限，特許権失効後の技術の利用制限，消尽後の販売地域・価格の制限や，特許の効力を争わない義務（不争義務）は，知的財産権によって保護された範囲から他者を排除する行為ではなく，義務等に反しても特許侵害にはならない。したがって，これらの義務や制限を課す行為は，「権利の行使」にはおよそあたらない。

独禁法21条③
──「正当な」権利の行使

さらに，上に述べた区分（類型）からすると「権利の行使」にあたる行為であっても，正当でなければ，独禁法21条上の「権利の行使」とは認められない。正当かどうかは，目的や行為の態様，市場に与える効果に照らして，知的財産保護の趣旨を逸脱しているかどうかによって決まる。そして，知的財産保護の趣旨を逸脱した行為であれば，「正当な」権利の行使とは認められない。たとえば，ライバルを排除する手段としての権利の行使や，販売価格を拘束する機能をもつ権利行使が，知的財産保護の趣旨を逸脱するものだと判断されたことがある。

確認的適用除外

こうして，正当なものであって，外形的に権利の行使にあたる行為には，独禁法が適用されないということになる。もっとも，このような態様での権利の行使は，特許法や著作権法により行うことが認められているから，

独禁法21条があってもなくても，独禁法違反とならないという結論は変わらない。このことから，21条は確認的に定められたものにすぎないと解されている。また，半導体集積回路法や種苗法に独禁法21条は触れていないが，これらの知的財産法に基づく権利の行使も，正当であれば，独禁法は適用されないと解されている。

独禁法適用
——競争促進効果の考慮

「正当」でない，あるいは，「権利の行使」にあたらない行為には，独禁法が適用される。ただし，独禁法が適用されれば，直ちに違反になるというわけではない。独禁法の規定に照らして，不当性や競争への悪影響の有無を審査した上で，独禁法違反かどうかが決まることになる。

競争への悪影響について検討する際は，反競争効果と競争促進効果の両方が考慮される。競争促進効果には，技術開発や，ライセンスが可能になり，それによって競争が促進されるといった効果などが含まれる。反競争効果が生じる場合であっても，競争促進効果を加味した上で，全体として，競争を実質的に制限せず，あるいは不当でないならば，独禁法違反とはならない。

このようにして，独禁法は全体として，知的財産制度の趣旨に照らしても正当化できないような著しい反競争効果をもつ行為は規制しつつ，知的財産制度の目指した情報創出や流通の促進は可能になるよう，解釈されている。

事例①
——差止訴訟の提起

いくつか，具体例を検討してみよう。
知的財産権保有者が自己の権利に基づいて実施行為を差し止めることが独禁法21条の権利行使に形式的に該当することは，疑いようがない。しかし，

この種の行為も，独禁法違反になる可能性がないではない。

1つの場合が，知的財産権の取得行為がそもそも違法であった場合である。北海道新聞事件（⇒第3章 Case 5 ）を思い出そう。北海道新聞社は，使用する予定がないにもかかわらず，もっぱら新規参入者を排除する目的で，商標の出願を行っていた。この出願が受け入れられ，登録されていれば，新規参入者の商標使用行為に対する差止訴訟の提起も可能であった。しかし，このような目的で商標権を取得するのは，出所を明らかにすることによって誤認混同を防止するとともに，よりよい商品・役務を提供することで信用を商標に化体させる行為を促そうとする商標権制度の趣旨とは相反している。北海道新聞社が試みた商標の取得は，商標制度を濫用するものであって，知的財産保護制度の趣旨を逸脱しており，「権利の行使」とは認められない。この上でさらに独禁法に定められた要件をみたせば，このようにして獲得された商標権に基づく差止訴訟の提起行為は，独禁法にも反する行為である，ということになる。

事例②──特許プール・著作権管理団体　複数の知的財産権者が，ライセンス業務を共同で行うことにして，ライセンス権限をある機関に集中することがある（特許プール・著作権管理団体など）。ある商品・役務を提供するために，多数の特許・著作権のライセンスが必要であり，ライセンス交渉・契約に非常な手間と費用がかかる場合に，特許プール等の制度が用いられる。

特許プール等を作る合意，すなわち「許諾権限を集積・一本化しよう」という合意は，特許権が認められた範囲から他者の行為を排除する行為ではない。このことから，独禁法21条を根拠として独禁法の適用を免れることはない。

また，特許プールに参加する特許権者らが新規参入者に対して自らが保有する特許ライセンスを与えないことを取り決めることも，同様に，特許権の行使にはあたらない。この合意に反しても，特許侵害とはならないからである。

　他方で，新規参入者に対して自己の保有する特許についてライセンスを与えないという合意にしたがって特許権者がライセンスを拒絶することは，形式的には，「権利の行使」に該当しそうである。しかし，合意に基づき新規参入を共同して排除する行為の一環として行われるライセンス拒絶であれば，知的財産権保護の趣旨に反する行為だということになり，正当な権利の行使にはあたらず，結局21条に基づく適用除外は受けられないことになる。

| 事例③──特許権と
他の商品の抱き合わせ | 特許権のライセンスを行う際に，ライセンシーに対して，他の商品の購入を義務づけること──言い換えれば，特許権のライセ |

ンスと商品を抱き合わせて販売する行為が行われることがある。このような行為は，知的財産権によって保護された範囲から他者を排除する行為ではなく，そもそも「権利の行使」ではない。したがって，独禁法21条に基づいて独禁法の適用が除外されることはない。そこで，独禁法に照らして違法性を審査することになる。審査においては，一般指定10項の要件をみたし独禁法19条に違反しないかどうかを，具体的な事情に照らして検討することになる。

次のステップに進むために

　独禁法あるいは経済法は，短い間に，解釈論がめざましく発展・変化する法分野である。言葉の用法なども変化する。改正も何度か行われている。法の現状を知るには，比較的近年のうちに出された本を参考とする必要がある。以下では，次以降のステップに進むのにふさわしい本を紹介する。

　本書で入門レベルの学習を終えた読者が次の段階に読むべきものとしては，泉水文雄『経済法入門』（有斐閣，2018年）をあげることができる。分かりやすい叙述と図表，豊富な事例に特長のある学習書である。さらに次のステップでは，詳しい中級レベルの体系書として，金井貴嗣・川濵昇・泉水文雄編著『独占禁止法〔第6版〕』（弘文堂，2018年）がある。

　独占禁止法の教科書には様々なスタイルのものがある。緻密な解釈論に特色がある定評ある教科書として根岸哲・舟田正之『独占禁止法概説〔第5版〕』（有斐閣，2015年）がある。

　より高度な逐条解説としては，根岸哲編『注釈独占禁止法』（有斐閣，2009年）がある。仕事として独禁法を使う場合には必読である。

　本書では金井貴嗣・泉水文雄・武田邦宣編『経済法判例・審決百選〔第2版〕［別冊ジュリスト234号］』（有斐閣，2017年）をたびたび引用した。特に学生の間は企業の慣行や戦略的行動にはなじみがうすいことであろう。百選の事実と審判決の概要の部分を，イメージをふくらませながら読み，本書で学んだことを応用してみると，学習の大きな助けになるだろう。なお，事実と判旨・審決要旨をよ

り詳しく知る上では，金井貴嗣・川濵昇・泉水文雄編著『ケースブック独占禁止法〔第4版〕』（弘文堂，2019年）も参考になる。

これらの文献で具体例を学んだ後には，是非，事例問題の解析を試みてほしい。法律の知識は，事例を自分の力で解読できるようになって初めて習得できたといえる。事例の解析により基本的な概念についての理解も進むはずである。このための格好の素材として，川濵昇・武田邦宣・和久井理子編著『論点解析経済法〔第2版〕』（商事法務，2016年）がある。

興味を持ったテーマについて深く勉強してみるのも，経済法の理解を助けるよい方法である。学会における先端的議論は，毎年刊行される『日本経済法学会年報』（有斐閣）で知ることができる。金井貴嗣・土田和博・東條吉純編『経済法の現代的課題［舟田正之先生古稀祝賀]』（有斐閣，2017年)，川濵昇・泉水文雄・土佐和生・泉克幸・池田千鶴編『競争法の理論と課題――独占禁止法・知的財産法の最前線［根岸哲先生古稀祝賀]』（有斐閣，2013年)，日本経済法学会編『経済法講座　第1巻～第3巻』（三省堂，2002年）に収められている論文も手がかりになるであろう。

過去の審決は公正取引委員会のホームページ〈https://www.jftc.go.jp/〉に設けられたデータベースで入手することもできる。公取委のホームページには，このほか，規則・ガイドライン，排除措置命令，審決，取消訴訟等も集積されている。外国法，手続などを知る上でも大変に役に立つ。独占禁止法の知識がなくても分かるように配慮して作られたパンフレット，動画なども掲載されている。ぜひアクセスしてみてほしい。なかでも，「主要な企業結合事例」「相談事例集」はお勧めである。なお，公取委の職員等による概説書として，菅久修一編著『独占禁止法〔第3版〕』（商事法務，2018年）があ

る。

　競争政策・独禁法の最新のトピックを知る上では，公正取引協会の月刊誌「公正取引」も有益である。この雑誌では，公取委がとった排除措置命令等の措置についての担当官による解説や研究者による事例の分析，外国法の紹介などもよく行われている。

　独禁法の実態を知るには公取委の具体的運用を知る必要があり，上記公取委ホームページはその点で有益である。公取委ガイドライン等および法改正の際には，実務担当者がその目的・内容を説明した論文・書物等を刊行することが多い。このような書籍のうち，田中寿編『不公正な取引方法──新・一般指定の解説［別冊 NBL 9号］』（商事法務研究会，1982年）は，不公正な取引方法の規定を整備したときに刊行されたものであり，今でも参考になる。現行ガイドラインの解説書として，田辺治・深町正徳編著『企業結合ガイドライン』（商事法務，2014年），佐久間正哉編著『流通・取引慣行ガイドライン』（商事法務，2018年），岩本章吾編著『事業者団体の活動に関する新・独禁法ガイドライン［別冊 NBL34号］』（商事法務研究会，1996年），昨今の法改正を解説するものとして，小室尚彦・中里浩編著『逐条解説平成28年改正独占禁止法──確約手続の導入』（商事法務，2019年），岩成博夫・横手哲二・岩下生知編著『逐条解説平成25年改正独占禁止法──審判制度の廃止と意見聴取手続の整備』（商事法務，2015年）がある。

　そのほか，企業結合ガイドラインについては，実務家による解説ではないが，川濱昇・泉水文雄・武田邦宣・宮井雅明・和久井理子・池田千鶴・林秀弥『企業結合ガイドラインの解説と分析』（商事法務，2008年）が詳細な解説を行っている。

　独禁法・競争政策の理解には経済学，特にミクロ経済学の知識が

役に立つ。産業組織論という分野では，独禁法・競争政策に関わる問題がもっぱら扱われている。いずれについても，テキストは多数あるが，ミクロ経済学の基礎を学ぶ上では，ジョセフ. E. スティグリッツ・カール. E. ウォルシュ『スティグリッツ ミクロ経済学〔第4版〕』（東洋経済新報社，2013年）が最適であろう。この本は，数学的な基礎なしに読むことができ，8〜12章では独禁法のトピックが豊富に取り扱われている。産業組織論については，小田切宏之『産業組織論——理論・戦略・政策を学ぶ』（有斐閣，2019年），花薗誠『産業組織とビジネスの経済学』（有斐閣，2018年）および泉田成美・柳川隆『プラクティカル産業組織論』（有斐閣，2008年）が，現代の標準的な産業組織論を平易に解説した好著であり法学専攻の読者にも勧めることができる。また，本書の著書と経済学者が共同して執筆した柳川隆・川濵昇編『競争の戦略と政策』（有斐閣，2006年）は，独占禁止法の具体的事件を素材に，それがどのような経済的意義を持つかを分析したものであり，経済法の理解に必要な経済学の標準的な見解が分かりやすく説明されているので，併読されることをお勧めする。

　個別の事件に関する経済分析も重要な意味を持つ。それらをまとめたものとして，岡田羊祐・川濵昇・林秀弥編『独禁法審判決の法と経済学——事例で読み解く日本の競争政策』（東京大学出版会，2017年），小田切宏之『競争政策論——独占禁止法事例とともに学ぶ産業組織論〔第2版〕』（日本評論社，2017年）と岡田羊祐・林秀弥編『独占禁止法の経済学——審判決の事例分析』（東京大学出版会，2009年）がある。

事 項 索 引

374

判 例 索 引

公正取引委員会

ベーシック経済法
——独占禁止法入門〔第 5 版〕
The Basic Economic Law
—— *Introduction of Antimonopoly Law, 5th ed.*

有斐閣アルマ

2003 年 5 月 20 日	初版第 1 刷発行
2006 年 4 月 10 日	第 2 版第 1 刷発行
2010 年 4 月 30 日	第 3 版第 1 刷発行
2014 年 5 月 30 日	第 4 版第 1 刷発行
2020 年 3 月 30 日	第 5 版第 1 刷発行
2022 年 12 月 20 日	第 5 版第 4 刷発行

著　者

川濱　昇
かわ　はま　のぼる

瀬領　真悟
せ　りょう　しん　ご

泉水　文雄
せん　すい　ふみ　お

和久井　理子
わ　く　い　まさ　こ

発 行 者　江　草　貞　治

発 行 所　株式会社　有　斐　閣
郵便番号　101-0051
東京都千代田区神田神保町 2 -17
http://www.yuhikaku.co.jp/

印刷・製本　中村印刷株式会社
© 2020, N. Kawahama, S. Seryo, F. Sensui, M. Wakui.
Printed in Japan
落丁・乱丁本はお取替えいたします。
★定価はカバーに表示してあります。

ISBN 978-4-641-22141-3